WENDY BARNABY

Biowaffen

Buch

Wer verfügt über geheime Waffenarsenale? Wie einfach sind biologische Kampfstoffe zu beschaffen? Was bewirken sie? Und welche Schutzmaßnahmen sind sinnvoll? Wendy Barnaby nennt die derzeit beteiligten Staaten, leuchtet verborgene Waffenkammern aus und zeigt, wie seit Jahrzehnten in den Labors systematisch unter dem Deckmantel ziviler Forschung B-Waffen-Aufrüstung betrieben wird und wer davon profitiert. Anschauliche Szenarien illustrieren unter anderem die Tatsache, dass die Biowaffen so alt sind wie der Krieg selbst, also keineswegs eine perfide Erfindung der Neuzeit. Der Blick auf die aktuelle Forschung und Entwicklung neuer, immer gefährlicherer Kampfstoffe verdeutlicht, welcher Gefährdung wir wirklich ausgesetzt sind. Internationale Bemühungen zur Abwehr von Biowaffen sowie Maßnahmen gegen ihre Verbreitung werden von der Autorin analysiert und kommentiert. Am Ende steht die Frage, wie Wissenschaftler und Bürger der Bedrohung Einhalt gebieten können, damit in Zukunft eine stabile Sicherheit in der Welt gewährleistet ist.

Autorin

Die Wissenschaftsjournalistin und Rundfunkmoderatorin Wendy Barnaby produziert regelmäßig Beiträge für die BBC und die ABC. Sie lebt in London.

Wendy Barnaby

Biowaffen

Die unsichtbare Gefahr

Aus dem Englischen
von Monika Niehaus, Coralie Wink,
Sebastian Vogel und Kurt Beginnen

GOLDMANN

Die Originalausgabe erschien
unter dem Titel »The Plague Makers«
bei Vision Paperbacks,
a division of Satin Publications Ltd., London.

Deutsche Erstausgabe

Umwelthinweis:
Alle bedruckten Materialien dieses Taschenbuches
sind chlorfrei und umweltschonend.

Deutsche Erstausgabe Januar 2002

Dieses Werk wurde vermittelt durch
die Literarische Agentur Thomas Schlück GmbH, 30827 Garbsen.
Umschlaggestaltung: Design Team München
Satz: DTP im Verlag
Druck: Elsnerdruck, Berlin
Verlagsnummer: 15197
Redaktion: Diane von Weltzien
KF • Herstellung: Sebastian Strohmaier
Made in Germany
ISBN 3-442-15197-X
www.goldmann-verlag.de

1 3 5 7 9 10 8 6 4 2

Inhalt

Einleitung

Am 25. Juli 2001 machte die Regierung von Präsident George W. Bush das Ergebnis siebenjähriger, mühseliger internationaler Verhandlungen zunichte, mit denen die Welt von biologischen Waffen befreit werden sollte.

Der Völkergemeinschaft war schon seit Jahren klar, dass der Vertrag, der die Staaten an der Entwicklung biologischer Waffen hindern sollte, nicht ausreicht (siehe neuntes Kapitel). Wie die Erfahrungen der Neunzigerjahre gezeigt hatten, nahmen nicht alle Unterzeichner des Abkommens über biologische Waffen ihre Verpflichtungen ernst. Sowohl der Irak als auch die frühere Sowjetunion hatten den Vertrag verletzt und umfangreiche Biowaffenprogramme aufgelegt. Deshalb begannen 1994 internationale Verhandlungen über ein Protokoll, mit dem so weit wie möglich gewährleistet werden sollte, dass die Unterzeichnerstaaten ihre Versprechungen auch hielten.

Die Verhandlungen waren schwierig, aber als die Vertreter der Staaten sich im Juli 2001 in Genf trafen, bestand die Hoffnung, dass sie sich auf einen endgültigen Text einigen würden. Dann machten die USA einen Rückzieher.

In den Staaten, die über die Ablehnung des Protokolls durch die USA entsetzt waren, war man sich der Ironie des Schicksals durchaus bewusst, als Florida, New York und Washington knapp drei Monate später terroristische Angriffe mit Milzbrandbakterien erlebten und Präsident Bush im Gefolge der Ereignisse vom 11. September die Welt zum gemeinsamen Kampf gegen den Terrorismus aufrief.

Warum lehnten die Vereinigten Staaten es ab, sich den internationalen Bemühungen anzuschließen? Die offizielle Begründung lautete, das Protokoll werde den Vertrag nicht stärken und laufe den Interessen der USA zuwider. Diese Erklärung wurde von den Fachleuten bei den Verhandlungen rundweg zurückgewiesen. »Die Gründe, die für die Ablehnung genannt werden, sind unaufrichtig und richten sich an eine Öffentlichkeit, die nicht über ausreichende Fachkenntnisse verfügt, um sie einschätzen zu können«, schrieb Barbara Hatch Rosenberg von der Vereinigung amerikanischer Wissenschaftler (FAS). »Ihr wahres Motiv hat die Regierung seit dem Amtsantritt überdeutlich unter Beweis gestellt: eine tief sitzende Abneigung gegen alle Beschränkungen, die ihr durch Verträge auferlegt werden.«

Welche Aktivität der US-Regierung könnte der Grund sein, dass sie solche Beschränkungen ablehnt? Im September 2001 räumte das Pentagon ein, man wolle dort größere Mengen eines ungewöhnlich wirksamen Stammes von Milzbrandbakterien herstellen, der angeblich in Russland entwickelt worden war, und dann wolle man herausfinden, ob amerikanische Impfstoffe dagegen wirkten. Während der Amtszeit des Präsidenten Clinton hatten die CIA und das Pentagon auch eine ursprünglich in der Sowjetunion geplante Bakterienbombe und in der Wüste von Nevada eine Bakterienfabrik gebaut. Beide wurden mit simulierten Erregern erprobt, das heißt mit einem harmlosen Ersatz für gefährliche Keime. Offiziell wollte man mit den Projekten in Erfahrung bringen, ob und wie man die notwendige Ausrüstung produzieren konnte, um amerikanische Bürger vor der wachsenden Gefahr zu schützen. In der Frage, ob solche Tätigkeiten nach dem Abkommen über biologische Waffen zulässig waren, gingen die Meinungen der Fachleute auseinander, aber die Bush-Regierung wollte sie geheim halten, damit andere Länder sie nicht falsch deuteten und glaubten, die Vereinigten Staaten hätten ein neues Biowaffenprogramm aufgelegt. Nach dem neuen Protokoll hätten die USA solche Aktivitäten anmelden müssen, und das, so räumten Regierungsvertreter ein, war einer der Hauptgründe, die Unterzeichnung abzulehnen.

Mit ihrer Unterschrift unter dem Protokoll hätten die Staaten öffentlich erklären müssen, welche Forschungsarbeiten in bestimmten biologischen Einrichtungen stattfanden, und sie hätten einer Inspektion zustimmen müssen. Gerade mit diesen Maßnahmen sollten Verdächtigungen ausgeräumt werden, dass einzelne Länder vielleicht Waffen produzierten, anstatt sich gegen sie zu verteidigen. Mehr Offenheit kann nur zur Folge haben, dass das Vertrauen zwischen den Staaten wächst.

Dass man sich gegen biologischen Terrorismus wehren muss, liegt mittlerweile auf der Hand.

Bioterrorangriffe gegen die USA

Am Dienstag, dem 2. Oktober 2001 wurde der 63-jährige Bildredakteur Robert Stevens in der Kleinstadt Boca Raton in Florida ins Krankenhaus eingeliefert. Er musste erbrechen und wurde immer wieder bewusstlos. Dann setzten Atembeschwerden ein, und sein Zustand verschlechterte sich rapide. Er starb am 5. Oktober; die Diagnose: Lungenmilzbrand. Stevens hatte die Erreger aus einem Brief eingeatmet, den er an seinem Arbeitsplatz – den Redaktionsräumen der *Boca Raton Sun*, eines von dem Konzern American Media verlegten Boulevardblattes – erhalten hatte. Bei der Untersuchung der Büroräume wurden Milzbrandsporen auf der Computertastatur von Robert Stevens und in der Poststelle gefunden. Einen Todesfall durch eingeatmete Milzbranderreger hatte es in den Vereinigten Staaten seit 1976 nicht mehr gegeben. Stevens war das erste Opfer einer anhaltenden Phase des Bioterrorismus, die danach noch weitere Todesopfer forderte. Gefährdet waren die Empfänger von Briefen, die Anthraxsporen enthielten, aber auch die Postangestellten, die mit solchen Sendungen umgingen.

Die Bedeutung der Angriffe war umso größer, weil sie nur knapp einen Monat nach den Ereignissen des 11. September stattfanden. An jenem Morgen ermordeten Terroristen im Laufe von nur 104 Minuten mindestens 5700 Menschen im Herzen der amerikanischen Finanz- und Militärmacht. Sie missbrauchten Passagierflugzeuge als Bomben und griffen mit ihnen die Zwillingstürme des World Trade Center in New York sowie das Pentagon in Washington an. Ein viertes entführtes Flugzeug stürzte ab, kurz bevor es sein Ziel – vermutlich das Weiße Haus oder das Kapitol – erreichte.

Das amerikanische Volk, psychisch wie physisch bereits verletzt, musste wieder einmal erkennen, dass die Regierung es nicht immer schützen konnte.

Hingen die beiden Ereignisse zusammen?

Präsident George Bush äußerte die Vermutung, sowohl die Terrorangriffe des 11. September als auch die Milzbrandattacken seien von Osama bin Laden veranlasst worden, dem in Saudi-Arabien geborenen Anführer der Terroristenorganisation Al-Qaida.

Genetiker gaben sich große Mühe, die verwendeten Milzbranderreger zu identifizieren und ihrer Quelle auf die Spur zu kommen. *Bacillus anthracis* ist ein stäbchenförmiges Bakterium, das wie alle Lebewesen seine eigene genetische Information besitzt. Diese bestimmt über alle seine Eigenschaften – wie giftig und wie widerstandsfähig es ist, auf welche Antibiotika es anspricht usw. Nicht alle Milzbrandbakterien besitzen genau die gleiche genetische Ausstattung, und wenn sie sich unterscheiden, spricht man von verschiedenen Stämmen.

In der Wissenschaft sind mindestens 1200 Stämme dieses Erregers bekannt, aber bei den Angriffen in den Vereinigten Staaten wurde in allen Fällen der gleiche Stamm benutzt. Er hat seinen Ursprung im so genannten Ames-Stamm, der ursprünglich in den Fünfzigerjahren des 20. Jahrhunderts in der Nähe von Ames in Iowa aus einem toten Tier isoliert wurde und seitdem von Wissenschaftlern in der ganzen Welt verwendet wird.

Die Bakterien, die in einem an den US-Senat gerichteten Brief gefunden wurden, waren den Berichten zufolge so fein gemahlen, dass man sie einatmen konnte. Die gefährlichste Form einer Milzbrandinfektion verläuft über die Lunge, und Dick Gephardt, Führer der Demokraten im Repräsentantenhaus, bezeichnete die an den Senat geschickte Form als »waffenfähig«. Doch herrscht im Hinblick auf die Bedeutung dieses Begriffes große Verwirrung. Macht die Größe der Teilchen die Waffenfähigkeit aus? Der Erreger ließ sich mit Antibiotika bekämpfen; soll man daraus schließen, dass er nicht waffenfähig war? Von einem als Waffe einsetzbaren Milzbranderreger sollte man erwarten, dass er gentechnisch verändert ist und deshalb von den gebräuchlichen Antibiotika nicht mehr angegriffen wird. Tom Ridge, Direktor der Behörde für innere Sicherheit, stellte die Aussage, der Erreger sei waffenfähig, später in Frage. Was er damit meinte, war nicht ganz klar; möglicherweise waren die Bakterien nicht so präpariert, dass sie ungehindert in der Luft schweben und leicht eingeatmet werden konnten.

Dennoch vertraten manche Fachleute die Ansicht, die Sporen könnten nicht von einem Einzelnen, sondern nur von einem Staat stammen. Gelegentlich wurde der Irak als mögliche Quelle genannt. Charles Duelfer, der stellvertretende Chefinspektor in der Irak-Sonderkommission der Vereinten Nationen (siehe viertes Kapitel) meinte dazu: »Tatsächlich besteht nur eine sehr geringe Wahrscheinlichkeit, dass da irgendwo ein einsamer Verrückter herumläuft.« Bekanntermaßen wollten einige Angehörige der US-Regierung die Militäroperation in Afghanistan auch auf den Irak ausweiten, das Anliegen des Golfkrieges von 1991 zum Abschluss bringen und den irakischen Staatschef Saddam Hussein loswerden. Der Außenminister des Irak wies Vorwürfe, sein Land sei in die

Anschläge verwickelt, mit einem knappen »Blödsinn!« zurück. Stattdessen beschuldigte er die USA, sie würden die Angriffe als Vorwand benutzen, um alte Rechnungen zu begleichen.

Andere Fachleute stehen den Behauptungen, die Milzbranderreger könnten aus dem Irak stammen, skeptisch gegenüber. Professor Harry Smith, der in der britischen Einrichtung für biologische Verteidigung in Porton Down (Wiltshire) das Anthraxtoxin isoliert hat, erklärte in einem Interview mit der BBC: »Es gibt keinerlei Anhaltspunkte, dass dieses Material aus dem Irak kommt. Anthrax ist als biologische Waffe unter anderem deshalb so reizvoll, weil man es sehr leicht produzieren kann.« Auch Scott Ritter, einer der UN-Inspektoren im Irak, war skeptisch. »Es gibt keine nachweisbare Verbindung«, schrieb er, und außerdem wies er darauf hin, der Irak habe den Anthraxstamm Vollum, der von der American Type Culture Collection in Rockville (Maryland) geliefert wurde, waffenfähig gemacht, nicht aber den bei den Angriffen in den Vereinigten Staaten nachgewiesenen Ames-Stamm.

Ein weiterer Hauptverdächtiger für die Herkunft war Russland. Nach dem Zerfall der Sowjetunion und dem Zusammenbruch ihrer Wirtschaft lebten die russischen Wissenschaftler in Armut, und möglicherweise waren sie tatsächlich versucht, das eine oder andere Produkt ihres eigenen Biowaffenprogramms zu verkaufen (siehe sechstes Kapitel). Im Moskauer Fernsehkanal 6 räumte der Generalstabsarzt Gennadij Onischjenkow diese Möglichkeit ein: »Es gibt ganze Kompanien solcher Leute, die keiner Aufsicht mehr unterliegen. Sie arbeiten nicht. Sie haben kein Geld zum Leben. Ihre Familien haben kein Zuhause. Sie finden für ihre Qualifikationen keine berufliche Anwendungsmöglichkeit. Auch diese Leute muss man überwachen.« In späteren Berichten wurde jedoch versichert, bei dem Ames-Stamm handele es sich nicht um jenen, den die Russen verwendet hatten. Dr. Venjamin L. Cherkassky, ein Milzbrandexperte des zentralen Forschungsinstituts für Epidemiologie in Moskau, warnt davor, die Angreifer zu unterschätzen: »Das sind

Profis, und ich muss sagen, es sind erstklassige Profis – vermutlich Mikrobiologen.«

Vielfach wurde der Verdacht laut, die Milzbranderreger könnten aus den Vereinigten Staaten selbst stammen. John Elredge, Redakteur von *Nuclear, Biological and Chemical Defence*, meint dazu: »Wir sollten ein hausgemachtes Verbrechen nicht ausschließen. Es wäre eine gute Tarnung für einen Schurken im eigenen Land.« Dem stimmten später auch Vertreter von FBI und CIA zu: Sie erklärten, die Angriffe seien nach ihren Erkenntnissen vermutlich das Werk von Extremisten aus dem eigenen Land, die keine Verbindung zu bin Laden hätten. Bei der Untersuchung der Sporen selbst zeichnete sich immer klarer ab, dass sie auf die gleiche Weise entstanden waren wie die Milzbranderreger im Biowaffenprogramm der USA. Die Regierung der Vereinigten Staaten setzte für Hinweise auf die Täter eine Belohnung von einer Million Dollar aus.

Weltweite Auswirkungen

Im Gefolge der biologischen Terrorangriffe wurde aus der ganzen Welt über weißes Pulver berichtet, das man unter verdächtigen Umständen gefunden hatte. In Argentinien, Brasilien, Australien, Südafrika, Kenia, Japan und quer durch Europa – in Frankreich, Großbritannien, Irland, Luxemburg, Deutschland, Norwegen, Litauen, Estland, Russland, Schweden, der Schweiz, Ungarn, Finnland, Italien, Tschechien, der Slowakei und Zypern – kamen Menschen aus Angst, sie hätten sich angesteckt, in die Arztpraxen. Ein Fehlalarm jagte den anderen.

In Großbritannien und den Vereinigten Staaten ergriffen die Regierungen strengere Maßnahmen gegen den Terrorismus. Ärzte und Pflegepersonal erhielten neue Richtlinien über die Erkennung und Behandlung des Milzbrandes und anderer Krankheiten wie Beulenpest, Pocken und Botulismus. Die britische Regierung gab den Bürgern Ratschläge zur Vorbereitung auf einen biologischen Angriff. Sie sollten »sich in ein Gebäude begeben, Türen und Fenster schließen und im Inneren bleiben«, bis die Gefahr vorüber sei.

Wirtschaftliche Auswirkungen

An der Beeinträchtigung der Wirtschaft gemessen, waren die Milzbrandattacken ein Erfolg – insbesondere weil sie nach dem 11. September stattfanden. Die Volkswirtschaften des Westens litten unter beidem. Die Aktienkurse stürzten ab. Nach einer Vorhersage der Londoner Lombard Street Research wird die dadurch ausgelöste weltweite Verlangsamung des Wirtschaftswachstum im Laufe der nächsten 18 Monate rund 165 Milliarden britische Pfund kosten – fast 9 Milliarden für jeden der 19 Luftpiraten, die an den Angriffen von Washington und New York mitwirkten. Mit den schlimmsten Auswirkungen rechnen die Fachleute für die Wirtschaft der Vereinigten Staaten, aber Folgeeffekte werden nach ihrer Ansicht auch in Europa und auf der ganzen übrigen Welt zu spüren sein. US-Notenbankchef Alan Greenspan räumte in einer Aussage vor dem Kongress ein, die amerikanische Wirtschaft leide kurzfristig unter eine Atmosphäre der tiefen Verunsicherung, und deshalb werde das Produktivitätsniveau kaum zu halten sein. »Privathaushalte und Unternehmen haben sich angesichts der verstärkten Unsicherheit von den Märkten zurückgezogen; allerdings ist dieser Rückzug nur partiell und vermutlich vorübergehend«, sagte er.

Unter den ersten Opfern waren die Fluggesellschaften. Zu der Zeit, da dieses Buch entsteht, haben altbekannte Fluglinien wie Sabena und Swissair Konkurs angemeldet, andere wie Cathay Pacific, Dragonair und Aer Lingus sind von ihm bedroht und verlangten staatliche Garantien, weil sonst hunderttausende von Arbeitsplätzen verloren gehen. Die US-Regierung sagte zu, insgesamt 100 in

Schieflage geratene Fluggesellschaften mit rund 15 Milliarden Dollar zu retten. Gleichzeitig beeilten sich die amerikanischen Airlines, ihre Kosten zu senken: Mitte Oktober wurden 93 000 Angestellte entlassen, und über weiteren 45 000 Arbeitsplätzen in der Cateringbranche hing das Damoklesschwert, weil die Fluggesellschaften in Erwägung zogen, auf den Flügen keine Mahlzeiten mehr zu servieren. Zu einem großen Teil erwuchsen die Schwierigkeiten der Luftfahrtunternehmen aus der Tatsache, dass die Versicherungen keine Deckung für terroristische Angriffe mehr gewähren wollten, so dass der Flugbetrieb zu kostspielig geworden wäre. Rolls Royce entließ weltweit 5000 Angestellte, weil die Fluggesellschaften sich mit der Bestellung neuer Triebwerke zurückhielten.

Andere Firmen profitierten; dies gilt an erster Stelle für den deutschen Pharmakonzern Bayer, der das Milzbrandmedikament Ciprofloxacin (Markenname Ciprobay) herstellt. Der Aktienkurs des britischen Pharmaunternehmens Acambis, das mit der amerikanischen Regierung bereits einen Vertrag über die Herstellung eines Pockenimpfstoffes geschlossen hat, stieg um nahezu 80 Prozent – man spekulierte, die Produktion werde bald anlaufen. Tatsächlich bestätigte der US-Gesundheitsminister Tommy Thompson, man werde im Dezember mit der Herstellung des Impfstoffes beginnen. Die Aktien von Cepheid, einer Herstellerfirma für Geräte zum Nachweis biologischer Kampfstoffe, stiegen ebenfalls um fast drei Viertel. Über glänzende Geschäfte berichten auch die Hersteller von Gasmasken, Gummihandschuhen, Hauben, mit denen man angeblich in verrauchten Treppenhäusern atmen kann, und Fallschirmen, die auch bei einem Sprung aus dem zehnten Stock eines Gebäudes funktionieren sollen.

Psychologische Auswirkungen

Zwar wurden mehrere tausend Menschen als Vorsichtsmaßnahme mit Antibiotika behandelt, aber die Zahl der Krankheits- und Todesfälle war im Vergleich zu den wirtschaftlichen und psychischen Auswirkungen der Milzbrandangriffe gering. Der Umsatz Angst lösender Medikamente ging in die Höhe. Postangestellte in den Vereinigten Staaten fürchteten sich davor, Briefe in die Hand zu nehmen, weil diese infiziert sein könnten. Ein Beschäftigter in Miami erklärte, viele seiner Kollegen trügen beim Sortieren der Post Masken und Gummihandschuhe, und dann fügte er hinzu: »Wir haben alle Angst. Ich habe jetzt 30 Jahre gearbeitet und will in Rente gehen. Da möchte ich keinen Milzbrand mitnehmen.«

Angst und Panik hielten Einzug ins tägliche Leben, und das nicht nur in den Vereinigten Staaten. Am 29. September löste der Geruch frischer Farbe in einer Mittelschule im Bundesstaat Washington eine Bioterrorismus-Panik aus – 16 Schüler und ein Lehrer kamen ins Krankenhaus. Am 3. Oktober suchten mehr als 1000 Schüler mehrerer Schulen in Manila, der Hauptstadt der Philippinen, die örtlichen Krankenhäuser auf: Sie hatten ganz gewöhnliche, grippeähnliche Symptome wie Husten, Erkältung und leichtes Fieber, aber zuvor hatten Gerüchte die Runde gemacht, die Beschwerden seien auf einen Terroranschlag zurückzuführen. Nach Ansicht von Simon Wessley, Professor in der Abteilung für psychologische Medizin des psychiatrischen Instituts in London, könnten die langfristigen gesellschaftlichen und psychologischen Auswirkungen eines echten oder vermuteten biologischen (oder chemischen) Angriffs mehr Schäden anrichten als seine unmittelbare körperliche Wirkung. Es könnte zu einer Epidemie von Krankheiten kommen, die auf Angstzustände zurückzuführen sind, darunter Übelkeit, Kopfschmerzen und Besorgnis über Fruchtbarkeitsstörungen und Geburtsschäden bei Kindern. Bereits vorhandene psychiatrische

Krankheiten könnten sich verschlimmern. »Biologische Waffen sind letztlich Schreckwaffen«, schrieb er. »Sie verfolgen das Ziel, Zerstörung mit psychologischen Mitteln anzurichten, indem sie Unsicherheit ins Alltagsleben tragen.«

Erst wenn man in die Schuldigen gefasst und ihre Präparate analysiert hat, werden wir genau wissen, was sie im Schilde führten und ob sie selbst ihre Aktion als Erfolg betrachteten. Eines aber ist schon jetzt einwandfrei klar: In Briefumschlägen verpackte Milzbranderreger sind kein Massenvernichtungsmittel, sondern eine wirtschaftliche Waffe – sie wirkt, indem sie eine Massenhysterie auslöst. Viel mehr Todesopfer fordert der Milzbrand, wenn seine Erreger auf andere Weise ausgebracht werden (siehe drittes Kapitel).

Die Regierungen waren in einer schwierigen Lage. Sie wollten die Hysterie nicht noch anfachen, gleichzeitig mussten sie aber ihren Bürgern die Gewissheit geben, dass sie mit der Bedrohung fertig werden würden. Aber schon indem man zugibt, dass eine Gefahr besteht, heizt man die Angst an. Das FBI warnte die Amerikaner mehrmals vor unmittelbar bevorstehenden Terrorangriffen. Einer Umfrage zufolge können sich 52 Prozent der US-Bürger vorstellen, sie selbst oder ein Angehöriger würden einer derartigen Attacke zum Opfer fallen.

Das Internet vermittelte nicht nur zuverlässige Informationen, sondern es wurde auch zu einem Forum, in dem sich die Ängste unkontrolliert Luft machten. Panik und Gerüchte spiegelten sich in den Online-Chatrooms wider und wurden – so sagten manche – durch sie verstärkt. Könnten als Arbeiter getarnte Terroristen alltägliche Waren wie Talkumpuder während der Produktion vergiften? Könnten Selbstmörder, die sich selbst infiziert haben, andere anstecken und die Pocken verbreiten, bevor sie selbst sterben? Und was war mit der Frau, deren früherer Freund, ein Afghane, sie gewarnt hatte, sie solle am 11. September keine Flugreise machen? Peter Probst, Programmleiter am Institut für die Erforschung von Terrorismus und politischer Gewalt in Washington, äußerte seine Besorgnis über Personen, die das Internet als Medium für Gerüchte und psychologische Angriffe nutzten. »Die wichtigste Abwehr, die wir aufbauen müssen, ist die Fähigkeit, die Wahrheit zu sagen und damit solche Gerüchte wirksam zum Schweigen zu bringen«, sagte er.

Ungewöhnlich war, dass allgemein der Eindruck herrschte, Zeitungen und Fernsehen hätten beruhigend gewirkt. Nach einer Umfrage des Fernsehsenders CNN und der Wochenzeitschrift *Time* waren 71 Prozent der Amerikaner der Ansicht, die Medien hätten sich in ihrer Berichterstattung über den Milzbrand verantwortungsbewusst verhalten.

Ein wenig Trost bezieht Peter Probst aus der Tatsache, dass das amerikanische Volk genau sehen konnte, was ein biologischer Angriff ist. »Das versetzt die Regierung in die Lage, die Öffentlichkeit über die wahren Risiken aufzuklären«, sagte er.

Im ersten Kapitel dieses Buches wird dargelegt, warum die Besorgnis über die Bedrohung durch biologische Waffen wächst. Im zweiten Kapitel werden biologische Waffen, die in ihnen möglicherweise enthaltenen Erreger und ihre Wirkungen genauer beleuchtet. Die dann folgenden beiden Kapitel befassen sich mit den Ursachen der Bedrohung: dem Terrorismus und den geheimen Biowaffen des Irak. Diese heimlichen Bemühungen, solche Waffen zu entwickeln, sind keineswegs die ersten. Schon seit den Zwanzigerjahren des 20. Jahrhunderts arbeiteten die westlichen Alliierten, Japan, die frühere Sowjetunion und Südafrika in großem Umfang an Erregern und Waffen. Im fünften und sechsten Kapitel werden diese Programme dargestellt, und es wird beschrieben, wie die Waffen für den Einsatz vorbereitet und tatsächlich eingesetzt wurden. Im siebten Kapitel kehren wir zu einem anderen Element der wachsenden Bedrohung zurück: zu den wissenschaftlichen Entwicklungen der jüngeren Zeit, die eine Verbreitung biologischer Kampfstoffe wahrscheinlicher machen und die Möglichkeit entsetzlicher neuer

Waffen eröffnen. Das achte Kapitel untersucht, welche Abwehrmaßnahmen gegen biologische Angriffe möglich sind und welche Probleme sich damit verbinden. Das nächste Kapitel gibt einen Überblick über die internationalen Bemühungen, die Verbreitung biologischer Waffen zu verhindern, und im letzten Kapitel schließlich wird die Frage erörtert, wie Wissenschaftler und Bürger dazu beitragen können, solche Bemühungen zu unterstützen und damit für mehr Sicherheit auf der Erde zu sorgen.

Wendy Barnaby
Stockbrindge, Herbst 2001

Kapitel 1

Die wachsende Bedrohung

Und hier eine Nachricht, die gerade hereingekommen ist. Quellen in Hongkong sprechen von einer tödlichen Epidemie, die in den Prince of Wales Barracks, der britischen Armeebasis auf der Insel, ausgebrochen ist. Innerhalb der letzten 24 Stunden sind bereits 32 Menschen gestorben, mehr als 100 sind schwer erkrankt. Die Quellen berichten, dass alle betroffenen Truppenangehörigen Mittwochabend an einem Dinner zu Ehren des auf Besuch weilenden Verteidigungsministers teilgenommen haben, der sich selbst unter den Opfern befindet. Das Verteidigungsministerium will die Berichte nicht kommentieren. Die Spannungen auf der Insel sind gestiegen, da sich Großbritannien auf die Übergabe der Macht an die Chinesen vorbereitet. Viele Einwohner Hongkongs haben den britischen Behörden vorgeworfen, sich nicht genügend um die Sicherung ihrer bürgerlichen und politischen Rechte unter chinesischer Herrschaft zu kümmern.

Diese kurze fiktive Nachricht könnte so oder ähnlich nach einem Angriff mit biologischen Waffen in den Medien verbreitet werden. Die Waffe? Zehn Milligramm Botulinustoxin, in einem Molkereibetrieb, der die Militärbasis mit Milchprodukten versorgt, in einen großen Behälter mit pasteurisierter Milch gemischt. Jede Portion Eiscreme, die aus dieser Milch hergestellt wird, wäre buchstäblich getränkt mit dem Gift: Schließlich reichen 10 Milligramm aus, um 25 000 Menschen zu töten. Die Gäste des Banketts würden unter Übelkeit, Erbrechen, Krämpfen, Doppelsehen und Muskellähmung leiden. Wahrscheinlich würden bis zu 50 Prozent von ihnen sterben. Ein entschlossener Täter mit Zugang zur Molkerei könnte das Toxin leicht einschmuggeln. Zehn Milligramm sind nur ein Fünfzigstel vom Gewicht einer Büroklammer.

Biologische Waffen sind seit langem umstritten, und die meisten Menschen schrecken instinktiv vor ihnen zurück. Bereits 1899 und 1907 verdammte und verbot die Haager Konvention den Einsatz von Toxinen (Giften) und Pathogenen (Krankheitserregern) im Krieg. Dieses Kapitel will aufzeigen, dass biologische Waffen insbesondere seit dem Zweiten Weltkrieg als Massenvernichtungsmittel bekannt sind, jedoch lange Zeit als nicht effektiv nutzbar galten. Aktuelle Entwicklungen zeigen jedoch, *wie* gefährlich diese Waffen tatsächlich sind, und unterstreichen, wie wichtig ihre Kontrolle ist. Auch wenn Regierungen am ehesten in der Lage sind, derartige Kontrollen durchzusetzen, spielen die Bürger ebenfalls eine Rolle, und im letzten Kapitel wollen wir diskutieren, welchen Beitrag sie leisten können.

Jede Diskussion über biologische Kriegsführung muss mit der Einsicht beginnen, dass es sich bei ihr um eine Kriegsform handelt, die wahrscheinlich so alt ist wie der Krieg selbst.

Eine uralte Idee

Angriffe mit biologischen Waffen haben eine sehr lange Geschichte. Die alten Perser, Griechen und Römer vergifteten die Brunnen ihrer Feinde, indem sie Leichen hineinwarfen. Die dreijährige Belagerung von Kefe (heute Feodossija) führte schließlich 1348 zum Erfolg, als angreifende Tartaren die Körper ihrer Pestopfer über die Wälle katapultierten und die Bewohner infizierten. Ein Augenzeuge berichtete: »Die Tartaren, erschöpft durch eine derartige Pestilenz, verblüfft und erstaunt, als sie beobachten mussten, wie sie dahinstarben ohne Hoffnung auf Genesung, schnallten Leichen auf ihre Wurfmaschinen und schleuderten sie in die Stadt Kafa, so dass die Verteidiger in großer Zahl dahingerafft wurden. Die Berge der

Toten wuchsen immer höher, und die Christen konnten sich weder verstecken noch fliehen oder sich von diesem Desaster befreien.«[1] Russische Belagerer sollen 1710 die gleiche Taktik benutzt haben, als sie versuchten, schwedische Soldaten aus der Stadt Reval (heute Tallinn) zu vertreiben. Franzosen wie Briten setzten im 18. Jahrhundert in Nordamerika biologischen Waffen ein. Um nordamerikanische Indianer zu dezimieren, überreichte ein britischer Hauptmann 1763 zwei Indianerhäuptlingen ein tödliches Geschenk. Er berichtete: »Als Zeichen unserer Wertschätzung schenkten wir ihnen zwei Decken und ein Taschentuch aus einem Pocken-Krankenhaus. Ich hoffe, es hat den gewünschten Effekt.«[2] Bald darauf machte sich die Krankheit unter den örtlichen Indianerstämmen breit.

Heute müssen wir nicht mehr zu so primitiven Methoden Zuflucht nehmen, um Menschen, ihr Vieh und ihre Feldfrüchte mit Krankheiten zu infizieren. Moderne Biologen wissen, welche Mikroorganismen welche Krankheiten hervorrufen, und sie können Bakterien und andere Krankheitserreger züchten. Diese Erreger werden durch spezielle Methoden ausgebracht, so dass sie lebensfähig bleiben und sich besonders effektiv verbreiten. Sie werden gewöhnlich von Mensch oder Tier eingeatmet oder der Nahrung bzw. dem Trinkwasser beigemischt. Krankheitserreger können auch direkt per Spritze injiziert, durch Insektenstiche übertragen oder auf Pflanzen bzw. auf das Erdreich, auf dem diese wachsen, gesprüht werden. Ganz egal, wie sie ausgebracht werden, diese Form der Attacke ist als barbarisch gebrandmarkt.

Biologische Waffen sind barbarische Waffen

Die biologische Kriegsführung gilt als besonders abscheulich. Das alte brahmanische Gesetz fordert von einem Krieger: »Wenn er in einer Schlacht kämpft, so soll er seine Feinde nicht mit Waffen töten, die versteckt sind, mit Widerhaken versehen oder vergiftet.«[3] Die römischen Juristen erklärten *armis bella non venenis geri* – »Kriege werden mit Waffen, nicht mit Gift geführt«.

Die Genfer Konvention von 1925 war der Höhepunkt der ersten internationalen Versuche, sich des Problems der biologischen Kriegsführung anzunehmen. Die Nationen, die diesen Vertrag nach dem Ende des Ersten Weltkriegs aushandelten, erinnerten sich nur allzu gut an ihre Erfahrungen mit chemischen Waffen, die nach diesem Beschluss »mit Recht von der allgemeinen Meinung der zivilisierten Welt verdammt werden«. Die Genfer Konvention verbietet den Einsatz von chemischen Waffen (C-Waffen) und weitet dieses Verbot auf »bakteriologische Methoden der Kriegsführung« aus. Die jüngste internationale Konvention über den Umgang mit biologischen Waffen erklärt, ihr Einsatz »widerstrebe dem Gewissen der Menschheit«. Wir werden auf dieses Abkommen über biologische Waffen von 1972 im neunten Kapitel zurückkommen.

Diese internationalen Verträge spiegeln unsere intuitive Abscheu vor einer biologischen Kriegsführung wider. Wir schrecken vor der Vorstellung zurück, durch Infektionen und Krankheiten zu töten. So etwas wie Bakterien, die für das bloße Auge unsichtbar sind, erscheint uns besonders bedrohlich. Dass unsere Atmung uns für alles verwundbar macht, was sich in der Luft befindet, ist ein schrecklicher Gedanke. Soldaten, die einen Angriff mit biologischen Waffen fürchten, tragen spezielle Schutzmasken, doch die meisten Länder rüsten Zivilisten nicht damit aus. Die am stärksten gefährdeten Gruppen sind Kinder, Alte und Kranke.

Die Ängste, die von biologischen Angriffen ausgelöst werden, machen diese Waffen so schrecklich. Wenn Menschen in großer Zahl plötzlich und unerklärlich erkranken und sterben, ist die soziale und moralische Basis der Gesellschaft bedroht. Zwischen 1346 und 1350 tötete die Pest ein Drittel der europäischen Bevölkerung, darunter Einwohner von 200 000 Städten und Dörfern. Der vollständige Zusammenbruch von allem, was die Menschen bis dahin als selbstverständlich angesehen hatten, wirkte sich tiefgreifend auf die menschliche Psyche aus. Zeitgenössische Chroniken zeichnen ein herzzerreißendes Bild von Chaos und Verzweiflung (siehe Szenario 1).

Die Entwicklung biologischer Waffen setzt Wissen über Krankheiten voraus, über ihre Ursachen, ihre Behandlung und die vorbeugenden Maßnahmen gegen sie und fällt damit in den Bereich der Medizin. Dass die Medizin auf den Kopf gestellt und zum Infizieren und Töten eingesetzt wird, ist eine empörende Vorstellung und steht im völligen Widerspruch zur medizinischen Ethik. Der hippokratische Eid verpflichtet Ärzte seit mehr als 2000 Jahren, ausschließlich zum Besten der Kranken zu arbeiten. Die Geisteshaltung, die hinter einer derart pervertierten medizinischen Forschung steht, kommt in der Anekdote zum Ausdruck, die ein Veteran des Wissenschaftsjournalismus, Lord Ritchie Calder, erzählte. Er fragte einmal einen Wissenschaftler, der an Projekten zur »Verteidigungsbiologie« mitwirkte, an was er arbeite. Die Antwort lautete: »An einer Stoffwechseltherapie.«[4]

Moralische Erwägungen sind jedoch nicht die einzigen Gründe für den Widerstand gegen biologische Waffen. Auch die Skepsis gegenüber ihrer Zuverlässigkeit ist gewachsen.

Zuverlässige Waffen?

Die Zweifel am Einsatz biologischer Waffen sind hauptsächlich in ihrer Unberechenbarkeit und in ihrer Unkontrollierbarkeit begründet – ein Problem, das mit ihrer Verwendungsweise zusammenhängt (mit der wir uns im vierten Kapitel näher beschäftigen werden). Um eingeatmet oder oral aufgenommen zu werden, muss eine Freisetzung in die Umwelt erfolgen. Dort jedoch sind biologische Kampfstoffe Wind und Sonne ausgesetzt, die sie abtöten oder verdriften können, so dass sie ihr Ziel nicht erreichen und möglicherweise nur unter ganz bestimmten, eingeschränkten Bedingungen wirksam werden. Obwohl biologische Waffen noch immer als militärisch unbedeutend gelten, wird diese Behauptung inzwischen zunehmend infrage gestellt. Die bisherigen Zweifel an der Verwendbarkeit dieser Waffen könnten eine Rationalisierung der Tatsache gewesen sein, dass Präsident Nixon 1969 auf das beträchtliche offensive Potenzial der USA an biologischen Waffen verzichtete und das Land lediglich auf die Verteidigung gegen B-Waffen beschränkte. Wenn die Waffen nicht hergestellt werden durften, so die Argumentation, dann lag es doch bestimmt daran, dass sich die Produktion in Wahrheit nicht lohnte.

Eine ganz andere Erklärung für Nixons Entscheidung wird von dem Harvard-Professor Matthew Meselson vertreten, der lange für eine Begrenzung der Ausbreitung und des Einsatzes biologischer Waffen gekämpft hat. Er argumentiert, das Programm der USA habe gezeigt, wie einfach biologische Waffen herzustellen seien, und überdies, dass es keine Möglichkeit gebe, andere Länder von ihrer Produktion abzuhalten.[5] Demnach wäre das, was als Eingeständnis der Nutzlosigkeit biologischer Waffen oder als altruistische Geste für den Weltfrieden gelten könnte, tatsächlich eine nüchtern berechnete optimale Strategie gewesen, um die Sicherheit der USA zu schützen.

Diese Analyse wird untermauert von Gradon Carter, einem Experten für biologische Verteidigung von der britischen Defence Evaluation Research Agency (DERA) in Porton Down.[6] Nixon, so argumentiert er, wollte »die Aufmerksamkeit von dem länger etablierten und erprobten chemischen Potenzial ablenken, das erst kürzlich in Vietnam eingesetzt worden war, und außerdem die Besorgnis im Kongress, auf nationaler und auf internationaler Ebene besänftigen ...«[7] Carter weist darauf hin, dass bis zum Jahr 1969 »die Einsatzfähigkeit von biologischen Waffen schon auf allen Ebenen außer durch den Einsatz im Krieg demonstriert worden war ... die USA hatten ihr offensives Potenzial an biologischen Waffen seit beinahe einem Vierteljahrhundert aufrechterhalten. Während dieser ganzen Zeitspanne war von Unkontrollierbarkeit und Unberechenbarkeit … keine Rede.«[8] Ohne Zweifel wussten einige Amerikaner genau, wozu biologische Waffen fähig sind und wie man sie einsetzen kann.

Andere Länder haben denselben Eindruck gewonnen. Sie haben ihre eigenen biologischen Waffenprogramme entwickelt.

Wer verfügt über biologische Waffen?

Die beiden Länder, die bekanntermaßen über biologische Waffen verfügen, sind Russland und der Irak, und es war hauptsächlich die Entdeckung ihrer heimlichen Rüstungsprogramme, die in den Neunzigerjahren die Alarmglocken schrillen ließ. Erst 1992 gaben die Russen zu, dass sie Biowaffen entwickelt und damit gegen das Abkommen über biologische Waffen verstoßen hatten, obwohl sie zu den Unterzeichnern des Vertrags gehörten. Im Anschluss an den Golfkrieg wurde schließlich auch das umfangreiche biologische Waffenprogramm des Irak aufgedeckt. Wir werden uns mit beiden Ereignissen im dritten und im sechsten Kapitel näher beschäftigen.

Andere Länder stehen im Verdacht, Biowaffen zu entwickeln. Nach einer britischen Schätzung, die vom *Jane's Consultancy Service*[9] erstellt wurde, gibt es 16 Länder, die sicher, wahrscheinlich oder möglicherweise über biologische Waffen verfügen, bei weiteren vier Ländern ist man im Zweifel. Nur bei Russland und dem Irak wissen wir sicher, dass sie Biowaffenprogramme haben. Die 14 Länder, deren Status nach Angaben des *Jane's*-Autors unklar ist, sind Weißrussland, die Volksrepublik China, Ägypten, Indien, Iran, Israel, Nordkorea, Südkorea, Libyen, Pakistan, Südafrika, Syrien, Taiwan und die Ukraine. Die vier Zweifelsfälle sind Algerien, Kuba, Jordanien und Kasachstan. Eine weitere Studie, die 1993 vom Amt für Technologiebewertung des US-Kongresses durchgeführt wurde, nennt Iran, Irak, Israel, Libyen, Syrien, China, Nordkorea und Taiwan als diejenigen Staaten, von denen »allgemein berichtet wird, dass sie über undeklarierte offensive Programme zur biologischen Kriegsführung verfügen«.[10]

Die Liste ist aufschlussreich: Sie enthält Nationen, die weder arm noch reich sind und über einen Stab von Wissenschaftlern verfügen, die aber nicht an der vordersten Front wissenschaftlicher Forschung stehen. Solche Nationen (1988 waren es mehr als 100) verfügen über die technologische Kapazität zur Produktion von Biowaffen, die im Vergleich zu Kernwaffen billig, rasch und einfach herzustellen sind. Das Amt für Technologiebewertung des US-Kongresses schätzt, dass zehn Millionen US-Dollar für ein Land ausreichen würden, um ein großes Arsenal an Biowaffen zu entwickeln. Ein vergleichbares Arsenal an Kernwaffen würde hingegen 200 Millionen Dollar kosten, eines mit Chemiewaffen mehrere zehn Millionen.[11] Unterlagen zufolge, die 1969 einem Gremium der Vereinten Nationen vorlagen, »belaufen sich die Kosten einer groß angelegten Operation gegen die Zivilbevölkerung beim Einsatz von konventionellen Waffen auf rund 2000 Dollar pro Quadratkilometer, von Kernwaffen auf 800 Dollar, von Nervengas auf 600 Dollar und von biologischen Waffen auf nur einen Dollar.«[12]

Die amerikanische Regierung ist der Meinung, dass Biowaffen zunehmend attraktiver werden. Im November 1996 erklärte der Leiter der amerikanischen Delegation, die an der vierten Überprüfung des Abkommens über biologische Waffen teilnahm, die USA glaubten, dass heute doppelt so viele Staaten Biowaffen zu entwickeln versuchten wie 1975, als der Vertrag in Kraft trat.

Biowaffen wozu?

Biologische Waffen sind zu Recht als »die Atombombe des kleinen Mannes« bezeichnet worden. Sie sind ein billiges Mittel der Massenvernichtung und darüber hinaus von außerordentlicher psychologischer Wirksamkeit. Die Möglichkeit eines Angriffs erzeugt Ängste in der Bevölkerung; dies allein übt schon Druck auf politische und militärische Führer aus und verändert das strategische Denken.

Biowaffen sind im Rahmen eines Gegenschlages in großem Maßstab gegen die Zivilbevölkerung einsetzbar. Sie demonstrieren das nationale Abschreckungspotenzial, stören die Kriegsvorbereitungen eines Feindes, schwächen oder töten feindliche Truppen. Sensible Ziele für Angriffe mit Biowaffen sind unter anderem große Ansammlungen von Soldaten in befestigten Stellungen, Aufmarschgebiete und Militärbasen. Biowaffen, die auf Feldfrüchte abzielen, schwächen die Wirtschaft eines Landes, bevor ein eventueller Angriff mit konventionellen Waffen erfolgt. Gegen regimekritische Minderheiten im eigenen Staat können Biowaffen ebenfalls eingesetzt werden – so ging Saddam Hussein 1988 gegen die kurdische Bevölkerung in Halabja mit Chemiewaffen vor. Herrscher, die bereit sind, solche Waffen gegen ihr eigenes Volk einzusetzen, würden sich wohl von der Möglichkeit, dass dabei auch Unbeteiligte umkommen, nicht abschrecken lassen.

Befindet sich ein Staat im Krieg, dann überlasten biologische Angriffe die ohnehin stark beanspruchten medizinischen Einrichtungen; das machen die beiden nachfolgenden Beispiele deutlich. Im Januar 1960 infizierte eine Person in Moskau 46 andere Menschen mit Pocken – drei von ihnen starben. Die Behörden mobilisierten sofort 5500 Impfteams, die innerhalb einer Woche 6372376 Menschen impften. Sie spürten jede Person auf, die mit einem der Erkrankten in Kontakt gekommen war. Dazu musste ein großer Teil des Landes durchkämmt werden. Man fand schließlich 9000 Menschen, die unter medizinische Überwachung gestellt wurden – 662 von ihnen mussten ins Krankenhaus eingewiesen werden.[13] Ein ähnlicher Vorfall ereignete sich 1947 in den Vereinigten Staaten, als ein Geschäftsmann im Bus von Mexiko-City nach New York reiste. Während der Fahrt erkrankte er, doch er absolvierte sein Sightseeing-Programm in New York, schlenderte mehrere Stunden lang durch die Straßen und besuchte überdies ein großes Kaufhaus. Neun Tage später starb er an Pocken. Er hatte zwölf andere Leute angesteckt, von denen zwei ebenfalls starben. Als Reaktion auf diesen Ausbruch ließen die Gesundheitsbehörden innerhalb weniger Wochen allein in New York 6350000 Menschen impfen.[14]

Verdeckte Angriffe

Wenn keine offenen Feindseligkeiten vorliegen, ist es ein Leichtes, den Einsatz von Biowaffen als natürlichen Krankheitsausbruch zu tarnen. Damit wird es unmöglich, das Verbrechen auf den Verbrecher zurückzuführen. Es hat Vorfälle gegeben, die verdächtig, aber nicht zu beweisen waren. In den Siebzigerjahren machte Kuba die Vereinigten Staaten verantwortlich für den Ausbruch der Blauschimmelkrankheit an Tabakpflanzen, den Befall der Zuckerrohrpantagen mit Brandpilz, die Afrikanische Schweinepest in den Schweinebeständen und sogar für das hämorrhagische Denguefieber in der kubanischen Bevölkerung. Diese Krankheiten waren in Kuba nicht unbekannt, und es ließ sich unmöglich sagen, ob diese speziellen Ausbrüche natürlichen Ursprungs oder absichtlich herbeigeführt waren.

Dieses Beispiel zeigt, welche Brisanz Biowaffen erlangen können. Hinzu kommen einige aktuelle, besorgniserregende Ereignisse, die es wahrscheinlich machen, dass heute mehr Länder als früher auf B-Waffen setzen.

Warum sich Sorgen machen?

Terrorismus

Bisher fühlten wir uns vor biologischen Angriffen geschützt, weil niemand sich vorstellen konnte, dass diese geächteten Waffen gegen Zivilisten eingesetzt würden. Diese psychologische Schwelle wurde im März 1995 überschritten, als die japanische Aum-Sekte (Aum Shinrikyo) chemische Waffen gegen die Fahrgäste der Tokioter U-Bahn einsetzte. Nachdem das Undenkbare einmal geschehen ist, ist es denkbar geworden. Im dritten Kapitel wollen wir näher auf die terroristische Bedrohung eingehen. An dieser Stelle genügt die Feststellung, dass sie Anlass zu wachsender Besorgnis gibt.

Während die terroristische Bedrohung zunimmt, ist es aufgrund des wissenschaftlichen Fortschritts heute gleichzeitig viel leichter als früher, heimlich Biowaffen zu produzieren.

Eine weit verbreitete Technologie

Die auf der Basis einer einigermaßen guten wissenschaftlichen Infrastruktur weltweit aufblühende Biotechnologie-Industrie liefert die Ausrüstung, die man zur Herstellung biologischer Kampfstoffe braucht. Spezielles Werkzeug ist nicht erforderlich. Wir werden uns im fünften Kapitel näher damit beschäftigen, doch wir sollten an dieser Stelle festhalten, dass die Technologie zur Herstellung von waffentauglichen Erregern dieselbe ist, wie diejenige zur Anzucht von völlig harmlosen Mikroorganismen, die zur Produktion von Wirkstoffen für landwirtschaftliche und medizinische Zwecke (beispielsweise für die Produktion von Viehfutter wie auch von Impfstoffen und Antibiotika) dienen. Damit ist es möglich, Waffenproduktionsstätten ohne weiteres als zivile Einrichtungen zu tarnen. Aus der Sicht des Produzenten ist diese Täuschung zweifellos wünschenswert und wird noch dadurch erleichtert, dass man nur eine Standardausrüstung braucht. Auch das erforderliche Wissen lässt sich mit Hilfe der allgemein zugänglichen wissenschaftlichen Literatur leicht erwerben.

Befürchtungen, dass legitime wissenschaftliche Forschung zur Tarnung illegaler Biowaffenprogramme dienen könnte, bestätigten sich, als 1995 das ganze Ausmaß des irakischen Arsenals bekannt wurde. Auch wenn diese biologischen Kampfstoffe im Golfkrieg nicht zum Einsatz kamen, jagte die Tatsache, dass sie waffentauglich und einssatzbereit waren, vielen einen kalten Schauer über den Rücken.

Besorgniserregend ist auch der Exodus russischer Wissenschaftler nach dem Chaos, das 1991 auf den Zusammenbruch der Sowjetunion folgte. Seitdem sind schätzungsweise fünf Prozent aller russischen Wissenschafter emigriert, um sich der politischen Instabilität und den wirtschaftlichen Härten aufgrund ausbleibender Lohnzahlungen zu entziehen. Die meisten sind in die Vereinigten Staaten gegangen, einige auch nach Israel, andere vermutlich in Länder, die ihre Fachwissen als willkommenen Schub für ihre noch in den Kinderschuhen steckenden Biowaffenprogramme begrüßt haben.

Schlimm genug, dass die technologischen Mittel und das zugehörige Know-how für die Biowaffenproduktion heute bereits weit verbreitet sind, die Gentechnik eröffnet solchen Waffenprogrammen nun noch zusätzliche Möglichkeiten.

Gentechnik

Nun, da die Forscher beginnen, die genetische Struktur der Organismen zu verstehen, lernen sie auch, wie sich diese verändern lässt, um modifizierte Organismen mit neuen Eigenschaften zu schaffen, die sie zu effektiveren Kampfstoffen machen. Dadurch können sie von langsam wirkenden, instabilen Organismen oder solchen, die für unbestimmte Zeit in der Umwelt überdauern, zu schnell wirkenden, zuverlässigeren Organismen werden, die nach einer gewissen Zeitspanne oder unter bestimmten Umweltbedingungen absterben.

Die spezifische Wirksamkeit von Kampfstoffen würde sich durch solche genetischen Eingriffe erheblich erhöhen. Überdies wäre es unter Umständen möglich, Biowaffen herzustellen, die sich nur auf bestimmte ethnische Gruppen auswirken. Wir werden auf diese schrecklichen Möglichkeiten im siebten Kapitel näher eingehen. Zusammen mit den oben erwähnten Entwicklungen weisen sie in der Tat auf die wachsende Bedrohung hin, die von Biowaffen ausgeht.

Nach Jahrzehnten des Schattendaseins haben Biowaffen im Rahmen der internationalen Sicherheitsagenda eine ganz neue Dringlichkeit erhalten. Die Entdeckung geheimer Biowaffenprogramme im Irak, in Südafrika und in der früheren Sowjetunion, die Eskalation des Terrorismus und die Ausbreitung der Biotechnologie haben zusammen mit der langfristigen Bedrohung durch gentechnische Manipulationen das Interesse an Biowaffen in den Neunzigerjahren neu geweckt. Sie sind weit davon entfernt, militärisch nutzlos zu sein, und man hat inzwischen erkannt, dass sie in bestimmten Situationen eine tödliche Bedrohung darstellen. Im nächsten Kapitel wollen wir uns eingehender damit beschäftigen, was Biowaffen enthalten und wie sie wirken können.

Szenario 1: Pest

Die Pest, die 1347 über Sizilien hereinbrach, war eine schreckliche Krankheit. Der Franziskanermönch Michael von Piazza beschrieb sie mit den folgenden Worten: »Diejenigen, die infiziert waren, verspürten Schmerzen im ganzen Körper und fühlten sich buchstäblich wie ausgehöhlt. Dann entwickelten sich an Oberschenkeln oder Oberarmen Beulen von der Größe einer Linse – die Leute bezeichneten sie als ‚Brandbeule'. Diese Brandbeulen infizierte den ganzen Körper und drang ins Körperinnere ein, so dass der Patient heftig Blut erbrach. Dieses blutige Erbrechen hielt drei Tage lang ununterbrochen an, und es gab kein Mittel, um es zu heilen. Dann hauchte der Patient sein Leben aus. ... Die Stadt Catania verlor all ihre Einwohner und geriet schließlich vollständig in Vergessenheit. Hier traten nicht nur die ‚Brandblasen' auf, sondern es entwickelten sich auch drüsige Beulen an Geschlechtsorganen, Schenkeln, Armen oder Hals. Zunächst hatten sie die Größe einer Haselnuss und entstanden begleitet von heftigen Anfällen ... Schon bald wuchsen die Beulen auf Walnussgröße an, dann auf die eines Hühner- oder Gänseeies. Sie waren außerordentlich schmerzhaft und reizten den Körper, so dass der Leidende Blut spuckte. Das Blut stieg von den befallenen Lungen die Kehle hoch und führte dazu, dass der ganze Körper verfaulte und sich schließlich zersetzte ...«[15]

Eine derart entsetzliche, hoch ansteckende Krankheit – »jeden, der mit den Kranken sprach, ereilte die Krankheit ... und es gab keine Möglichkeit, dem Tod zu entfliehen« – rief nicht nur Panik hervor, sondern führte auch zum völligen Zusammenbruch aller sozialen Bindungen und Strukturen. »Es gab keine Liebe, keine Treue, kein Vertrauen. Kein Nachbar reichte dem anderen eine helfende Hand ... Der Patient lag hilflos und gottverlassen in seiner Behausung, kein Verwandter näherte sich ihm, höchstens seine besten Freunde drängten sich in einer Ecke zusammen. Die Ärzte trauten sich nicht, ihn zu besuchen, die verängstigten Priester boten ihm mit zitternden Händen die kirchlichen Sakramente. Herzerweichend riefen Kinder nach ihren Eltern und Eltern nach ihren Kindern, Männer flehten ihre Frauen um Hilfe an: ›Ich bin so durstig, gib mir wenigstens einen Tropfen Wasser. Ich lebe doch noch. Hab' keine Angst vor mir!‹ «[16]

Szenario 2: Attentat

Am 7. September 1978 war Georgi Markow auf dem Weg von der Waterloo Bridge zur BBC-Niederlassung, als er plötzlich einen scharfen Schmerz im Oberschenkel verspürte. Er drehte sich um und sah einen Mann, der einen Regenschirm vom Boden aufhob und sich entschuldigte. Am nächsten Tag wurde er mit Fieber und sinkendem Blutdruck ins Krankenhaus eingeliefert. Vier Tage nach dem Vorfall starb er. An der Stelle, an der die Spitze des Regenschirms in seinen Oberschenkel eingedrungen war, fanden die Ärzte eine winzige Metallkapsel mit vier Löchern in den Muskel eingebettet. Wie sich herausstellte, hatte die Kapsel Rizin enthalten, eine hoch giftige Verbindung, die aus den bohnenförmigen Samen von Rizinus gewonnen wird.

Markow war ein Schriftsteller, der sich aus Bulgarien abgesetzt und es gewagt hatte, in der BBC und im Radio Freies Europa Kritik am Regime des bulgarischen Präsidenten Todor Schiwkow zu üben. Daraufhin hatte ihn die bulgarische Geheimpolizei ermordet. Die Agenten hatten dieselbe Methode benutzt, wie zehn Tage zuvor bei einem anderen bulgarischen Journalisten, der im Exil in Paris lebte, doch er hatte überlebt, weil sie nicht genug Rizin in die Kapsel gefüllt hatten.

Ein paar Tage nach Markows Tod wurde seine Frau Annabel von der BBC interviewt. Sie sagte: »Alles, was ich weiß, ist, dass mein Mann ein starker, ein gesunder Mann war. Die Ärzte sagen, er habe die Konstitution eines Stiers. Er kam Donnerstagabend nach Hause – es ging ihm sehr gut –, doch am nächsten Tag war er bereits in einem kritischen Zustand. Er erzählte mir, dass er mit der Spitze eines Regenschirms gestochen worden sei. Es kam mir so vor, als könne er es selbst kaum glauben. Jedenfalls wollte er mich mit der Geschichte bestimmt nicht ängstigen. Dann zeigte er mir das Mal, dass die Regenschirmspitze hinterlassen hatte – wie der Einstich einer Spritze. Er hatte in der Vergangenheit klar gemacht, dass er, falls er umgebracht würde, wüsste, welche Organisation dahinter steckte. Er war bis zuletzt völlig bei Bewusstsein, und ich war bei ihm, bis er starb. Er sprach über uns. Er sprach mit mir nicht darüber, vergiftet worden zu sein, doch er sprach mit anderen Leuten darüber, und ich glaube, er tat das, um mir keine Sorgen zu bereiten und mich nicht zu erschrecken. Bevor er sich aus Bulgarien absetzte, war er einer der dortigen Topschriftsteller. Er gehörte zu einem sehr privilegierten kleinen Kreis. Er wusste Dinge über Leute in Bulgarien, die nur sehr wenige andere Menschen wussten. Er versuchte, die Korruption zu entlarven.«

Der frühere KGB-General Oleg Kalugin hat zugegeben, dass der Mord auf Befehl von Schiwkow ausgeführt worden war, doch niemand wurde jemals dafür zur Rechenschaft gezogen. Für Scotland Yard gilt der Fall noch immer als offen, und die britische Regierung verfolgt ihn gegenwärtig bei Bulgariens Präsident Petar Stojanow weiter.

Kapitel 2

Biologische Kampfstoffe

»Anthrax, in einer kühlen, ruhigen Nacht aus einem Flugzeug versprüht, könnte ganz Washington D.C. auslöschen. Denkbar wären bis zu drei Millionen Opfer, verglichen mit zwei Millionen beim Abwurf einer Wasserstoffbombe.«[1] So schätzt Dr. Graham Pearson, ehemaliger Direktor von Porton Down, der britischen Rüstungserprobungs- und Forschungsagentur, das zerstörerische Potenzial von Biowaffen im Vergleich zu Kernwaffen ein.

In diesen Kapitel wollen wir uns näher mit den Kampfstoffen in biologischen Waffen und ihrem Einsatz beschäftigen. Zunächst sollten wir uns darüber klar werden, *wie* gefährlich sie sind.

Massenvernichtungsmittel

Betrachtet man das Verhältnis von Gewicht zu Wirksamkeit, dann sind biologische Waffen gefährlicher als Kern- oder Chemiewaffen. Eine offizielle amerikanische Studie verglich die Zahl der Toten, die aus einem Angriff mit einer Atombombe von der Größe der Hiroshima-Bombe resultiert (das entspricht einer Explosionskraft von 12500 Tonnen TNT), mit der Wirkung von 300 Kilogramm des Nervengiftes Sarin oder 30 Kilogramm Milzbrandsporen (Anthrax). Die Atombombe würde zwischen 23000 und 80000 Menschen töten, das Nervengas 60 bis 200, Anthrax hingegen 30000 bis 100000. Diese Schätzungen basieren auf einem Mittelwert, sie gehen weder vom schlimmsten noch vom optimistischsten Szenario aus. Die Studie betont, dass Biowaffen bei strategisch günstigen Gegebenheiten sogar noch mehr Menschen töten würden.[2]

Die Unterschiede in der Letalität biologischer und chemischer Waffen sind enorm. Dr. Jonathan Tucker, damals beim amerikanischen Bundesamt für Rüstungskontrolle und Abrüstung, meinte dazu: Das Einatmen von nur 8000 Anthraxsporen, die weniger als ein hunderstel Mikrogramm wiegen (ein Mikrogramm ist ein millionstel Gramm), löst eine Erkrankung aus, die innerhalb von fünf Tagen in den allermeisten Fällen zum Tode führt. Um denselben Effekt zu erzielen, benötigt man rund ein Milligramm des Nervengases Sarin, also 100000 Mal so viel. Daher könnten zehn Gramm Anthraxsporen, wirkungsvoll ausgebracht, theoretisch genauso viele Todesfälle verursachen, wie eine Tonne Sarin.«[3]

Überdies sind biologische Waffen billig. Wie im ersten Kapitel bereits erwähnt, beträgt der finanzielle Aufwand pro Todesfall nur einen winzigen Bruchteil dessen, was konventionelle Waffen, Kernwaffen oder Nervengase kosten. Anthrax gehört zu den am besten geeigneten Erregern für Biowaffen. Es gibt jedoch mindestens 20 bis 30 biologische Kampfstoffe, die sich gegen Menschen einsetzen lassen. Sie werden von verschiedenen Arten von Mikroorganismen produziert.

Die Erreger: Mikroben

Viren sind die einfachsten Mikroorganismen. Sie können sich nur im Inneren von Wirtszellen vermehren, indem sie deren Genom neu programmieren, so dass weitere Viren gebildet werden. Einige Viren verbreiten sich, wenn wir husten oder niesen, manche auch mit dem Blut oder anderen Körperflüssigkeiten.

Beim Menschen können z.B. Viren Schnupfen, Aids, Herpes, Windpocken, Grippe, Kinderlähmung (Polio), Leberentzündung (Hepatitis), Gelbfieber, Pocken, Denguefieber und verschiedene

Formen der Hirnhautentzündung (Enzephalitis) hervorrufen. Bei Tieren sind sie unter anderem verantwortlich für Maul- und Klauenseuche bei Rindern, Schafen und Schweinen, Hundestaupe, Tollwut, Afrikanische Schweinepest, Newcastle-Krankheit bei Geflügel, Rifttalfieber bei Rindern, Schafen und Ziegen, sowie Vesikulärstomatitis bei Rindern, Pferden und Schweinen. Bei Pflanzen verursachen sie z.B. die Mosaik-Virosen bei Tabak, Tomaten und Sojabohnen sowie die Kräuselkrankheit bei Zuckerrüben.

Bakterien sind im Allgemeinen frei lebende Organismen. Sie bestehen aus nur einer einzigen Zelle und sind die kleinsten Lebewesen, die sich selbstständig vermehren können. Einige Bakterien können Sporen bilden – eine Dauerform, die besonders widerstandsfähig gegen Hitze, Kälte und andere umweltbedingte Stressfaktoren ist. In der Regel rufen Bakterien Krankheiten hervor, indem sie in Gewebe eindringen oder Toxine bilden. Manche tun auch beides. Grundsätzlich lassen sich Bakterien durch Antibiotika abtöten oder im Wachstum hemmen.

Zu dem Bakteriengiften gehören Botulinus, Rizin, Tetanus, Diphtherie, Shigella (führt zu Bakterienruhr) und Staphylokokkus-Enterotoxin (verursacht Lebensmittelvergiftungen). Wichtige bakterielle Erkrankungen sind Milzbrand (Anthrax), Brucellose, Cholera, Rotz, Pseudorotz, Lungenpest, Tularämie und Unterleibstyphus. Diese Krankheiten gelten im Rahmen der biologischen Kriegsführung als Biowaffen, die gegen Menschen statt gegen Tiere gerichtet sind. Großbritannien hat allerdings im Zweiten Weltkrieg auch Anthrax entwickelt, um Rinder zu infizieren. Zu den durch Bakterien hervorgerufenen Pflanzenkrankheiten gehören Bakterienbrand bei Reis- und Maispflanzen.

Rickettsien nehmen eine Art Mittelstellung zwischen Viren und Bakterien ein. Sie sind Bakterien, können aber wie Viren nur als Parasiten im Inneren von Wirtszellen leben. Im Gegensatz zu Viren behalten sie jedoch ihre genetische Selbstständigkeit bei. Sie werden von Insekten und Spinnentieren wie Läusen, Zecken, Milben und

Flöhen übertragen. Wie Bakterien reagieren sie empfindlich auf Antibiotika. Beim Menschen können sie Flecktyphus, Balkan-Grippe, Papageienkrankheit und amerikanisches Zeckenfieber hervorrufen. Bei Tieren führen Rickettsien zu Herzwasser bei Schafen und Ziegen.

Pilze sind mehrzellige Organismen, die größer und komplexer gebaut sind als Bakterien. Sie vermehren sich durch Sporenbildung. Beim Menschen können Pilze Kokzidioidomykose hervorrufen, eine Infektion der oberen Atemwege oder der Lunge. Viele Pilze bilden Mykotoxine; bekannt sind die Aflatoxine der Schimmelpilze, die für Mensch und Tier gefährlich sind und Leberkrebs hervorrufen. Eine Pilzerkrankung der Tiere ist die Aspergillose, eine Atemwegserkrankung bei Geflügel. Bei Pflanzen rufen Pilze wichtige Pflanzenkrankheiten hervor, z.B. die Kraut- und Knollenfäule der Kartoffel (die Mitte des 19. Jahrhunderts in Irland durch vollständige Vernichtung der Kartoffelernte die große Hungersnot auslöste), ferner den Schwarzrost bei Getreide und die Reisbräune.

Diese Liste ist natürlich nicht vollständig; die diversen Arten von Mikroorganismen sind für weitaus mehr Erkrankungen verantwortlich. Erwähnt sind hier nur diejenigen Formen, die am häufigsten als Ausgangsmaterial für Biowaffen in Betracht gezogen werden. Doch nicht alle sind gleichermaßen waffentauglich.

Eignung

Um für den Einsatz in einem biologischen Krieg geeignet zu sein, muss ein Mikroorganismus in geringer Dosis (hohe Virulenz!) und mit vorhersagbarer Inkubationszeit einen bestimmten Effekt auslösen. Er muss nach dem Ausbringen lange genug überleben, um sein Ziel zu erreichen. Die Zielpopulation sollte wenig oder kaum Immunität aufweisen und keinen Zugang zu Behandlungsmöglichkeiten haben. Der Anwender muss seine eigenen Truppen und die eigene

Zivilbevölkerung schützen. Ferner muss sich das Agens in großen Mengen herstellen, gut lagern und sich effizient verteilen lassen.[4]

Welche Mikroorganismen werden am häufigsten genannt, wenn es um die Eignung zur biologischen Kriegsführung geht, und mit welcher Wirkung muss bei ihnen gerechnet werden? Im fünften Kapitel wird dargelegt, wie der wissenschaftliche Fortschritt in Zukunft zur zahlenmäßigen Vermehrung der für die biologische Kriegsführung geeigneten Kampfstoffe beitragen wird. Diese Zukunftsperspektiven sind beunruhigend, doch die traditionellen Biokampfstoffe geben bereits genug Anlass zur Sorge. Die nachfolgend behandelten Kampfstoffe sind nicht von neuen wissenschaftlichen Entwicklungen abhängig. Sie existieren in der Natur und sind entweder waffentauglich gemacht oder bereits so lange als potenzielle Biowaffen erforscht worden, wie es derartige Programme gibt. Sie lassen sich gegen Menschen, Tiere oder Pflanzen einsetzen.[5]

Zielorganismus: Mensch

Die ersten fünf der aufgelisteten biologischen Kampfstoffe wurden von den Vereinigten Staaten waffentauglich gemacht und gelagert, bevor es 1972 zum Vertragsabschluss im Rahmen des Abkommens über biologische Waffen kam.

Milzbrand (Anthrax) ist eine Erkrankung, die typischerweise Pflanzenfresser befällt, aber auch Menschen können sich infizieren. Das Bakterium *(Bacillus anthracis)* kann durch die Haut eindringen (beispielsweise durch eine Schnittwunde), durch den Verzehr von infiziertem Fleisch in den Darmtrakt oder durch Einatmen in die Lunge gelangen. Hautmilzbrand ruft große schwarze Blasen hervor und führt unbehandelt in etwa 20 Prozent der Fälle zum Tod. Lungenmilzbrand ist viel gefährlicher, benötigt aber eine höhere Infektionsdosis an Anthraxsporen, um zum Ausbruch zu gelangen. Er führt in fast 100 Prozent aller Fälle innerhalb von 48 Stunden zu

Toxämie (Blutvergiftung durch Toxine), Septikämie (Blutvergiftung durch bakterielle Allgemeininfektion) und zum Tod. Es gibt zwar einen Impfstoff, doch wissen wir nicht, wie gut er gegen eine hohe Dosis über die Lunge aufgenommener Anthraxsporen wirkt. Antibiotika können helfen, wenn der Patient zuvor geimpft worden ist, doch sie müssen bereits wenige Stunden nach Einsetzen der ersten Symptome eingenommen werden. Anthraxbakterien lassen sich leicht in großen Mengen kultivieren, bilden Sporen, die gegen Hitze und Sonneneinstrahlung sehr widerstandsfähig sind und in der Umwelt Jahrzehnte lang überdauern können. Besonders effektiv ist der Einsatz von Anthrax als Waffe, wenn man es als Aerosol versprüht, also als Gas, das feste oder flüssige Stoffe in feinst verteilter Form enthält und eingeatmet wird.

Tularämie kommt allgemein bei Nagern und insbesondere bei Hasen und Kaninchen vor. Das Bakterium *Francisella tularensis* kann durch Insektenstiche, verseuchtes Wasser oder Lebensmittel auf den Menschen übertragen werden; auch Einatmen ist möglich. Tularämie oder Nagerpest ist außerordentlich ansteckend: Eine einzige Bakterienzelle kann ausreichen! Nach einer Inkubationszeit von zwei bis drei Tagen entwickeln sich Symptome ähnlich wie bei Lungenentzündung. Die Sterblichkeit variiert je nach Bakterienstamm. In den USA ist sie am höchsten und beträgt bis zu 40 Prozent. Ein Impfstoff existiert, und eine überstandene Erkrankung führt zu lebenslanger Immunität. Die Bakterien lassen sich leicht kultivieren und überleben in der freien Natur.

Brucellose ist eine Krankheit, die das körperliche Allgemeinbefinden stark beeinträchtigt. Menschen können sich bei Ziegen, Rindern und Schweinen infizieren; gewöhnlich geschieht dies durch den Verzehr von verseuchtem Fleisch oder Milch. Der Patient leidet einen Monat bis ein Jahr unter Fieberanfällen, Rückfälle können mehrere Jahre lang auftreten. Die Sterblichkeit ist gering und liegt zwischen zwei und fünf Prozent. Für den Menschen gibt es keinen Impfstoff.

Balkangrippe (Q-Fieber, auch Wüsten-, Schlachthaus- oder Siebentagefieber) beeinträchtigt ebenfalls das körperliche Allgemeinbefinden. Es wird beim Menschen von dem zu den Rickettsien gehörigen Erreger *Coxiella burneti* hervorgerufen, der bei vielen Tieren vorkommt. Nach einer Inkubationszeit von zwei bis drei Wochen entwickelt der Patient hohes Fieber, starke Kopfschmerzen und eine Lungenentzündung. Die Mortalitätsrate liegt bei nur ein bis vier Prozent der Fälle, doch der Erreger ist sehr widerstandsfähig und virulent, so dass eine sehr geringe Infektionsdosis ausreichend ist. Impfung ist möglich.

Die *Venezuelische Pferdeenzephalomyelitis* ist eine Pferdekrankheit, die von Insekten auf den Menschen übertragen werden kann. Nach einer Inkubationszeit von vier bis 20 Tagen leidet der Patient unter einer grippeähnlichen Erkrankung, die bis zu einer Woche andauert. Die Sterblichkeit ist gering, doch das Erregervirus bleibt als Aerosol stabil und ist in dieser Form für Menschen hoch infektiös. Es gibt einen Impfstoff. Das US-Militär besaß Vorräte dieses Krankheitserreger, die schließlich zwischen 1971 und 1973 vernichtet wurden.

Der *Beulen-* oder *Lungenpest*, übertragen durch das stäbchenförmige Bakterium *Yersinia pestis*, beschäftigte amerikanische Forscher in den Fünfzigerjahren. Die Beulenpest wird durch Rattenflöhe übertragen, die Lungenpest hingegen durch direkte Tröpfcheninfektion von Mensch zu Mensch mit *Yersinia pestis*. Da man diese Erreger fast sicher in Aerosolform ausbringen würde, käme es bei einem biologischen Angriff höchstwahrscheinlich zu einer Lungenpestepidemie. Nach einer Inkubationszeit von zwei bis drei Tagen husten die Opfer Blut und entwickeln eine Lungenentzündung mit hohem Fieber, Schüttelfrost und Muskelschmerzen. Das Atmen fällt immer schwerer, und bald darauf tritt der Tod ein. Werden innerhalb von 24 Stunden nach Einsetzen der Symptome keine Antibiotika gegeben, so führt Lungenpest fast immer zum Tod. Einen wirksamen Impfstoff gegen diese Form der Pest gibt es nicht.

Gelbfieber wird durch ein von Stechmücken verbreitetes Virus hervorgerufen. Es ist in Aerosolform hoch infektiös. Nach einer Inkubationszeit von drei bis sechs Tagen zeigen sich erste Symptome wie Fieber, Muskelschmerzen, Kopfschmerzen und Übelkeit. Die Krankheit schreitet fort mit Gelbsucht und blutigem Erbrechen und führt in 20 bis 70 Prozent der Fälle zum Tod. Eine Impfung gegen Gelbfieber ist allgemein verfügbar. Menschen, die die Krankheit überstanden haben, sind immun, doch in nicht immunisierten Populationen kann es zu Epidemien kommen.

Zielorganismen: Tiere

Diese biologischen Kampfstoffe sind von geringerem militärischem Interesse als die Kampfstoffe gegen Menschen. Die USA haben jedoch im Zweiten Weltkrieg alle anschließend genannten Erreger intensiv untersucht. Damals bereiteten die Briten einen Angriff auf deutsche Rinderbestände vor, allerdings mit Anthrax und nicht mit den unten aufgelisteten Erregern.

Maul- und Klauenseuche ist eine höchst ansteckende Krankheit bei Klauentieren (Rindern, Schweinen, Schafen, usw.). Nach einer Inkubationszeit von zwei bis acht Tagen entwickeln infizierte Tiere schmerzhafte Geschwüre an Zunge, Lippen und Füßen, die bis zu zehn Tage andauern können. Die Krankheit führt zu großen wirtschaftlichen Verlusten und kann bis zu 50 Prozent der infizierten Kälber töten. Das diese Krankheit auslösende Virus ist sehr widerstandsfähig und kann zum Beispiel im Heu Monate lang überdauern.

Die *Newcastle-Krankheit* (auch Asiatische Geflügelpest oder atypische Geflügelpest) befällt Vögel und ist höchst ansteckend. Die Inkubationszeit beträgt allgemein fünf bis sechs Tage. Danach können eine ganze Reihe von Symptomen auftreten, darunter Appetitverlust, sinkende Eierproduktion, grünlich verfärbter Durchfall und Dehydrierung. Die Mortalität kann mehr als 90 Prozent betragen.

Herzwasser ist eine Krankheit der Wiederkäuer (Rinder, Wasserbüffel, Schafe, Ziegen usw.) und wird von Zecken übertragen. Sie tritt vorwiegend in Schwarzafrika auf. Die Inkubationszeit beträgt zwei bis vier Wochen. Danach entwickelt das betroffene Tier hohes Fieber und kann innerhalb einer Woche eingehen. Die Mortalität liegt unter Umständen bei 100 Prozent.

Zielorganismen: Pflanzen

Nutzpflanzen, die Grundnahrungsmittel liefern, sind Hauptangriffsziele bei der biologischen Kriegsführung gegen Pflanzen. Die USA haben die ersten beiden der folgenden Pflanzenkrankheitserreger bevorratet, aber nicht waffentauglich gemacht. Alle sind jedoch als potenzielle Biowaffen eingehend untersucht worden.

Reisbräune wird von einem Pilz (*Pyricularia oryzae*) hervorgerufen, der je nach Klima auf vielfältige Weise überdauert und sich weit verbreiten lässt. Er ruft kleine, bläuliche Flecken auf den Blättern hervor, die sich rasch vergrößern und zum Absterben aller Blätter führen können. Die Anzahl der ausreifenden Reiskörner ist verringert, und es kann zu Ernteverlusten von bis zu 60 Prozent kommen.

Schwarzrost des Getreides befällt die Getreidearten Weizen, Gerste, Hafer und Roggen und führt zu Ernteverlusten von bis zu 90 Prozent. Der diese Krankheit hervorrufende Pilz (*Puccinia graminis*) bildet Sporen in großen Mengen, die durch den Wind sehr weit verbreitet werden können, beispielweise 4000 Kilometer vom Westen bis in den Osten von Australien. Sowohl für Schwarzrost als auch für Reisbräune sind Computerprogramme entwickelt worden, um die Ausbreitung der Krankheit vorherzusagen und den Bauern bei der Bekämpfung zu helfen.

Die *Kräuselkrankheit der Zuckerrüben* befällt krautige Pflanzen und wirkt verheerend auf Zuckerrüben, Bohnen und Tomaten. Sie wird durch Heuschrecken verbreitet, die das Erregervirus beim Fressen übertragen. Inzwischen sind resistente Zuckerrüben-, Bohnen- und Tomatensorten entwickelt worden.

Der *Bakterienbrand der Reispflanze* (verursacht durch *Xanthomonas oryzae*) ist in Asien weit verbreitet und kann die Ernteerträge dort bis zu 30 Prozent vermindern. Die Erreger werden durch Wind, Regen und Insekten verbreitet und führen dazu, dass infizierte Blätter vergilben und welken. Auch hier sind inzwischen resistente Reissorten entwickelt worden.

Toxine

Die beiden ersten der unten aufgeführten Toxine wurden von den USA nach dem Zweiten Weltkrieg zu waffenfähigem Material aufbereitet; das dritte wurde während des Krieges in geringen Mengen zu Forschungszwecken hergestellt.

Botulinustoxine gehören zu den giftigsten Verbindungen, die wir kennen. Schon ein Nanogramm pro Kilogramm Körpergewicht des Botulinustoxins A reicht aus, um einen Menschen zu töten (1 Nanogramm = 1 milliardstel Gramm). Damit ist dieses Toxin 150 000 Mal giftiger als das Nervengas VX und 100 000 Mal giftiger als das Nervengas Sarin. Die Substanz wird von dem Bakterium *Clostridium botulinum* gebildet und liegt gereinigt in Form von weißen Kristallen vor, die sich, fein pulverisiert, gut in Wasser lösen. Das Toxin könnte als Aerosol verwendet werden (auch wenn es an der Luft abgebaut wird und rasch viel von seiner Toxizität verliert) oder auch zur Kontamination von Nahrungsmitteln dienen. In diesem Fall ruft es eine Lebensmittelvergiftung namens Botulismus hervor. Zu den ersten Symptomen gehören Übelkeit, Durchfall, Benommenheit und allgemeine Schwäche, gefolgt von Doppelsehen, Schleimhusten und Atembeschwerden; schließlich kommt es zu schweren Krämpfen, und der Tod tritt ein. Botulismus-Antitoxin ist als Gegengift wirksam, wenn es vor Auftreten der Symptome (d.h., vor Ablauf von 24 Stunden nach dem Erstkontakt) verabreicht wird.

Staphylokokken-Enterotoxin B führt zu schweren Erkrankungen. In niedriger Dosierung bewirkt es Vergiftungen, die ein bis zwei Wochen andauern. Die meisten Patienten erholen sich, doch das Gift kann auch tödlich wirken. Es ist als Aerosol relativ stabil und kann auch mit der Nahrung aufgenommen werden. Das Toxin kann gefriergetrocknet werden, das weiße, flockige Produkt ist gut wasserlöslich und damit bestens geeignet, um kleinere Trinkwasserversorgungseinrichtungen zu verseuchen. Drei bis zwölf Stunden nach der Aufnahme des Toxins entwickeln die Opfer plötzlich Symptome wie Fieber, Kopfschmerzen, Schüttelfrost, Husten, Übelkeit, Erbrechen und Durchfall. Es existiert kein für den Menschen geeigneter Impfstoff gegen dieses Gift, zur Zeit laufen jedoch Entwicklungsarbeiten an mehreren möglichen Wirkstoffen.

Saxitoxin wird von bestimmten Algen (z. B. von einigen Planktonformen) gebildet. Schalentiere, die sich von diesen Algen ernähren, sind sehr giftig. Menschen, die diese befallenen Schalentiere verzehren, entwickeln zehn Minuten bis vier Stunden danach eine fortschreitende Reihe von Symptomen: zunächst ein prickelndes Taubheitsgefühl im Mund, dann Muskelschwäche, Koordinationsverlust, Muskellähmung, schließlich erfolgt der Tod. Das Toxin lässt sich einfach herstellen und ist wasserlöslich. Schätzungen über die Höhe der tödlichen Dosis bei oraler Aufnahme schwanken zwischen 0,2 und 0,4 Milligramm, doch bei Injektion ist nur ein Zehntel dieser Menge nötig. In diesem Fall kann der Tod bereits nach 15 Minuten eintreten – beispielsweise bei einem mit einem Gewehr abgeschossenen Giftprojektil, das die Haut mit kaum wahrnehmbarem Stich durchdringt.

Rizin wird aus den bohnenförmigen Samen von Rizinus hergestellt. Bei hohem Reinigungsgrad entspricht die Toxizität von Rizin etwa derjenigen von Saxitoxin. Seine Wirkung setzt mit einer Verzögerung von 12 bis 24 Stunden ein. Dann bewirkt das Gift Fieber, Kreislaufversagen und Tod.

Vom Agens zur Waffe

Alle oben besprochenen Agenzien müssen erst waffentauglich gemacht werden, bevor man sie zur biologischen Kriegsführung einsetzen kann. Welche Waffentypen eingesetzt werden, hängt davon ab, wie die Krankheit verbreitet wird.

Verbreitung der Krankheit

Die obigen Aufzählungen zeigen, dass es zahlreiche Möglichkeiten gibt, biologischen Kampfstoffe auszubringen. Sie können in der Luft verteilt werden, Trinkwasser oder Nahrungsmitteln beigemischt bzw. durch Insekten übertragen oder über spitze Gegenstände wie Injektionsnadeln appliziert werden. Unabhängig von der angewendeten Methode, müssen sie zunächst in einer flüssigen Suspension stabilisiert oder aber gefriergetrocknet und in Pulverform aufbewahrt werden.[6]

Als man erstmals biologische Kampfstoffe entwickelte, verteilten sie sich über das Aerosol in der Luft, das bei einer Bombenexplosion entstand. Diese Möglichkeit wird immer noch genutzt – der irakische Diktator Saddam Hussein beispielsweise hielt 1991 im Golfkrieg solche Waffen abwurfbereit. Aerosole lassen sich auch mittels Sprühvorrichtungen herstellen, die an Flugzeugen angebracht werden können, wenn ein großes Gebiet abgedeckt werden soll. Für einen lokal begrenzten Angriff reichen Spritzpistolen oder sogar Parfumzerstäuber. Dr. Graham Pearson merkt hierzu an: »Wir müssen uns stets vor Augen halten, dass sich eine effektive Verteilung bereits mit relativ einfachen Spraysystemen erreichen lässt. Mit einer simplen Spritzpistole kann man sehr effizient Partikel von der richtigen Größe herstellen.«[7]

Die tatsächlich erzielte Wirkung hängt von mehreren Faktoren ab. Zunächst einmal müssen die Erregerpartikel ihren Weg in die Lunge überleben. Unterschiedliche Partikel reagieren verschieden empfindlich, doch im Allgemeinen wird ein gewisser Teil bei der Explosion einer Bombe bzw. beim Versprühen abgetötet. Für das Überleben der Erreger spielen viele Faktoren eine Rolle: Temperatur, Licht, Luftfeuchtigkeit und Luftschadstoffe. Ungünstige Witterungsbedingungen können die Wirkung von Agenzien in Aerosolform stark beeinträchtigen. Klare Nächte mit wenig Wind gelten hingegen als ideal: Sie sorgen dafür, dass die Aerosolwolke einigermaßen geschlossen und die Konzentration der Erreger hoch bleibt. Damit wächst die Wahrscheinlichkeit, dass Personen, die die Erreger einatmen, die erforderliche Dosis aufnehmen. Denn das ist ein weiterer Faktor, der berücksichtigt werden muss: Der Erreger wird nur dann zum Ausbruch einer Krankheit führen, wenn er in ausreichend großer Zahl in den Organismus eindringt. Die für eine Infektion notwendige Dosis ist je nach Seuche verschieden, denn jeder Krankheitserreger hat sein eigenes krank machendes und todbringendes Potenzial. Im Prinzip reichen etwa 15 Gramm eines Botulinustoxins aus, um 350 Millionen Menschen zu töten, doch in der Praxis würde der in einem Aeorsol stattfindende Toxizitätsverlust die Letalität des Agens verringern.[8] Die tödliche Dosis von rund 8000 Anthraxsporen würde leicht auf den Punkt am Ende dieses Satzes passen. Ein Gramm Anthrax könnte bei effektiver Verteilung mehr als 100 Millionen Menschen töten. In der Praxis lassen sich die Sporen natürlich niemals optimal verteilen und fordern daher nicht annähernd so viele Opfer. Andere Erkrankungen werden durch eine geringere Keimzahl ausgelöst: Um an Tularämie zu erkranken, reicht unter Umständen eine einzige Bakterienzelle aus.[9]

Wenn biologische Kampfstoffe in der Luft freigesetzt werden, sterben sie unweigerlich ab oder büßen ihre Virulenz ein. Experten der Weltgesundheitsorganisation (WHO) haben verschiedene Absterberaten für verschiedene Erreger in einer Aerosolwolke abgeschätzt. Die Experten gehen davon aus, dass die einzelnen Erreger, wenn sie nicht eigens aufbereitet wurden, um ungünstige Umweltbedingungen zu überstehen, mit folgender Rate inaktiviert werden: Balkan-Grippe zehn Prozent pro Minute, Gelbfieber 30 Prozent pro Minute, Tularämie und Pest zwei Prozent pro Minute sowie Milzbranderreger 0,1 Prozent pro Minute.

Die Partikel müssen außerdem die richtige Größe haben, um eingeatmet und in der Lunge zurückgehalten zu werden: Eine Größe von einem bis fünf Mikrometer (ein Mikrometer = ein millionstel Meter) ist besonders wirksam. Die Verbreitung in Aerosolform ist nicht nur die gefährlichste, sondern auch die schwierigste, doch gelten diese Schwierigkeiten nicht als unüberwindbar.

Kontaminierung von Nahrungsmitteln und Trinkwasser

Zweitens ist es möglich, biologische Kampfstoffe Nahrungsmitteln oder dem Trinkwasser beizumischen. Man könnte das Virus, das die Maul- und Klauenseuche bei Rindern auslöst, den Tieren beispielsweise mit dem Heu verfüttern. Menschliche Nahrung kann mit Mikroorganismen, die den Verdauungstrakt angreifen (z.B. mit Salmonellen), verseucht werden. Mit dem Inhalt einer Ampulle ist es möglich, Nahrungsmittel an jeder Stelle des Herstellungsprozesses, während der Verteilung oder auf dem Weg zum Verbraucher zu kontaminieren. Zwar werden fast alle Mikroorganismen durch Hitze zerstört, die im Lauf der Lebensmittelproduktion häufig zur Sterilisation der Nahrungsgüter eingesetzt wird. Schleust man die Mikroorganismen jedoch zu einem späteren Zeitpunkt in den Produktionsprozess ein, bieten Nahrungsmittel ihnen gute Bedingungen, um zu überleben, sich zu vermehren oder sogar Toxine zu bilden. Lebensmittelvergiftungen können sofort zu schweren Erkrankungen führen und sogar tödlich sein. Aus diesem Grund isst die Crew eines Verkehrsflugzeugs andere Kost als die Passagiere. Im

Jahre 1996 wurde das Darmbakterium *Escherichia coli* Stamm 0157 für zwei Epidemien von Lebensmittelvergiftung in Japan (11 Tote und 10000 Erkrankte) und in Schottland (17 Tote und mehr als 100 Erkrankte) verantwortlich gemacht.

Städtische Wasserversorgungsbetriebe in Industrieländern sind für Kontamination weniger anfällig, als man meinen könnte. Theoretisch könnte zwar ein Großteil der Bevölkerung durch Wasser vergiftet werden, das aus verseuchten Trinkwasserreservoiren stammt. In der Praxis sind diese jedoch nicht nur weitgehend durch Chlorgaben und Filtereinrichtungen geschützt, sondern auch durch ihr schieres Wasservolumen. Jedes zugegebene Agens würde so stark verdünnt, das es wahrscheinlich nur noch wenig Schaden anrichten könnte. Kleinere oder nicht aufbereitete Wasservorräte und Brunnen sind stärker gefährdet.

Übertragung von Krankheiten

Einige Krankheiten werden von Insekten übertagen: Beulenpest von Flöhen, Flecktyphus von Flöhen und Läusen, Malaria von Stechmücken. Hier liegt also eine weitere Möglichkeit, Erreger zu verbreiten. Die Waffe fungiert in diesem Fall zugleich als Insektenbehälter und als »Versandsystem«, um die Fracht ins Zielgebiet zu schaffen. Da es schwierig sicherzustellen ist, dass die Insekten ihr Ziel finden, ist diese Methode unzuverlässig; dennoch kann sie eine große Wirkung haben. Das zeigt folgendes Szenario aus einer Computersimulation[10]: Ausgangspunkt ist ein Fischerboot mit drei Mann Besatzung. Die Crew rettet einige Flüchtlinge, die an Erschöpfung sterben, bevor das Boot den Hafen erreicht. Diese Flüchtlinge waren mit Beulenpest infiziert (was die Mannschaft des Bootes natürlich nicht weiß), ohne dass sie bereits Symptome gezeigt hätten. Die Mannschaft, die von den Flöhen gebissen wird, die die Krankheit weiterverbreiten, schleppt die Infektion in ihr Dorf mit seinen 400 Einwohnern ein. Innerhalb von sechs Tagen erkranken 250 Dorfbewohner an Beulenpest.

Ein Krankheitserreger erreicht die größtmögliche Anzahl an Opfern, wenn er als Aerosol ausgebracht wird, daher haben sich staatliche Programme auf diese Form der Verbreitung konzentriert. Bisher konnten innerstaatliche Splittergruppen die technischen Schwierigkeiten nicht überwinden, die die Herstellung eines Aerosols mit Krankheitserregern darstellt. Daher haben diese Gruppen ihre Opfer bisher stets direkt mit dem Erreger infiziert, sei es durch Injektion oder verseuchte Nahrung. Doch dieser Zustand wird nicht andauern, und deshalb ist die terroristische Bedrohung auch so real. Mit dieser Gefahr wollen wir uns im nächsten Kapitel beschäftigen.

Kapitel 3

Terrorismus

Die Menge, die am Morgen des 20. März 1995 in der Tokioter Rushhour zur Arbeit eilte, ahnte nichts Böses. Im U-Bahn-System schoben sich die Menschen in geordneten Strömen über die Rolltreppen und durch die unterirdischen Gänge, um zu ihrem Bahnsteig zu gelangen und in die Züge zu steigen. Unter den Pendlern befanden sich aber auch fünf Mitglieder der apokalyptischen Aum-Sekte, deren Auftrag es war, so viele ihrer Mitreisenden zu töten, wie nur möglich.

Die fünf Terroristen bestiegen Züge der Hibiya-, Marunouchi- und Chiyoda-Linie, die alle zwischen 8.09 Uhr und 8.13 Uhr in der Station Kasumigaseki einlaufen sollten. Über dieser Haltestelle konzentrieren sich viele Regierungsgebäude: Außen-, Innen-, Gesundheits-, Landwirtschafts- sowie Arbeitsministerium und viele andere mehr.

Die Sektenmitglieder trugen Pakete bei sich, die in braunes Packpapier eingehüllt waren. Sobald sie im Zug waren, platzierten sie diese unter ihren Sitzen und stachen mit der Spitze ihrer Regenschirme Löcher hinein. Aus den Paketen drang tödliches Saringas in die Abteile. Nur ein sehr leichter Geruch warnte vor dem, was folgen würde. Nach rund 15 Sekunden verspürten die Fahrgäste in nächster Nähe die erste Wirkung: ein Beklemmungsgefühl in der Brust, Atembeschwerden, Schmerzen in den Augen, verschwommene Sicht. Ein Betroffener, Akio Masahata, erinnert sich: »Jeder Atemzug schmerzte, ich konnte es in meiner Nase spüren. Rund um mich herum begannen die Menschen zusammenzubrechen.«[1] Sie sanken zu Boden, schwindelig, schwitzend, sich erbrechend, ohne Kontrolle über ihre festen und flüssigen Ausscheidungen. Einige erlitten schwere Krämpfe und starben.

Eine Panik war die Folge. An der nächsten Station tasteten sich die Menschen keuchend und nach Luft schnappend zu den Türen vor. Sie schwankten, taumelten auf den Bahnsteig. Viele, die sich zu den Ausgängen zu schleppen versuchten, brachen unterwegs zusammen. Die ersten medizinischen Notfallteams trafen ein. Die Leute lagen auf dem Boden und übergaben sich, Schaum stand ihnen vor dem Mund, und aus ihrer Nase rann Blut.

Zwölf Menschen starben, 5500 wurden verletzt, einige erlitten Dauerschäden. Hätten die Terroristen nicht eine fehlerhafte Sarincharge benutzt und das Gift besser verteilt, dann wären ihrem Angriff Zehntausende von Menschen zum Opfer gefallen.

Die Aum-Sekte war mit Nervengas und damit einer Chemiewaffe zu Werke gegangen, und es war nicht ihr erster Versuch. Im Juni 1994 hatte sie während eines nächtlichen Angriffs in Matsumoto, einem kleinen Urlaubsort in den Bergen nördlich von Tokio, sieben Menschen gleichfalls mit Sarin getötet. Doch die Aum Shinrikyo war auch mit der Entwicklung von biologischen Waffen beschäftigt. Wie die Polizei feststellte, besaß sie 160 Fässer mit Kulturmedien für *Clostridium botulinum*, die Bakterienart, die Botulismus verursacht. Im Jahre 1990 und 1993 hatten Mitglieder der Sekte – erfolglos – versucht, dieses Toxin beim Parlament und in der Innenstadt aus einem Fahrzeug zu versprühen. Außerdem hatten sie bereits mit Milzbrandsporen experimentiert, die sie vom Dach eines achtstöckigen Gebäudes im Osten von Tokio versprühten. Das Toxin tötete Vögel, aber keine Menschen. Ein Komitee des US-Senats behauptet, die Sektenmitglieder hätten auch versucht, sich aus Zaire das Ebolavirus zu besorgen. Dieses Virus verursacht ein besonders schreckliches Krankheitsbild (Ebolafieber) mit schweren inneren Blutungen.[2]

Die Motive für diese Angriffe waren so bizarr wie die ganze Sekte selbst: Die Polizei fand in den Aum-Unterlagen Dokumente, die voraussagten, dass die Welt 1997 eine verheerende Katastrophe erleben werde und mindestens 90 Prozent aller Menschen in den großen Städten sterben würden – darunter einige aufgrund von Gasangriffen. Die Sekte arbeitete offenbar daran, diese Prophezeiung wahr zu machen.

Die Attacke von Tokio war ein psychologischer Wendepunkt. Die Aum-Sekte hatte etwas getan, dass man zwar für theoretisch machbar hielt, dass aber nach allen gängigen Vorstellungen jenseits des Denkbaren lag. Doch nun war das Undenkbare geschehen. Angesichts des Interesses, das schon andere Gruppen am Bioterrorismus gezeigt hatten, der einfachen Beschaffbarkeit von biologischem Material, den Schwierigkeiten, solche biologischen Agenzien nachzuweisen, und des ungeheuren Terrorpotenzials bestanden erhebliche Befürchtungen, dass sich Ähnliches wiederholen könne.

Immer mehr Attacken

Die wachsende terroristische Bedrohung ruft bei Experten Besorgnis hervor. In den letzten paar Jahren haben Terroristen in einem Regierungsgebäude in Oklahoma (1995) und zuvor schon im World Trade Center in New York (1993) verheerende Explosionen ausgelöst. Und wieder waren diese Angriffe gegen Zivilisten gerichtet. Die Angreifer im World Trade Center versuchten, mit Blausäuregas alle Personen zu töten, die in einem der beiden Türme festsaßen. Im darauf folgenden Prozess meinte einer der Richter, dies sei nur deshalb misslungen, weil das eingesetzte Natriumzyanid in Brand geriet, statt Blausäuregas freizusetzen.

Von derartigen Angriffen mit Chemiewaffen ist es bis zu Attacken mit biologischen Kampfstoffen nur ein kleiner Schritt. Diese würden zusätzlichen Terror verbreiten und die für die öffentliche Ordnung zuständigen Behörden unter noch stärkeren Druck setzen. »Stellen Sie sich den ersten Angriff auf das World Trade Center oder einen Attacke im Oklahoma-Stil vor, kompliziert durch ein Kilogramm Anthraxsporen als eine Art mikrobiologisches Schrapnell, das zusammen mit dem Sprengstoff hochgeht«, meinte der Genetiker und Nobelpreisträger Joshua Lederberg. »Stellen Sie vor, welche Folgen dies für Bergung, Rettung und öffentliche Gesundheit hätte, und welche Panik entstünde.«[3]

Der US-Geheimdienst CIA erwartet im Laufe der nächsten zehn Jahre »eine ungeheure Zunahme« terroristischer Aktivitäten: »Es ist zu erwarten, dass Schurkenstaaten, Terroristen, innerstaatliche Splittergruppen, Zellen ethnischer oder religiöser Eiferer, selbst Einzelpersonen mit einem alten Groll versuchen werden, ... mit leicht zugänglichen chemischen und biologischen Agenzien ... eine Massenpanik in Ballungsräumen und massive Zerstörungen anzurichten.«[4] Der Zusammenbruch von staatlichen Strukturen in der früheren Sowjetunion, der zunehmende ökonomische Druck auf Wissenschaftler, die versucht sein könnten, ihr Fachwissen im Ausland zu verkaufen, das Aufkommen ethnischer Konflikte – durch all diese Entwicklungen vermehrt sich die Anzahl nichtstaatlicher Gruppierungen, die bestrebt sein könnten, andere zu attackieren, und die außerdem in der Lage wären, das nötige Know-how zu entwickeln oder zu kaufen. Außerdem ist die Tatsache, dass biologische Kampfstoffe bis zum Eintritt der Wirkung gewöhnlich eine gewisse Zeit benötigen, für Terroristen nur von Vorteil. Zu diesem Zeitpunkt sind sie längst über alle Berge verschwunden.

Bedrohungsszenarien für Nahrungsmittelindustrie und Landwirtschaft

Derartige Szenarien sind bisher von offizieller Seite kaum ernst genommen worden. Eine Expertenkonferenz, die im September 1998 in Georgetown, Washington, tagte, kam zu dem Schluss, dass »Terrorismus gegen die Landwirtschaft und gegen die Nahrungsmittelversorgung der Vereinigten Staaten als Bedrohung bisher weitgehend ignoriert worden ist«. Nahrungsmittelindustrie und Forstwirtschaft erwirtschaften 13 Prozent des Bruttoinlandprodukts der USA und bietet 17 Prozent aller Arbeitsplätze. Terroristische Angriffe auf die Nahrungsmittelindustrie und Landwirtschaft würden nicht nur die Versorgung der Bevölkerung gefährden, sondern auch riesige wirtschaftliche Schäden verursachen.

Der letzte schwere Ausbruch einer eingeschleppten Tierseuche in den USA war 1983–84 der Ausbruch einer Vogelgrippe. Sie blieb auf Pennsylvania und seine Nachbarstaaten beschränkt, doch im Lauf von sechs Monaten mussten alle Hühner getötet und alle Ställe bzw. Geflügelhöfe dekontaminiert werden. Die Kosten betrugen 63 Millionen US-Dollar – die teuerste Entseuchungsaktion in der Geschichte der Vereinigten Staaten. Die USA exportieren zudem jedes Jahr Nahrungsmittel im Wert von 140 Milliarden Dollar. Wenn es zu einer Kontaminierung dieser Nahrungsmittel käme, würde der Verlust dieser Märkte den erwirtschafteten Haushaltsüberschuss des Landes zunichte machen.

Bei dieser vom National Consortium for Genomic Resources Management and Services (GenCom)[5] organisierten Konferenz wurde vorgetragen, dass sich die Haltung von Nutztieren immer stärker in bestimmten Bereichen konzentriert, so dass terroristische Attacken ein immer kleineres Zielgebiet ins Visier nehmen können, während sich gleichzeitig das Risiko für eine Ausbreitung von Krankheitserregern erhöht und damit die Auswirkungen eines begrenzten Einsatzes gravierender werden. Krankheiten, die Nutztiere und -pflanzen befallen, könnten von Touristen, Reisenden oder Terroristen eingeschleppt werden; wie schwierig es ist, die in unserer Zeit so immens angewachsene Mobilität nicht nur von Reisenden, sondern auch von Berufstätigen zu kontrollieren, hat sich in England eben erst wieder bei der Bekämpfung der Maul- und Klauenseuche gezeigt. Doch obwohl Ressourcen zur Bekämpfung des gegen Menschen gerichteten Bioterrorismus bereitgestellt werden (siehe unten), stellt man sich gegenüber der Bedrohung der Landwirtschaft blind. Die Teilnehmer des Treffens drängten daher auf die Einrichtung eines nationalen Systems zum Schutz von Nahrungsmittel- und Landwirtschaftsressourcen.

Frühere Bedrohungen

Josef Stalin erwog, Josip Tito bei einem Empfang mit Hilfe von Pestbakterien zu ermorden. Der Plan wurde jedoch niemals umgesetzt. Es hat viele weitere Vorfälle gegeben, bei denen sich herausstellte, dass Gruppen mit unterschiedlichem Hintergrund im Besitz von Biowaffen waren:[6]

- Im Jahre 1972 wurden in Chicago einige Mitglieder der rechtsgerichteten Gruppe »Order of the Rising Sun« verhaftet; in ihrem Besitz befand sich 30 bis 40 Kilogramm Kulturmaterial von Flecktyphuserregern, mit dem sie die Wasserversorgungssysteme von Chicago, St. Louis und von anderen Städten im Mittleren Westen vergiften wollten. Sie waren von dem Wahn besessen, eine neue Herrenrasse zu schaffen.
- Im September 1984 verseuchten Mitglieder der Rajneesh-Sekte Salatbuffets in »The Dalles«, Oregon, mit *Salmonella typhi*, dem Erreger des Unterleibstyphus. Sie wollten ein lokales Wahlergebnis beeinflussen. Niemand starb, doch 750 Menschen erkrankten.
- Eine US-Gruppe von Steuerprotestlern namens »The Patriots Council« wurden im Februar 1995 verurteilt, weil sie sich im Besitz von 0,7 Gramm Rizin befand – eine Toxinmenge, die ausreicht, um 100 Menschen umzubringen. Die Mitglieder dieser Gruppe hatten geplant, Regierungsangestellte zu vergiften, indem sie deren Türgriffe mit Rizin beschmierten.

- Nur sechs Wochen nach der Attacke in Tokio rief Larry Harris, Mitglied einer weißen Rassistengruppe namens »Aryan Nation«, die American Type Culture Collection (Zentrale Sammlung von Mikroorganismen, Äquivalent der Deutschen Sammlung für Mikroorganismen und Zellkulturen, GSMZ, in Braunschweig) in Maryland an und bestellte drei Ampullen mit gefriergetrockneten Zellen von *Yersinia pestis*, dem Erreger der Beulen- und Lungenpest. Die Bestellung wurde von Federal Express ordnungsgemäß ausgeliefert, doch während sie noch unterwegs war, wurde Harris ungeduldig und rief nochmals an, um nach dem Verbleib der Sendung zu fragen. Sein Benehmen kam dem Zustellunternehmen verdächtig vor, und es informierte die Bundesbehörden. Daraufhin wurde Harris unter Anklage gestellt. Hätte er sich ruhig verhalten und abgewartet, er wäre niemals aufgefallen.

Vor dem Hintergrund dieser und anderer Zwischenfälle kann es kaum überraschen, dass eine fünfmonatige Studie des US-Kongresses, die im März 1996 fertiggestellt wurde, zu folgendem Schluss kam: »Die Gefahr, die den USA von einer Terroristengruppe droht, die atomare, biologische oder chemische Massenvernichtungswaffen einsetzt, ist real. Es ist nicht so sehr eine Frage, *ob*, sondern vielmehr *wann* ein solches Ereignis eintreten wird.«[7]

Biologische Angriffe hat es nicht nur in den Vereinigten Staaten gegeben. In einem Unterschlupf der Rote Armee Fraktion (RAF) in Paris fand man in den Achtzigerjahren eine große Menge Botulinustoxin. Im Jahr 1994 gab der japanische Prinz Mikasa zu, dass japanische Militärangehörige 1931 Obst mit Choleraerregern versetzt hatten, um die Mitglieder der Lytton-Kommission des Völkerbundes zu vergiften, denen die Untersuchung der Annexion der Mandschurei durch Japan oblag.

Seth Carus von der National Defense University in Washington hat sich ausführlich mit dem Thema Bioterrorismus beschäftigt. Er hat 52 überprüfte Zwischenfälle im 20. Jahrhundert zusammengestellt, in denen Terroristen, Kriminelle oder andere Gruppen Interesse an Biowaffen zeigten, mit ihrem Einsatz drohten, ihren Erwerb betrieben, derartige Waffen besaßen oder einsetzen. Diese Fälle mit 982 Opfern, darunter neun Toten, hatten verschiedene Ziele: Mord, Erpressung, Gesundheitsschäden, Massenmord, Terror, Abgabe einer politischen Erklärung und Rache. In dieser Zusammenstellung wurden Staaten, die sich terroristisch betätigten (z.B. der Mord an Georgi Markow durch den bulgarischen Geheimdienst), nicht berücksichtigt.

Seine Prognose ist äußerst beunruhigend. »Das verfügbare Beweismaterial spricht dafür, dass sich Kriminelle außerordentlich stark für biologische Kampfstoffe interessieren«, schreibt er. »Besorgniserregend ist auch, dass bioterroristische Attacken in Zukunft noch tödlicher sein werden als frühere Zwischenfälle. Drei Faktoren sind dafür verantwortlich. Erstens übernimmt eine zunehmende Anzahl von ausländischen und inländischen Terroristengruppen die Taktik, Massenverluste zu provozieren, um ideologische oder ›religiöse‹ Ziele zu verfolgen bzw. um Rache zu üben. Zweitens wächst das technologische Wissen der Terrorgruppen. Und schließlich hat die Aum-Sekte demonstriert, dass es inzwischen terroristische Gruppen gibt, die über ähnliche Ressourcen wie Regierungen verfügen. Daher wird es immer wahrscheinlicher, dass in Zukunft irgendeine Gruppe in der Lage sein wird, biologische Kampfstoffe so einzusetzen, dass es zu massiven Verlusten an Menschenleben kommt.«

Wie leicht ist die Herstellung?

Die Waffen, die Terroristen einsetzen, müssen nicht mit höchster Effizienz wirken, um den gewünschten Effekt zu erzielen. Das Saringas der Aum-Sekte war unrein und die Art der Ausbringung primitiv, dennoch hat die Attacke möglicherweise das Gesicht des Terrorismus verändert. Terroristen wollen ihre Macht demonstrieren, angesichts staatlicher Autorität Panik und Tod zu verbreiten. Dieses Ziel können sie bereits mit einer geringeren Anzahl von Toten erreichen, als ihre Ausrüstung theoretisch zuließe. Ihre Waffen müssen nicht gut sein – nur gut genug.

Sogar die biologischen Waffen des Irak waren nicht besonders raffiniert oder ausgefeilt. Der Mikrobiologe Raymond Zilinskas vom Biotechnologischen Institut der Universität Maryland nahm nach dem Golfkrieg an der Suche der Vereinten Nationen nach irakischen B-Waffen teil. »Den Irakern ist es nie gelungen, ihre bakteriellen Erreger, darunter Anthrax, waffentauglich zu machen«, meinte er. »Was die UN-Inspektoren fanden, waren meist primitive Präparate, die auf konventionellen Bomben und Raketen angebracht wurden und sich wohl nicht sehr gut verteilt hätten.«[8] Doch Zilinskas bekräftigt, dass primitive Waffen durchaus wirksam sein können. Seiner Meinung nach kann eine Suspension mit Milzbrandsporen in den Tunneln und Schächten eines U-Bahn-Systems, wo die Sporen trocknen und vom Fahrtwind der vorbeifahrenden Züge verwirbelt werden, Tausende von Menschen töten. Es wäre auch möglich, dass es den Irakern gelungen ist, technisch besser ausgerüstete B-Waffen-Produktionsstätten vor den Inspektoren zu verbergen. Wie wir im vierten Kapitel noch sehen werden, ist es ihnen ohne Zweifel gelungen, eine Menge verheimlichen.

Carus zufolge ist es für Terroristen oder Kriminelle nie schwierig gewesen, Zugang zu biologischen Kampfstoffen zu bekommen. Sie haben diese Erreger bzw. Toxine aus legalen Quellen bezogen, gestohlen, selbst hergestellt und Material aus der freien Natur verwendet, das damit kontaminiert war. Die Erreger von Anthrax, Pest, Brucellose und Tularämie lassen sich alle aus der Natur gewinnen. Anthraxsporen können zum Beispiel Jahrzehnte im Freien überdauern und lassen sich aus Bodenproben in Gebieten kultivieren, wo Milzbrand bei Rindern endemisch ist; dasselbe gilt für Brucellose.

Rizin kann aus Rizinussamen extrahiert werden: Pro Kilogramm Samen gewinnt man in der Regel etwa ein Gramm Toxin.[9] Trichothecen-Mykotoxine lassen sich aus Mais und Aflatoxine aus Erdnüssen gewinnen.

Wenn man einmal im Besitz der Bakterien ist, lassen sich diese recht einfach in großen Mengen vermehren; je nach Art könnten sie sogar in einem Kulturgefäß mit Hühnersuppe prächtig gedeihen. Die Kultivierung von Viren ist schwieriger, denn diese überleben außerhalb einer Wirtszelle meistens nicht lange. Viele Viren lassen sich jedoch vermehren, indem man sie in ein gewöhnliches Hühnerei injiziert. Ein Autor schätzt das Verfahren zur Produktion von tödlichen Biokampfstoffen als »etwa so schwierig wie die Bierherstellung und weniger gefährlich als die Herstellung von Heroin« ein.[10] Und Kathleen Bailey, früher beim Bundesamt für Rüstungskontrolle und Abrüstung, ist »vollkommen überzeugt«, dass »sich ein umfangreiches biologisches Arsenal in einem Raum von fünf mal fünf Metern mit einer 5000 Dollar teuren Ausrüstung einrichten lässt«.[11]

Die Terroristen müssen natürlich über ein gewisses mikrobiologisches Wissen und bestimmte technische Fertigkeiten verfügen. Die Meinungen darüber, welches Bildungsniveau hierfür ausreicht, gehen dabei weit auseinander. Oberstleutnant Terry N. Mayer von der US Air Force meint dazu: »Wenn ein Angreifer Zugang zum Zielgebiet hat, über einen simplen Mechanismus verfügt, um eine Substanz in die Aerosolform zu bringen, und ihm ein Labor mit einer biologischen Grundausstattung zur Verfügung steht, dann gibt es mehr Voraussetzungen nicht zu erfüllen. Hierzu ist keine High-Tech-Arena nötig, die eine Spezialausstattung oder radioaktives Material erfordert ... das ist grundlegende Oberstufenbiologie, verknüpft mit hoher Motivation.«[12] Andere Experten vertreten die Ansicht, man müsse schon über ein abgeschlossenes Hochschulstudium verfügen. Der Aum-Sekte gehörten dem Vernehmen nach Wissenschaftler und Ingenieure an. Es handelte sich um eine raffinierte und wohlhabende Gruppe, die Berichten zufolge über ein Vermögen von wenigstens 300 Millionen Dollar verfügte und an die 10 000 Mitglieder besaß.

Unter optimalen Bedingungen können sich etliche Bakterienarten alle 20 Minuten teilen. Das heißt, dass aus einer einzigen Bakterienzelle nach zehn Stunden 1,074 Milliarden Bakterien entstanden sind.[13] Selbst mit einem primitiven System wie einen Aquarium kann ein Terrorist eine Bakterienkultur mit Milliarden von Sporen herstellen. Diese Bakteriensuspension könnte versprüht werden, auch wenn die Gefahr besteht, dass die Düse verstopft und ein großer Teil der versprühten Erreger abstirbt. Viel einfacher ist es, trockenes – eventuell gefriergetrocknetes – Material zu versprühen, doch ist dieses Verfahren weit gefährlicher.

Die Biotechnologie-Industrie verwendet Gefriertrockner, die das Ausgangsmaterial dadurch konservieren, dass sie es tiefgefrieren und ihm im Vakuum die Feuchtigkeit entziehen. Der gefährlichste Teil in diesem Prozess wäre das Zermahlen der getrockneten Bakterienkultur zu Partikeln von geeigneter Größe. Die Terroristen müssten einige Sicherheitsvorkehrungen treffen, um sich nicht selbst zu infizieren. Die Herstellung als Aerosol ist in jedem Fall technisch kompliziert; es wäre aber leichtfertig, diese Möglichkeit auszuschließen. Und selbst wenn das Ergebnis nicht optimal ist, könnte es für die Zwecke von Terroristen immer noch ausreichen.

Niemand bezweifelt, dass Laborpersonal mit entsprechenden Kenntnissen Erreger in einigermaßen gut ausgestatteten Labors züchten und handhaben kann. Bei der Frage, ob Terroristen fähig sind, mit einigen der gefährlichsten bekannten Krankheitserregern umzugehen, herrscht weniger Übereinstimmung. Angesichts von Berichten, denen zufolge die japanische Aum-Sekte versucht hat, an Proben von Ebolaviren zu gelangen, stellt sich die Frage, ob solche Gruppen tatsächlich praktisch dazu in der Lage sind, solche Organismen zu handhaben.

Für das Ebolafieber gibt es bisher weder Behandlung noch Heilung. Es ist ansteckend, obwohl wir noch nicht genau wissen, *wie* ansteckend. Zwar gibt es bisher keine Beweise, dass das Virus durch die Luft übertragen werden kann, doch wissen wir anhand von epidemiologische Studien, dass es wie das Aidsvirus durch Blut und andere infizierte Körperflüssigkeiten weitergegeben wird. Daher kann enger Kontakt mit einer erkrankten Person zur Infektion führen. Verglichen mit Grippe oder Masern, ist es jedoch recht schwierig, sich mit Ebolafieber anzustecken.

Beunruhigend sind die Expertenmeinungen im Hinblick auf die Frage, ob Terroristen mit einem derartigen Virus umgehen können. Dr. Graham Lloyd ist der Leiter der Diagnostik im britischen Zentrum für Mikrobiologie und angewandte Forschung in Porton Down. Die Einrichtungen in Porton Down waren ursprünglich Bestandteil der britischen Forschungseinrichtung für biologische Verteidigung, doch heute gehört das Centre for Microbiology and Applied Research (CAMR) zum öffentlichen Gesundheitssektor und untersteht daher dem Gesundheitsministerium. Es widmet sich Forschungen im Rahmen der öffentlichen Gesundheitsfürsorge.

Graham Lloyd arbeitet in der Abteilung mit der höchsten Sicherheitsstufe, deren Aufgabe es ist, gefährliche Viruserkrankungen wie etwa die Ebolainfektion zu diagnostizieren und mit dem Erreger umzugehen – in so genannten P4-Labors (in Deutschland werden sie als S4-Labors bezeichnet). Diese Sicherheitslabors besitzen Isolierschleusen, und die Viren werden auf speziellen Sicherheitswerkbänken mit Personenschutz untersucht, oder das Personal trägt ganz spezielle Schutzanzüge, die wie Raumanzüge aussehen und über eine eigene externe Atemluftversorgung verfügen. Entwurf und Konstruktion des Labors sowie die Sicherheitsroutine stellen sicher, dass kein Erreger in die Außenwelt gelangen kann. Jedes derartige Isolierlabor verfügt über seine eigene gefilterte Luftversorgung und ist nur für speziell geschultes Personal zugänglich. Zur Routine gehört, dass alle, die das Labor betreten, zuvor unter der

Dusche dekontaminiert werden. Zudem arbeitet das Personal bei der Untersuchung eines gefährlichen Erregers stets zu zweit. Im gesamten Labor liegt der Luftdruck niedriger als in der Außenwelt; sollte ein Erreger entweichen, so wird er daher durch den Unterdruck zurück ins Labor gesaugt, statt in die Außenwelt zu gelangen.

Graham Lloyd hat darüber nachgedacht, ob eine Terroristengruppe das Ebolavirus ohne derartige Sicherheitsvorrichtungen handhaben könnte. »Dies wäre ihnen möglich, wenn sie Zugang zum Erreger hätten, über mikrobiologische Fertigkeiten verfügten und bereitwillig das Risiko in Kauf nähmen, in einer weniger sichereren Umgebung zu arbeiten.«[14] Seiner Ansicht nach besteht in einem solchen Falle jedoch eine hohe Ansteckungsgefahr, und klinische Fälle würden von aufmerksamen Gesundheitsbehörden leicht erkannt.

Dr. Graham Pearson, ehemaliger Forschungsdirektor für chemische und biologische Verteidigung in Großbritannien, warnt davor, in diesem Zusammenhang von unserer im Westen üblichen Geisteshaltung auszugehen. Wir neigen zu der Annahme, meint Dr. Pearson, dass verfügbare Schutzmaßnahmen auch erforderlich sind. »In Großbritannien würden wir Ebola niemals in einem Labor unterhalb der Kategorie P4 handhaben. Mit Anthrax würden wir nur in einem P3-Labor [eine Sicherheitsstufe niedriger] oder, bei Vorliegen der Aerosolform, in einem P4-Labor arbeiten. Doch im Zweiten Weltkrieg stellte Großbritannien mit Anthrax gefüllte Trockenfutter-Pellets für Rinder her. Die an dieser Aktion beteiligten Leute mischten Anthraxsporen in das Futter, ohne entsprechende Atemgeräte zu tragen. Sie arbeiteten in einem kleinen Schuppen, der nur durch eine einfache Glasscheibe von der Außenwelt getrennt war. Eine Person infizierte sich dabei mit Hautmilzbrand, konnte aber mit Penizillin behandelt werden. Wenn man aufpasste, breitete es [Anthrax] sich nicht aus. Die Inspektorengruppen der Vereinten Nationen, die das B-Waffen-Potenzial des Irak untersuchten, stellten fest, dass die Iraker gleichfalls nur an normalen

Impfbänken ohne Personenschutz mit Mikroorganismen arbeiteten.«[15]

Das wirft die Frage auf, wie infektiös die Mikroorganismen wirklich sind. Milzbrand ist nicht ansteckend; Ebola schon eher. Jeffrey Almond, Professor an der Fakultät für Veterinärwesen und Mikrobiologie an der Universität Reading, bereitet die Vorstellung, mit derartigen Erregern unter weniger als optimalen Bedingungen zu arbeiten, kein Kopfzerbrechen. Er meint, man benötige lediglich eine gute mikrobiologische Laborpraxis und eine Werkbank, aus der die Mikroorganismen nicht herausgeblasen werden. »Wenn man vorsichtig ist, gibt es keinen Grund, sich zu infizieren.«[16] Glaubt man ihm und bedenkt zudem, dass Selbstmordattentäter durchaus bereit sind, ihr Leben für ihre Ziele zu opfern und sich zusammen mit ihren Opfern zu töten, dann ist die Vorstellung, dass Sekten wie Aum dieses Risiko eingehen könnten, keineswegs zu weit hergeholt.

Staatliche Gegenmaßnahmen

Im Dezember 1995 erhängte sich der 54-jährige US-Staatsbürger Thomas Lewis Lavy in seiner Gefängniszelle. Er war kanadischen Zollbeamten mit 130 Gramm Rizin in die Hände gefallen – die, dem FBI zufolge, ausreichte, um 32000 Menschen zu töten. Lavy behauptete, er habe den Giftstoff in Kanada gekauft, um Kojoten zu vergiften, die auf seiner Farm in Arkansas Hühner rissen, doch man fand bei ihm auch Neonazi-Literatur, und er wurde nach dem US Biological Weapons Anti-Terrorism Act von 1989 angeklagt. Dieses Gesetz hat sich als erfolgreiche Maßnahme zur juristischen Verfolgung von Personen erwiesen, in deren Besitz gefährliche Erreger oder Gifte gefunden wurden.

Seither haben die Attacken in Tokio und in den Vereinigten Staaten die Aufmerksamkeit der Regierung auf das Terrorismusproblem gelenkt. In der Präsidentendirektive 39, die im Juni 1995 herausgegeben wurde, hieß es dazu: »Der Erwerb von Massenvernichtungswaffen durch Terroristen ist nicht akzeptabel, und es gibt keine höhere Priorität, als den Erwerb solcher Substanzen/Waffen zu verhindern oder Terrorgruppen diesen Erwerb unmöglich zu machen.«

Einige Monate später wies ein Senatsbericht speziell auf die Bereiche hin, in denen die USA bessere Vorkehrungen treffen müssten. Darin wurde festgestellt, dass die USA nicht ausreichend vorbereitet seien, um auf Terroristen mit Massenvernichtungswaffen zu reagieren. »Es muss noch viel verbessert werden, um die ›Ersthelfer‹ unseres Landes – örtliche Feuerwehr, Polizei, Rettungswesen und Notaufnahmepersonal – zu unterstützen. Die Koordination von staatlichen Bemühungen und der Informationsaustausch zwischen Geheimdiensten und Polizeikräften müssen sich noch erheblich verbessern.«[17]

Diese Sorgen fanden im Kongress Gehör und führten zum Nunn-Lugar-Domenici-Gesetz, das im September 1996 unter dem Eindruck eines Angriffs gegen eine amerikanische Basis in Saudi-Arabien verabschiedet wurde. Eine Folge dieses Gesetzes war ein Zivilschutzprogramm, das »Domestic Preparedness Programme«, in dessen Rahmen in 120 Städten der Umgang mit chemischen und biologischen Zwischenfällen trainiert werden soll.

Im April 1996 unterschrieb Präsident Clinton den Anti-Terrorism and Effective Death Penalty Act, der die bestehende Gesetzgebung zum Umgang mit Terroristen verschärft.[18] Ein Teil dieses Gesetzes beschäftigt sich damit, den Transfer von gefährlichen Agenzien sicherer zu machen. Die oberste amerikanische Gesundheitsbehörde in Atlanta (die Zentren zur Überwachung von Krankheiten, CDC) hat dafür seitdem strengere Regeln aufgestellt, die im April 1997 in Kraft traten.

Nach der neuen Regelung des CDC können Einzelgänger wie Thomas Lewis Lavy nicht länger gefährliche Pathogene bestellen.

Die meisten Einrichtungen, die mit diesen Mikroorganismen arbeiten, ob es sich dabei um kommerzielle Zulieferer, Regierungsstellen, Universitäten, Forschungsinstitute oder Privatfirmen handelt, müssen sich inzwischen regelmäßig überprüfen und registrieren lassen. Für jeden Transfer eines Erregers oder Toxins wird eine Erlaubnis eingeholt und der Vorgang schriftlich festgehalten. Der Ablauf »stellt sicher, dass ausgewählte Agenzien nicht an Gruppen versandt werden, denen für eine ordnungsgemäße Handhabung eine entsprechende Ausrüstung oder denen in anderer Hinsicht die passende Autorisierung für ihre Anforderung fehlt.«[19] Es gibt einige Ausnahmebestimmungen für klinische Labors, so dass die Arbeit der dort tätigen Wissenschaftler nicht behindert wird. Alle wichtigen Bakterien, Viren, Rickettsien, Pilze und Toxine, die im Allgemeinen in Zusammenhang mit Biowaffen genannt werden, fallen unter diese neue Regelung.

Die neue Regelung macht es für Terroristen schwieriger, an Mikroorganismen heranzukommen, doch kann sie dies nicht vollständig verhindern. Michael Moodie, Präsident des Rüstungskontrollinstituts für chemische und biologische Waffen, äußert dazu: »All dies wird im Hinblick auf klassische biologische Kampfstoffe keinen großen Unterschied machen. Anthrax ist nicht schwer zu finden. Man muss nicht zum CDC gehen, um an Kulturen zu kommen.«[20] Terroristen können sie noch immer stehlen, sie aus dem Ausland ordern oder sie aus natürliche Quellen kultivieren.

Über die Bemühungen der britischen Regierung zur Terrorbekämpfung wissen wir viel weniger. Für Anti-Terror-Maßnahmen ist das Innenministerium zuständig. Dort will man nicht mehr zu dem Thema sagen, als dass man »über einen Zeitraum von einigen Jahren eine Reihe von Notfallplänen ausgearbeitet hat, um auf eine breite Palette von terroristischen Bedrohungen zu reagieren, darunter auch auf mögliche Drohungen mit oder ohne tatsächlichen Einsatz von atomaren, chemischen oder biologischen Wirkstoffen. Die Regierung hat sich fest verpflichtet sicherzustellen, dass das

Land im Interesse der nationalen Sicherheit und zum Schutz der Bevölkerung die notwendigen Pläne vorliegen hat. Diese Pläne werden im Lichte sich verändernder nationaler und internationaler Gegebenheiten regelmäßig überprüft, getestet und auf den neuesten Stand gebracht.«[21] Das Innenministerium ist nicht bereit, irgendetwas über die Pläne selbst zu verraten, sondern teilt lediglich mit, dass die operationale Kontrolle eines derartigen Vorfalls, wie bei zivilen Notfällen im Allgemeinen, in den Händen des jeweiligen Polizeipräsidenten liegt, in dessen Bereich sich der Angriff ereignet.

Großbritannien hat 1974 den Biological Weapons Act verabschiedet, der allen Gruppen oder Personen untersagt, verdächtige biologische Agenzien zu besitzen oder biologische Waffen zu entwickeln. Bestraft werden diese Vergehen mit lebenslangem Freiheitsentzug. Bisher gab es nach diesem Gesetz noch keine Anklagen. Im Juli 1998 hat die britische Regierung ein Weißbuch[22] über strategische Exportkontrollen veröffentlicht, in dem vorgeschlagen wird, die Vorschriften für biologische Waffen ebenso streng zu handhaben wie für chemische. Das würde bedeuten, dass es für jedermann in Großbritannien oder jeden Briten im Ausland ein Gesetzesverstoß wäre, sich der Hilfe eines Ausländers zu versichern, um biologische Waffen zu entwickeln, sie zu beschaffen oder einzusetzen. Zudem wird verlangt, Veröffentlichungen über eine Technologie, die der Exportkontrolle unterliegt, zum Gesetzesverstoß zu erklären, um damit auch Personen zu erfassen, die im Internet publizieren.

Auch auf internationaler Ebene existieren mehrere Gesetzesmaßnahmen zum Kampf gegen den Terrorismus. Die International Convention for the Suppression of Terrorist Bombings ist seit Januar 1999 unterschriftsreif. Sie bezieht sich besonders auf biologische Agenzien, also Krankheitserreger und Toxine. Im Juli 1998 unterzeichneten 120 Staaten eine Übereinkunft, um einen internationalen Gerichtshof für Gerichtsverfahren gegen Personen einzurichten, denen Verstöße gegen Gesetze vorgeworfen werden, die das Verhalten im Kriegsfall regeln, z.B. die Genocide Convention.

Viele Staaten haben noch keine entsprechenden Gesetze verabschiedet, um Bioterrorismus in ihrem Hoheitsgebiet zu ächten. So verfügte die japanische Regierung über kein Gesetz, das sie ermächtigt hätte, die Aktivitäten der Aum-Sekte in einem Umfang zu untersuchen, mit deren Hilfe man der Sekte vor ihrem Angriff auf die Tokioter Untergrundbahn das Handwerk hätte legen können. Trotz aller staatlichen Bemühungen zur Lösung des Problems ist die tatsächliche und befürchtete Zunahme terroristischer Aktivitäten einer der Hauptgründe für steigende Bedrohung durch biologische Waffen.

Wenn Terroristen primitive biologische Waffen herstellen können, dann können es viele Staaten erst recht. Das geheime Biowaffenprogramm des Iraks macht die Gefahr einer Vermehrung und Ausbreitung von B-Waffen deutlich; diesem Programm wollen wir uns im nächsten Kapitel zuwenden.

Szenario 1: »Fire Storm«

»Fire Storm«, eine Notfallübung im Großraum Manchester, begann am Freitag, dem 17. November 1995. Die Polizei wollte keine Berichte bestätigen, dass es sich dabei um ein Anti-Biowaffen-Szenario handelte, bei dem Terroristen die Stadt mit einem Kanister voller Anthraxsporen verseuchen. »Die Presse ist nicht eingeladen«, war der einzige Kommentar eines Polizeioffiziers. »Hier findet eine Privatveranstaltung statt.«

Offizielle Quellen ließen jedoch verlauten, dass es sich um eine Übung in großem Maßstab handelte: so groß, dass ein Offizier prophezeite, in den nächsten 15 Jahren werde es wohl keine ähnliche mehr geben. Rund 250 Polizei-, Sicherheits- und Regierungsbeamte aus dem ganzen Land nahmen daran teil. Dem Vernehmen nach verfolgte der Innenminister, Michael Howard, die Übung von seinem Schreibtisch in London aus.

Die Behörden, die den Notfallplan für Manchester entworfen haben, führen jedes Jahr mehrere Übungen durch, an denen Polizei, Feuerwehr und Gesundheitsdienste teilnehmen. Sie benutzen eine geographisches Informationssystem, mit dessen Hilfe sie die Orte bestimmen, an denen Kampfstoffe freigesetzt werden könnten, und kombinieren dies mit Wettervorhersagen, um das Verhalten der entstehenden chemisch, biologisch oder radioaktiv verseuchten Wolke vorherzusagen. Bei der Freisetzung eines biologischen Wirkstoffes würde die Reaktion der Behörden sehr stark von der Wetterlage beeinflusst. Wenn das Agens aufgrund geringer Windbewegung hoch konzentriert am Ort bliebe und damit eine größere Gefahr darstellte, würde man eine Evakuierung in Erwägung ziehen. Bei stärkerem Wind hingegen würde sich der Wirkstoff verteilen, und man würde die Bewohner anweisen, dort Schutz zu suchen, wo sie sich gerade befinden. Auch die Toxizität des Agens wäre für die Empfehlung ausschlaggebend. Angesichts der Gefahren einer Massenevakuierung samt der damit einhergehenden Panik ziehen es die Behörden vor, zu »Schutzmaßnahmen an Ort und Stelle« zu raten.

Und die Operation »Fire Storm«? War sie tatsächlich eine Übung für den Fall eines bioterroristischen Angriffs? Ein Offizier antwortete darauf nur lakonisch: »Über den Typ der Übung sind keine öffentlich zugänglichen Informationen verfügbar.«

Szenario 2: Was wäre, wenn …?

Stellen Sie sich vor, wir befänden uns irgendwann im Jahr 2010, und die Sanktionen der Vereinten Nationen, die nach dem Golfkrieg gegen den Irak verhängt wurden, sind noch immer in Kraft. Für die irakische Zivilbevölkerung haben sie Jahre des Hungers, der Armut, der Entwürdigung, unzureichender Gesundheitsfürsorge und steigender Kindersterblichkeit mit sich gebracht. Saddam Hussein hat bereits mehrere Umsturzversuche aufgedeckt und die Verschwörer umbringen lassen. Er muss das Land hinter sich vereinen, um sich Luft zu verschaffen. Die UN sind dabei, ihre periodische Überprüfung der Sanktionen durchzuführen. Saddam Hussein entschließt sich, die beiden Länder zu attackieren, die am eifrigsten bemüht sind, die Sanktionen aufrechtzuerhalten: die USA und Großbritannien.

Es ist eine bewölkte, leicht windige Nacht. Um 1.00 Uhr morgens verlässt ein kleines Boot seinen Anlegeplatz am Potomac, ein wenig nördlich von Washington D.C. Direkt auf der Höhe des Theodore Roosevelt Memorials aktiviert es seinen Aerosolgenerator, der zehn Kilogramm Anthraxsporen freisetzt, während das Boot den Fluss hinabfährt. Die Sporen treiben über die Stadt. Das Boot erreicht die Chesapeake Bay und fährt weiter flussabwärts in Richtung Atlantik. Als der Morgen anbricht, ist es bereits versenkt, und die Besatzung ist von einem Hubschrauber aufgenommen worden. Innerhalb von fünf Tagen sterben in Washington Hunderttausende von Menschen.

In England ist es später Nachmittag, und die ersten Nachrichten von der Katastrophe in Washington werden erst in einigen Stunden eintreffen. In den Straßen Londons herrscht Gedränge, die Menschen eilen von der Arbeit nach Hause. Ein Flugzeug startete von einem südlich gelegenen Flughafen und fliegt nach Norden; sein Ziel ist der Londoner Westen. Es herrscht westlicher Seitenwind mit einer Geschwindigkeit von zehn Stundenkilometern. Als das Flugzeug die Themse überquert, stellt der Pilot die Aerosoldüsen an. Er weiß, dass die Bakterien, die er freisetzt, empfindlich sind, dass nur zehn Prozent in der Aerosolwolke überleben werden und dass die überlebenden Mikroorganismen mit einer Rate von fünf Prozent pro Minute sterben werden. Ferner weiß er, dass die Schadstoffe des Stadtverkehrs einen großen Prozentsatz des biologischen Kampfstoffs abtöten. Dennoch ist er zuversichtlich, dass sich viele hundert Menschen, die die Londoner Straßen bevölkern, mit Pest infizieren und dass diese Menschen die Krankheit an Hunderte von Menschen weitergeben werden. Nach zwei oder drei Tagen, in denen sich die Medien allein auf die Nachrichten über die amerikanische Krise konzentrieren, brechen die ersten Londoner Opfer mit Fieber, Schüttelfrost und Kopfschmerzen zusammen. Die Erkrankung wird als Pest diagnostiziert, und Arztpraxen sowie Krankenhäuser werden eilends mit Antibiotika bevorratet. Viele Patienten, die innerhalb von 24 Stunden nach Ausbruch der Symptome behandelt werden, können gerettet werden. Für andere kommt jedoch jede Hilfe zu spät, und innerhalb einer Woche fallen Tausende der Krankheit zum Opfer.

Szenario 3: Früchte des Zorns

Eine Gruppe unzufriedener europäischer Winzer, die wütend darüber sind, dass ihr Profit wegen der zunehmenden Beliebtheit australischer Weine immer mehr abnimmt, reist als Touristen nach Australien und unternimmt eine Rundreise durch die Wein erzeugenden Gebiete. Gelegentlich halten sie ihren Wagen an und steigen aus, um sich die Weinberge näher anzusehen. Bei diesen Stopps nehmen sie eine Dose mit einer Paste aus der Tasche und verteilen etwas von deren Inhalt auf dem Boden – Millionen von Rebläusen (*Viteus vitifolii syn. Phylloxera vitifolii*), die sich im Erdreich ansiedeln und die Wurzeln der Weinstöcke angreifen. Lange, nachdem die Europäer verschwunden sind, werden die Rebläuse bis zu 70 Prozent der Weinstöcke zerstören. Sie vermehren sich explosionsartig – einer Schätzung zufolge kann eine einzige Reblaus im Jahr die unvorstellbare Zahl von 48 *Milliarden* Nachkommen hervorbringen – und werden von Wind, Wasser und durch Erdpartikel, die an Schuhen oder Autoreifen haften, weiter verbreitet. Die einzige Möglichkeit, die Reblaus auszurotten, besteht darin, die Rebstöcke auszugraben und durch reblausresistente Sorten zu ersetzen. Dies ist natürlich mit sehr hohen Kosten verbunden.

Szenario 4: Trinkwasserverseuchung

Es ist nicht so leicht, städtische Wasserversorgungen in technologisch fortgeschrittenen Ländern zu sabotieren. Diese Länder filtern ihr Trinkwasser und geben Chlor hinzu, um Mikroorganismen abzutöten. Das schiere Wasservolumen, das für die Versorgung einer Stadt nötig ist, bedeutet nach Meinung eines Experten für biologische Kriegsführung aus dem US-Verteidigungsministerium, dass ein Attentäter, der die New Yorker Wasserversorgung vergiften wolle, »ganze Wagenladungen« Botulinustoxin benötige, um die Verdünnung zu kompensieren.

Grundwasserbestände, die sauber genug sind, um ohne Zusätze in die Trinkwasserversorgung eingespeist zu werden, bedeuten, dass die Wasserversorgung stärker sabotagegefährdet ist. Die Brunnenvergiftung gehört in Kriegszeiten seit Jahrtausenden zum üblichen Handwerk.

Szenario 5: Tödliche Doughnuts

Früh am Morgen des 29. Oktober 1996 wurden die Mitarbeiter eines Labors im St. Paul Medical Center in Texas eingeladen, in ihrer Cafeteria Gebäckproben zu kosten. Die Einladung kam per E-Mail, und die Mitarbeiter, die ihr Folge leisteten, fanden zwei Schachteln mit Blaubeer-Muffins und verschiedenen Doughnuts vor. Zwischen 7.15 Uhr und 13.30 Uhr probierten elf Angestellte von dem Gebäck, einer nahm einen Muffin mit nach Hause, um ihn abends mit seiner Familie zu teilen.

Um 21.00 Uhr zeigten sich bei dem ersten Testesser schwere Magen-Darm-Beschwerden. Um 4.00 Uhr am 1. November waren alle erkrankt. Sie waren mit einem speziellen Typ von *Shigella dysenteriae* infiziert worden, der zu Erbrechen, Durchfall, Kopfschmerzen und Fieber führt. Von den zwölf infizierten Personen mussten vier stationär und fünf in Notaufnahmeambulanzen behandelt werden. Alle Patienten überlebten.

Untersuchungen ergaben, dass das betreffende Labor denselben *Shigella*-Typ kultivierte und dass ein Teil des Vorrats fehlte. Am 28. August 1997 wurde die Labortechnikerin Diane Thompson angeklagt, das Gebäck vergiftet zu haben. Sie wurde im September 1998 zu 20 Jahren Gefängnis verurteilt.

Szenario 6: Anthrax per Mail-Order

Im November 1998 nahmen Reporter, die sich als Mittelsmänner eines medizinischen Labors in Nordafrika ausgaben, telefonischen Kontakt mit dem Bio-Farma-Forschungsinstitut in Bandung, Indonesien, auf und erhielten von dort Angebote für Anthrax-, Pest- und Bruceloseerreger.[23] Für rund 600 Pfund Sterling war das Institut bereit, Stammkulturen dieser Organismen auf eine Mail-Order hin zu versenden, ohne dass die Identität der Käufer oder der Verwendungszweck der Organismen überprüft worden wäre.

Die Reporter identifizierten weltweit 450 Labors, die Mikroorganismen in Kultur halten. Anthraxerreger wurden von mehr als 50, Botulinustoxin bildende Erreger von 34 und Pesterreger von 18 Labors verkauft. Die Reporter fragten bei 20 zufällig ausgewählten Labors an. Das Veterinärforschungsinstitut in Brünn, Republik Tschechien, war bereit, Botulinustoxin bildende Erreger für nur 18 bis 50 Pfund Sterling zu verkaufen. Den Reportern wurde mitgeteilt, sie könnten einen Bevollmächtigten vorbeischicken, um die Sendung abzuholen. Nur Institute in Mexiko, China und Brasilien erklärten, dass sie erst dann lieferten, wenn der Käufer eine Exportgenehmigung vorweisen könne.

Kapitel 4

Das geheime B-Waffenarsenal des Irak

Nach dem Golfkrieg war im Irak die Sonderkommission der Vereinten Nationen (UNSCOM) eingerichtet worden, um die Zerstörung von chemischen und biologischen Waffen samt ihrer Verbreitungsmittel zu überwachen. Im Herbst 1997 bestanden die irakischen Behörden darauf, dass einige Gebiete ihres Landes für die UNSCOM-Inspektoren »off limits« seien. Im Oktober wies Bagdad alle sieben US-amerikanischen Vertreter eines UNSCOM-Teams unter dem Vorwand aus, sie seien Spione. In der sich deutlich abzeichnenden Krise folgte eine Konfrontation der nächsten, wobei es immer wieder zu diplomatischen Interventionen seitens der Russen oder des UN-Generalsekretärs Kofi Annan kam, dem es schließlich gelang, eine gemeinsame Absichtserklärung zwischen den Vereinten Nationen und der Republik Irak zu erwirken. Dieses Papier wurde am 23. Februar 1998 in Bagdad unterzeichnet. Scheinbar ermöglichte es der UNSCOM eine Fortsetzung ihrer Arbeit, doch bereits im Spätsommer 1998 war die gemeinsame Absichtserklärung nicht mehr das Papier wert, auf dem es stand. Die Beziehungen verschlechterten sich den ganzen Herbst hindurch, wobei der Irak ein sofortiges Ende der Sanktionen verlangte. Am 28. September stellte der Irak schließlich klar, dass er nicht beabsichtige, sich in naher Zukunft wieder auf eine volle Kooperation mit den UNSCOM-Inspektoren einzulassen. Der stellvertretende Premierminister des Irak, Tariq Aziz, und UN-Generalsekretär Kofi Annan trafen zusammen, um die Voraussetzungen für ein Aussetzen der Sanktionen zu diskutieren; doch konnten sie sich nicht einigen, denn Aziz lehnte die Inspektionen als »Provokationen« ab. Am 11. Dezember ordneten Präsident Bill Clinton und der britische Premierminister Tony Blair einen viertägigen Luftangriff auf den Irak an, um Bagdad für seine Obstruktionspolitik zu bestrafen.

Im Lauf des Jahres 1999 kam man einer Lösung der Situation nicht näher. Die fünf ständigen Mitglieder des UN-Sicherheitsrates – die USA, Russland, Großbritannien, China und Frankreich – konnten sich über ein künftiges Vorgehen gegenüber dem Irak nicht einigen. Die USA erhoben Einspruch gegen die Absicht Russlands und Chinas, die Sanktionen sofort aufzuheben, während Großbritannien und Frankreich eine Mittelposition einnahmen. Gegen die Opposition der anderen drei setzten die USA und Großbritannien ihre Luftangriffe gegen irakische Ziele in der nördlichen und südlichen »Flugverbotszone« des Landes fort.

Im Dezember 1999 wies der Irak einen von einer Resolution des Sicherheitsrates angenommenen Vorschlag der UN zurück, demzufolge die Sanktionen versuchsweise für einen Zeitraum von 120 Tagen ausgesetzt werden würden, wenn es im Gegenzug zu einer erneuten Kooperation mit den UN-Waffeninspektoren käme. Khalid al-Douri, Leiter des Komitees für arabische und ausländische Beziehungen im irakischen Parlament, erklärte dazu: »Der Irak akzeptiert die neue Resolution nicht und wird auch keine Entscheidung akzeptieren, die das Embargo nicht ohne jedwede Einschränkungen und Bedingungen aufhebt.« Zu diesem Zeitpunkt sagten viele Beobachter voraus, dass die Sanktionen in jedem Fall im Lauf des Jahres 2000 aufgehoben würden. Daraufhin machten Hunderte von westlichen Firmen dem irakischen Regime den Hof, weil sie auf Verträge zum Wiederaufbau des Landes hofften.

Die Sanktionen bestehen, wenn auch verändert, weiter fort. Zwar haben sie die Führer des Regimes kaum berührt, doch für die Zivilbevölkerung haben sich Ernährungslage, Trinkwasser- und medizinische Versorgung drastisch verschlechtert. Besonders alte Menschen und Kinder leiden unter dieser Situation. Im August 1999 legte das Kinderhilfswerk der Vereinten Nationen (UNICEF) die Ergebnisse einer umfassenden Übersichtsstudie zur Kindersterblichkeit im Irak vor. Demnach ist die Sterblichkeit von Kindern unter fünf Jahren im mittleren und südlichen Landesteil »mehr als doppelt so hoch wie vor zehn Jahren«. Der UNICEF-Bericht fährt fort: »Selbst wenn sich nicht alles Leiden im Irak auf die Sanktionen zurückführen lässt, das irakische Volk würde ohne die dem Land vom Sicherheitsrat auferlegten, lang andauernden Maßnahmen und die Kriegsfolgen nicht unter derartigen Entbehrungen zu leiden haben.« Dennis Halliday, der frühere UN-Koordinator für humanitäre Hilfe im Irak, fasst die Situation in einem Satz zusammen: » Wir sind dabei, eine ganze Gesellschaft zu zerstören; so einfach und so schrecklich ist das.«

Es wird allgemein angenommen, dass der irakische Präsident Saddam Hussein bedeutende Mengen an biologischen (und chemischen) Waffen hortet. Das Scheitern der UNSCOM zeigt, wie nutzlos der Versuch der internationalen Gemeinschaft war, eine Nation davon abhalten zu wollen, ein eigenes biologisches Waffenarsenal einzurichten, die fest dazu entschlossen war.

Am 11. Dezember 1998 beschlossen der amerikanische Präsident Bill Clinton und der britische Premierminister Tony Blair, den Irak zu bombardieren. Die Vereinten Nationen hatten berichtet, dass Iraks Präsident Saddam Hussein die Übereinkunft, die er 1991 nach dem Golfkrieg unterschrieben und in der er versprochen hatte, das Ausmaß seine Biowaffenarsenals offen zu legen, weiterhin ständig verletzte.

Sieben Jahre lang bekämpften die Vereinten Nationen mit einigem Erfolg die Bemühungen der irakischen Führung, diese Verpflichtungen zu unterlaufen. Der UN-Bericht über die andauernde Kooperationsverweigerung des Irak brachte die Frustration der USA – möglicherweise angefacht von Clintons »häuslichen« politischen Schwierigkeiten – zum Überkochen. Am 16. Dezember begann der Angriff. Vier Nächte lang wurden Waffenstützpunkte und Luftverteidigungsanlagen, der Apparat des Staatssicherheitsdienstes und die Republikanische Garde, die Elitetruppe Saddam Husseins, aus der Luft beschossen. Eines der Ziele der britischen Bomber war ein Luftwaffenstützpunkt bei Talil im Südosten des Irak; dort standen nach Angaben der Briten unbemannte Flugkörper, die mit Vorrichtungen zum Versprühen von biologischen Kampfstoffen ausgerüstet werden konnten.[1] Zum gegenwärtigen Zeitpunkt, da dieses Buch geschrieben wird – im Januar 1999 – erscheint es höchst unwahrscheinlich, dass der Irak den Inspektoren der Sonderkommission der Vereinten Nationen (UNSCOM) weitere Überprüfungen gestatten wird, um noch verbliebene Vorbereitungen auf einen Krieg mit B-Waffen aufzudecken.

UNSCOM

Die UNSCOM wurde von den Vereinten Nationen 1991 als Reaktion auf die irakische Invasion in Kuwait und den anschließenden Golfkrieg eingerichtet. Die Waffenstillstandsvereinbarungen zu Ende des Krieges waren ein Versuch, die Bedrohung zu vermindern, die vom irakischen Waffenarsenal ausging. Der UN-Sicherheitsrat forderte, der besiegte Staat dürfe keine Atomwaffen erwerben oder entwickeln, und übertrug die Verantwortung für die Durchführung dieser Bestimmung der Internationalen Atomenergiekommission. Er bestimmte außerdem, der Irak müsse die »Zerstörung, Entfernung oder Unschädlichmachung«[2] von Raketen mit einer Reichweite von mehr als 150 Kilometern sowie aller chemischen und biologischen Waffen akzeptieren. Diese Entwaffnung sollte von einem internationalen Kontrollorgan überwacht werden, das uneingeschränkten Zutritt zu allen irakischen Anlagen haben würde. Das war die Geburtsstunde der UNSCOM.

Man erwartete, dass der Irak den UN sein chemisches, biologisches und raketengestütztes Waffenarsenal offen legen werde. Man meinte hinsichtlich des Biowaffenprogramms Details über die Anlagen zu erfahren, in denen Forschung, Entwicklung, flankierende Maßnahmen und Herstellung erfolgt waren. Überdies stellte man sich vor, der Irak würde die Art der Biokampfstoffe, an denen gearbeitet worden war, und die eingelagerten Mengen spezifizieren. Auf der Basis der irakischen Angaben sollten die UNSCOM-Inspektoren die Anlagen besichtigen, um zu überprüfen, ob deren Aktivitäten mit den Deklarationen übereinstimmten.

Es dürfte kaum überraschen, dass der Irak mit wenig Begeisterung auf diesen Plan reagierte. In den ersten beiden Jahren nach Einrichtung der UNSCOM verweigerten die irakischen Behörden ganz einfach jegliche Kooperation. Die Inspektoren standen vor einer entmutigenden Aufgabe. Sie konnten nicht beweisen, dass der Irak B-Waffen entwickelte. Es gab Gerüchte, aber eben keine Beweise. Und das Wesen von biologischen Waffen machte die Arbeit der UNSCOM nur noch schwieriger.

Es ist relativ einfach festzustellen, ob ein Staat Kernwaffen entwickelt. So benötigt man für die Produktion des spaltbaren Materials für eine militärisch relevante Zahl von Kernwaffen recht große Fabriken, die sich mit Hilfe von Spionagesatelliten sehr leicht ausmachen lassen. Bei biologischen Waffen liegen die Dinge völlig anders. Die dafür erforderlichen Bakterien und Viren werden auf genau die gleiche Weise kultiviert wie Mikroorganismen, die für legitime medizinische Zwecke genutzt werden, beispielsweise für Impfstoffe und Antibiotika. Mikroorganismen für biologische Waffen werden mit denselben Laborgeräten kultiviert, die man in der pharmazeutischen Industrie, in biologischen Universitätslabors, in Brauereien und Brennereien, diagnostischen Labors sowie in Molkereien oder Impfstofflabors findet. Früher war es schwierig, Mikroorganismen in großem Maßstab zu ziehen. Heutzutage ist es dank der modernen biotechnologischen Methoden einfach; das erforderliche Wissen samt der technischen Ausrüstung ist Allgemeingut. Bei einer Ausrüstung, die sich sowohl für militärische als auch für zivile Zwecke verwenden lässt, spricht man von »Doppelnutzung«; hierin liegt das grundlegende Problem, wenn man die Entwicklung biologischer Waffen kontrollieren möchte.

Für das UNSCOM-Team machte diese Sachlage die Dinge äußerst kompliziert. Die Inspektoren hatten den Auftrag, die für Doppelnutzung geeignete Ausrüstung des Irak zu überwachen, um sicherzustellen, dass sie nur zu harmlosen, legalen Zwecken eingesetzt wurde. Doch sie waren auf die Kooperation des Irak angewiesen, um Informationen über die früheren heimlichen und die gegenwärtigen legalen Programme zu erhalten, denn diese Informationen sollten als Beurteilungsgrundlage zur Überwachung der laufenden Aktivitäten dienen. Doch der Irak verweigerte die Mithilfe. Erst nachdem eine Menge Druck ausgeübt worden war, gaben die zuständigen irakischen Behörden im Mai 1992 zu, ein sehr kleines, allein auf Verteidigung ausgerichtetes biologisches Forschungsprogramm betrieben zu haben – aber keine B-Waffen im eigentlichen Sinne.

Auf dem Papier war die Macht der Inspektoren beeindruckend. Sie konnten alles – Orte, Projekte, Materialien – unangekündigt inspizieren, so oft sie wollten, und sie durften zu Überwachungszwecken mit einem eigenen Flugzeug alles überfliegen, was sie interessierte. Sie hatten das Recht, in sensiblen Gebieten Sensoren und Videokameras zu installieren, Aufnahmen zu machen und Informationen aus anderen Ländern darüber zu sammeln, welche Art von für die Doppelnutzung geeigneter Ausrüstung diese dem Irak geliefert hatten. Doch erst im Januar 1994 gab der Irak der UNSCOM ausreichend Information, um eine Suche nach Produktionspotenzial für biologische Agenzien sinnvoll zu machen. Im April desselben Jahres wurde die erste derartige Inspektion durchgeführt, die eine Basis schaffen sollte, vor deren Hintergrund man andere Aktivitäten beurteilen würde.

Arbeiten bei der UNSCOM

Rod Barton, damals beim australischen Verteidigungsministerium, wurde im September 1994 als Mitglied des UNSCOM-Teams nach Bagdad gesandt. Es war nicht seine erste Berührung mit irakischen Methoden: Er hatte zu einem früheren Zeitpunkt – ebenfalls als Mitglied der UNSCOM – bereits versucht, das volle Ausmaß des chemischen Waffenprogramms im Irak aufzudecken. Diesmal ging es um die biologischen Waffen des Irak.

Wie sich Barton in der Zeitschrift *Pacific Research* erinnert, sahen die Dinge nicht besonders hoffnungsvoll aus. »Die irakische Regierung leugnete hartnäckig, biologische Waffen entwickelt zu haben, und meinte, die UNSCOM habe drei Jahre lang freie Hand gehabt, überall hinzugehen und sich alles anzuschauen, und habe nichts gefunden.«[3]

»Der Irak hatte zugegeben«, fährt er fort, »ein entsprechendes Forschungsprogramm betrieben zu haben. Die Behörden gaben an, diese Anlage habe sich in Salman Pak befunden, einem Ort, der im Krieg so stark bombardiert worden war, dass nun nicht mehr viel davon übrig war. In al-Hakam hatte der Irak noch eine weitere Anlage, die den Regierungen der Allianz vor dem Golfkrieg nicht bekannt gewesen und die daher auch nicht bombardiert worden war. Man sagte den Inspektoren, es handele sich um eine biotechnische Anlage zur Produktion von Hefe für Viehfutter. Inspektorenteams hatten sie häufig besucht, denn es schien ein merkwürdiger Platz zu sein, der technisch keinen rechten Sinn ergab. Eindeutiges Beweismaterial, das den Inspektoren bewies, dass die Anlage etwas anderes war, als die Iraker behaupteten, fiel ihnen jedoch nicht in die Hände.

Wir entschieden uns, verbündete Länder um Information über ihre Exporte in den Irak zu bitten. Die Listen, die wir daraufhin erhielten, waren recht umfangreich, doch die meisten Posten fielen in die Kategorie der für die Doppelnutzung geeigneten Ausrüstung, daher war es nicht einfach, Legales von Illegalem zu trennen.

Zusätzlich entschloss sich unser Team, irakische Beamte zu befragen, die beteiligt gewesen waren. Alle zehn Personen aus Salman Pak, die wir um Auskunft bitten wollten, hielten sich inzwischen in al-Hakam auf. Sie arbeiteten keineswegs als Taxifahrer oder übten jeden Job aus, den sie finden konnten, wie uns die irakischen Behörden hatten weismachen wollen. Damit hatten wir ein Bindeglied zwischen Salman Pak und al-Hakam hergestellt. Als das Inspektorenteam die zehn interviewte, wurde klar, dass alle gründlich auf die Befragung ‚vorbereitet' worden waren, und unser Misstrauen wuchs. Jeder einzelne behauptete, er wisse nichts über irgendjemand anderen, nicht einmal über Leute, mit denen er Tür an Tür gearbeitet hatte. Das erschien uns nicht glaubwürdig. Doch wir bekamen nicht viel mehr aus ihnen heraus.

Ein Joker erwiesen sich als sehr nützlich – die Namen von Personen, die die Importanweisungen unterschrieben hatten. Sie waren, wie sich herausstellte, keine Wissenschaftler, sondern Büroangestellte. Einer hatte für die Technical Scientific Materials Import Division (TSMID) gearbeitet, eine Importorganisation, die offensichtlich mit dem Handelsministerium in Verbindung stand. Zu einem Durchbruch kam es, als einer der Angestellten gestand, dass das TSMID *ausschließlich* Material für Salman Pak importiert hatte, für keinen anderen Ort. Das sollte sich als entscheidende Information herausstellen.

Die Personen, die wir im November 1994 befragten, waren insgesamt ziemlich arrogant und benahmen sich den UNSCOM-Inspektoren gegenüber abweisend. Gleiches galt für die irakischen Beamten. Sie alle vertrauten darauf, dass wir nichts herausfinden würden. Später bekamen einige Beamte kalte Füße, sie wurden angesichts der UNSCOM-Inspektoren nervös und ließen erkennen, dass sie sich bedroht fühlten. Einige wurden sogar in unserer Gegenwart von irakischen Beamten bedroht. Einer erzählte eine Geschichte, die technisch wie auch wissenschaftlich nicht stimmen konnte. Er bat um eine Unterbrechung und kam dann mit einer neuen Geschichte an, die gleichermaßen unlogisch war. Ein paar Tage später erfand er schließlich eine dritte Geschichte. Dieser Typ erzählte uns später, er sei damals so nervös gewesen, dass er keinen Bissen bei sich behalten konnte. Diejenigen, die Angst hatten, hatten guten Grund dazu.

Ein weiterer Durchbruch gelang uns dank der Informationen über Importe, die uns andere Regierungen geliefert hatten. Im Jahr 1988 hatte die TSMID viele Tonnen Kulturmedium für Bakterien importiert. Es war legitim, Bakterien zu Forschungszwecken zu kultivieren, doch dafür würde man nur, sagen wir, ein Kilogramm eines Kulturmediums benötigen. Wenn in Salman Pak so viel davon gebraucht wurde, dann konnte es sich nicht nur um Forschungsprojekte zur eigenen Verteidigung gehandelt haben. Dahinter mussten aggressivere Absichten stehen.«

Die Iraker stritten ab, große Mengen Kulturmedien importiert zu haben, doch die UNSCOM-Inspektoren zitierten zum Beweis Kreditkartennummern. Die Iraker erklärten daraufhin, die Medien seien für das Gesundheitsministerium bestimmt gewesen und in Krankenhäusern eingesetzt worden. Die Inspektoren blieben misstrauisch. »Wir überprüften die Geschichte in verschiedenen Hospitälern«, erinnert sich Rod Barton, »und fanden zum Beispiel heraus, dass ein großes New Yorker Krankenhaus pro Jahr vielleicht ein paar Kilo benötigt. Wir fanden zudem heraus, dass ein ganzes Land im Mittleren Osten im Verlauf von fünf Jahren nicht mehr als ein paar Tonnen gebraucht hatte. Zu diesem Zeitpunkt wussten wir bereits, dass die TSMID mehr als 40 Tonnen Kulturmedien importiert hatte. Die Iraker erklärten uns, das Gesundheitsministerium habe einen Fehler gemacht und viel mehr geordert, als gebraucht wurde. Doch die Art der Kulturmedien war falsch, die Mengen waren die falschen und sie befanden sich für den Krankenhausgebrauch außerdem in den falschen Gefäßen. Ein Teil befand sich in

25-Kilogramm-Behältern, ein anderer in 100-Kilogramm-Fässern. Das passte nicht zu einer Verwendung im Krankenhaus, wo man stets nur wenige Gramm auf einmal verwendet. Denn genau wie Milchpulver klumpt das Material, wenn man den Deckel öffnet und es nicht rasch verbraucht; dies spricht für eine Lieferung in kleinen Gefäßen.«

Die Inspektoren versuchten, den Verbleib der Kulturmedien durch die dokumentierten Belege zu verfolgen. Der Irak übergab 22 Dokumente – Empfangsbestätigungen, Transferdokumente und Lagerbestandsaufstellungen –, die kriminaltechnischen Analysen zufolge erst kürzlich angefertigt worden waren. Die Originale, behaupteten die Iraker, seien die einzigen Dokumente in einem Aktenschrank gewesen, der durch ein Feuer zerstört worden war. Bartons Kommentar: »Die Geschichte war völlig absurd. Wir fragten nach einen Bericht der Feuerwehr. War das ganze Büro abgebrannt? Nein, nur der Aktenschrank. Woraus er bestanden habe? Stahl. War noch irgendetwas anderes verbrannt? Nein, im Schrank habe sich nichts anderes befunden. Wir fragten nach den Originalen der Transferbescheinigungen und erhielten zur Antwort, diese seien bei der Überstellung von einem Lagerhaus zum anderen vom Lastwagen gefallen. Bei dem dritten Satz Dokumente, den Lagerbestandsaufstellungen, kam der Lagerverwalter an den Punkt, wo offensichtlich wurde, dass seine Geschichten nicht stimmten und dass es keine glaubwürdige Erklärung dafür gab, wie die Originaldokumente abhanden gekommen waren. Wir haben diesen armen Lagerverwalter stundenlang ausgefragt.«

Die Befragungen der Inspektoren fanden vor dem Hintergrund der UN-Sanktionen gegen den Irak stand. Diese waren im August 1990 nach der irakischen Invasion in Kuwait verhängt worden und stellten den Versuch dar, den Irak zum Rückzug zu zwingen. Als 1991 die UNSCOM eingerichtet wurde, erklärten die Vereinten Nationen, die Sanktionen würden nicht eher aufgehoben werden, bis der Irak in jeder Hinsicht mit der UNSCOM kooperiere. Bis

1994 hatten die Sanktionen das Land verarmen lassen, und die Bevölkerung hatte sehr unter ihnen zu leiden: Armut und Hunger waren weit verbreitet, und die medizinische Versorgung war fast völlig zusammengebrochen. Im April 1995 erstattete das UNSCOM-Team dem UN-Sicherheitsrat Bericht, es besäße zwar keine direkten Beweise, dass der Irak über biologische Waffen verfüge, doch genügend indirekte Belege sprächen dafür. Als sich die Inspektoren wieder im Irak aufhielten, weigerten sich die irakischen Beamten im Mai und im Juni, mit ihnen zu sprechen. »Sie sagten, wir seien verantwortlich dafür, dass die Sanktionen nicht aufgehoben würden, wir seien verantwortlich dafür, dass Kinder stürben«, erinnert sich Rod Barton. »Bei einer Gelegenheit brachten sie sogar sterbende Kinder zu unserem Hotel, und Ärzte und Krankenschwestern demonstrierten gegen die UNSCOM.«

Im Juli änderte die Iraker ihre Geschichte erneut. »In einem halbstündigen Vortrag gab der Leiter der Verteidigungsforschung zu, dass der Irak ein Programm für biologische Waffen entwickelt habe, dass die Arbeit an diesem Programm in Salman Pak begonnen worden und dann nach al-Hakam verlagert worden sei. Die Anlagen produzierten bakterielle Erreger für Anthrax und Botulinustoxin, rund eine halbe Million Liter. Das würde rund 17 Tonnen der fehlenden Kulturmedien erklären. Wir fragten, ob Waffen hergestellt worden seien, und erhielten die Antwort: ›Es gab keine Waffen, wir haben nur den Wirkstoff produziert und gelagert.‹«

Am 7. August 1995 floh Saddam Husseins Schwiegersohn General Hussein Kamel Hassan Majeed aus Bagdad und bat in Jordanien um Asyl. Er war für alle atomaren, biologischen und chemischen Waffenprogramme des Iraks verantwortlich gewesen. Zunächst versuchten die Iraker, ihn zur Rückkehr zu bewegen, und als dies fehlschlug, versuchten sie offenbar, ihn umzubringen. Als auch das erfolglos blieb, gaben die Iraker schließlich zu, dass sie biologische Waffen hergestellt und einsatzbereit gemacht hatten. »Da nun Enthüllungen durch den bestens informierten Abtrünnigen drohten, entschloss sich die irakische Regierung, dem zuvorzukommen und die Enthüllungen selbst vorzunehmen«, schreibt Milton Leitenberg vom Zentrum für Internationale und Sicherheitsstudien an der Universität von Maryland.[4]

»Sie gaben zu«, erinnert sich Rod Barton, »dass der Irak Gasbrand, Milzbrand, Botulinustoxin, Wirkstoffe aus Viren und Pilzen (darunter Aflatoxin), Erreger gegen Pflanzen (wie Weizenbrand) und Rizin hergestellt hatte. Diese Agenzien waren nicht nur in al-Hakam, sondern auch in anderen Anlagen produziert worden. Dahinter steckte eine riesige Organisation, die viele Leute beschäftigte. Die UNSCOM war überrascht – wir hatten nicht erwartet, dass das biologische Waffenprogramm so groß gewesen war.«

In Zusammenhang mit diesen Eingeständnissen kam es zu einem der bizarrsten Ereignisse dieser ganzen Saga. Als General Hussein Kamel Hassan Majeed aus Bagdad floh, informierte die irakische Regierung den Vorsitzenden der UNSCOM, Botschafter Rolf Ekeus, dass sie ihren bisher gemachten Aussagen weitere hinzuzufügen habe. Und Ekeus gegenüber machten die Iraker dann auch ihre Eingeständnisse. Der UNSCOM-Botschafter beklagte sich jedoch, dass er für den Beweis der neuen Enthüllungen keinerlei Unterlagen erhalten hatte. Als er sich auf den Weg zum Flughafen machen wollte, um das Land zu verlassen, nahm ein irakischer General Kontakt mit ihm auf und ersuchte ihn, unterwegs in einem Bauerhof vorbeizuschauen. Es war der Hof von General Hussein Kamel Hassan Majeed, und in einem verschlossenen Hühnerstall fand Ekeus 150 »metallene und hölzerne Kisten voller Dokumente, zusammen mit Mikrofiches, Computerdisketten, Videobändern, Fotografien und verbotenen Hardware-Komponenten.«[5] Alles in allem handelte es sich um mehr als eine halbe Million Seiten an Unterlagen, von denen viele in den Interessensbereich der UNSCOM fielen. Die Iraker gaben anschließend zu, dass die Direktoren der Anlagen, die am B-Waffenprogramm beteiligt waren, im Sommer 1991 die Anweisung erhalten hatten, alle wichtigen Dokumente rasch zusammenzupacken und den Sicherheitskräften zu übergeben.

Die Dokumente aus dem Hühnerstall ermöglichten der UNSCOM einen wichtigen Durchbruch, doch sie liefern keineswegs einen vollständigen Überblick über das B-Waffenprogramm des Irak. Vieles fehlt noch immer.

Botschafter Ekeus ist nicht überzeugt, dass der Irak sein B-Waffenprogramm in vollem Umfang offen gelegt hat. Er vermutet, der Irak habe die UN dazu bringen wolle, die Sanktionen aufzuheben, ohne etwas über sein biologisches Programm zu enthüllen. »Sie hielten das B-Waffenprogramm zurück, weil es ihnen am wichtigsten war«, schlussfolgerte er. »Der Verdacht, dass der Irak noch immer eine ganze Menge verheimlicht, lässt sich nicht leicht von der Hand weisen. Wenn Sie gesehen hätten, wie die Offiziere, die bis vor kurzem alles abgestritten hatten, ohne zu erröten und ohne irgendwelche Schuldgefühle die Existenz biologischer Waffen zugaben, dann würden Sie verstehen, warum viele in den Vereinten Nationen noch immer an der Glaubwürdigkeit des Irak zweifeln.«[6]

Wären die Waffen des Irak eingesetzt worden, meint Ekeus, dann »wären Millionen von Menschen umgekommen. Was mich in der Rückschau so schockiert, ist die Erkenntnis, dass die Welt am Rande einer schrecklichen Katastrophe stand, von der wir nicht die geringste Ahnung hatten.«

Wie viel wissen wir heute über das Biowaffenprogramm des Irak? Aufgrund der inzwischen bekannt gewordenen Informationen zeichnen die UNSCOM-Inspektoren folgendes (wahrscheinlich unvollständiges) Bild:

Das Programm wurde 1975 begonnen, erreichte wenig und wurde 1978 beendet. 1985 wurde es im Muthanna State Establishment, Iraks wichtigster Anlage für die Erforschung und Entwicklung von Chemiewaffen, wieder aufgenommen. Im April 1986 importierte man Bakterienstämme nach Muthanna (dem Vernehmen nach erfolgte die Bestellung der Milzbrandkultur per Mail-Order in den

USA und wurde von einem Eildienst bereits am nächsten Tag geliefert)[7] und begann, mit Anthrax und Botulinustoxin zu arbeiten. Im Mai 1987 zog das Programm nach Salman Pak um, um dort die Wirkstoffe an Schafen, Eseln, Affen und Hunden zu testen. Eine ehemalige Biotechnologieanlage bei Taji wurde Mitte 1987 ebenfalls auf Waffenproduktion umgestellt. Ende desselben Jahres kam man überein, das Programm aufzustocken, und in der Folge wurde 1988 bei al-Hakam eine neue Waffenproduktionsanlage errichtet und ausgerüstet. Die Anlage bot Möglichkeiten für gentechnische Versuche und Virenforschung. Inzwischen begann in Salman Pak die Arbeit mit dem Erreger des Gasbrands (*Clostridium perfringens*) sowie mit Aflatoxin. (Forscher am Internationalen Institut für Friedensforschung in Stockholm haben spekuliert, dass dieses Gift zum Völkermord an den Kurden eingesetzt werden sollte. Wenn nach Jahren die ersten Symptome aufgetreten wären, hätte niemand mehr beweisen können, dass diese Menschen Opfer eines Angriffs mit B-Waffen waren. Aflatoxin sollte möglicherweise auch zur Schwächung des Immunsystems dienen, so dass andere Agenzien stärker wirken.)[8] Später wurde auch mit Toxinen gearbeitet, die Übelkeit, Erbrechen, Durchfall und Hautreizungen hervorrufen, ferner mit Rizin, mit Viren, die Bindehautentzündungen auslösen und starke Schmerzen sowie vorübergehende Blindheit verursachen, und mit Rotaviren, die Durchfall bewirken. Die UNSCOM entdeckte zudem indirekte Belege dafür, dass einige dieser Agenzien möglicherweise an Menschen getestet worden sind.

Das Programm beschränkte sich nicht auf Wirkstoffe, die sich gegen Menschen richten. Man arbeitete auch mit Kamelpocken, die zu Fieber und Hautausschlag bei Kamelen führen, und mit Schwarzrost des Getreides, der zu hohen Ernteausfällen führt. Nach dem Einfall des Irak in Kuwait im August 1990 wurde das Programm stark intensiviert. Bis zum Dezember desselben Jahres hatten die Iraker 166 R-400-Bomben produziert, die in der Luft explodieren und mit biologischen Kampfstoffen gefüllt wurden: 100 mit

Botulinustoxin, 50 mit Anthrax und 16 mit Aflatoxin. Sie hatten auch einen speziellen B-Waffen-Sprengkopf für insgesamt 25 Al-Husayn- oder »Super-Scud«-Raketen hergestellt: 13 gefüllt mit Botulinustoxin, zehn mit Anthrax und zwei mit Aflatoxin. Im Januar 1991, kurz vor Beginn des Golfkriegs, wurden diese Waffen auf vier Standorte im Land verteilt, wo sie während des Krieges blieben. Für den Fall eines atomaren Angriffs auf Bagdad erteilte Saddam Hussein vorab die Ermächtigung, diese Waffen abzuschießen. Kommentar der UNSCOM: »Diese Aufgabenübertragung vorab schließt den alternativen Einsatz eines derartigen Potenzials nicht aus und ist kein überzeugender Beweis dafür, dass nur die Absicht bestand, es als Gegenschlag einzusetzen.«[9]

Professor Paul Rogers von der Abteilung für Friedensstudien der Universität Bradford meint dazu: »Wenn in der Auseinandersetzung in größerem Maße biologische oder chemische Waffen eingesetzt worden wären und wenn der Angriff gegen zivile Ziele in Riad, Dharan oder Tel Aviv erfolgreich gewesen wäre, dann hätte es ähnlich viele Opfer wie bei einem Atomschlag gegeben. Ein aktuelles Planspiel des amerikanischen Verteidigungsministeriums zur Simulierung eines zukünftigen Golfkriegs endete mit einen B-Waffen-Angriff auf Dharan, der eine Million Toten forderte, gefolgt von einem atomaren Vergeltungsschlag der USA gegen Bagdad.«[10]

Der Irak behauptet, den größten Teil seines B-Waffenarsenals nach dem Krieg vernichtet zu haben, doch die Berichte über diese Vernichtungsaktion sind widersprüchlich, und es wurden keine Beweise vorgelegt, die das Gesagte hätten untermauern können. Inzwischen lässt die UNSCOM die Anlage in al-Hakam dem Erdboden gleichmachen. Rod Barton meint dazu: »Von der Fabrik wird kein Stein auf dem anderen bleiben. Die Ausrüstung wird zerschlagen, und die Überreste werden in Gruben geworfen, die mit Zement aufgefüllt werden. Das Gebäude wird in die Luft gesprengt, und die Fundamente werden entfernt. Selbst die Stromversorgungsleitungen werden abgerissen und die Zufahrtsstraßen von Bulldozern unpassierbar gemacht. Der Ort wird der Wüste zurückgegeben, so dass nichts übrig bleibt, was sich zur Produktion von biologischen Waffen verwenden ließe. Vielleicht ist dieses Kapitel im Irak damit abgeschlossen.«

Andere sind da weniger zuversichtlich. Der Mikrobiologe Raymond Zilinskas vom Institut für Biotechnologie der Universität Maryland wurde ebenfalls zur UNSCOM abgeordnet und nahm 1994 im Irak an zwei Inspektionen teil. Er zieht aus seiner Erfahrung andere Schlüsse: » ... soweit bekannt, wurde beim ›Wüstensturm‹ keine derjenigen Personen verletzt oder getötet, die zur Belegschaft des früheren B-Waffenprogramms im Irak gehörten. Wir können annehmen, dass sie alle verfügbar wären, wenn sich die irakische Führung für ein neues B-Waffenprogramm entscheiden sollte. Desgleichen ist dieselbe irakische Führung, die sich für den Erwerb von B-Waffen entschied und daher Iraks früheres B-Waffenprogramm beschloss, intakt und noch immer im Amt.«[11]

Der politische Wille und das technische Wissen sind also im Irak noch immer vorhanden. Eine kurze Informationsschrift, die für die britischen Parlamentsabgeordneten verfasst wurde, weist überdies darauf hin, dass »Vorräte von gefriergetrockneten Organismen leicht anzulegen und zu verbergen sind, so dass ein B-Waffen-Programm rasch wieder anzukurbeln ist. ... Sorgen bereitet, dass sich die Produktion von militärisch bedeutsamen Mengen innerhalb von sechs Monaten wieder aufnehmen lässt.«[12]

Iraks heimliche Bemühungen, biologische Waffen zu entwickeln, sind keineswegs die ersten derartigen Anstrengungen. Seit den Zwanzigerjahren haben die westlichen Alliierten, Japan und die frühere Sowjetunion alle intensiv an derartigen Agenzien und Waffen geforscht. Die nächsten beiden Kapitel beschreiben diese Programme sowie die Art und Weise, wie Waffen für einen Einsatz vorbereitet und auch tatsächlich eingesetzt wurden.

Szenario 1: »With A Little Help ...«

Es gibt wenig Zweifel, dass die Amerikaner selbst den Irakern geholfen haben, biologische Waffen zu entwickeln. Amerikanische Organisationen lieferten dem Irak 20 Jahre lang – in den Siebziger- und Achtzigerjahren – die nötigen Mikroorganismen.

Die American Type Culture Collection (ATCC) ist eine nicht auf Profit ausgelegte Gesellschaft in Rockville, Maryland. Sie besitzt die größte US-amerikanische Sammlung an Kulturen krankheitserregender Mikroben und dient für Institutionen in aller Welt als »Bibliothek« von rund 1000 Arten von Mikroorganismen. Die Einrichtung verkauft schätzungsweise 130000 Stammkulturen pro Jahr und verschickt sie an 60 Nationen – auch an den Irak. Die ATCC belieferte den Irak zwischen 1986 und 1991 mit 17 Sendungen. Direktor Robert Stevenson lehnte es ab, genau zu spezifizieren, was er an den Irak verkauft hat, doch es ist bekannt, dass sich unter den Kulturen auch Tularämie-Bakterien befanden.

Die Sendungen, die attenuierte (abgeschwächte) Stämme verschiedener Bakterien enthielten, gingen an die irakische Atomenergiekommission, die vermutlich Komponenten für Biowaffen erworben hat. Obwohl die Exporte weder vom Pentagon noch von Aufklärungsspezialisten gründlich überprüft wurden, hat das Handelministerium sie genehmigt. Robert Stevenson ist auch der Leiter des Gremiums, das das Handelsministeriums bei biologischen Exporten berät.

Zwar gab Stevenson zu, nicht wirklich zu wissen, wer im Irak mit seinen Mikroorganismen arbeitete, erklärte aber dennoch kategorisch, es gebe kein Grund zur Sorge. Er behauptete, das von ihm versandte Material sei für eine biologische Kriegsführung nicht von Nutzen – wenn er auch zugab, dass die ATCC-Kulturen für ein B-Waffenprogramm als »Referenzen« »nützlich« sein könnten: um festzustellen, ob der betreffende tödliche Stamm das Richtige sei. Das Handelsministerium glaubte der Aussage von Stevenson.

Die ATCC war nicht die einzige Organisation, die Mikroorganismen in den Irak exportierte. Im April 1990 berichtetet der Fernsehsender NBC, die oberste amerikanische Gesundheitsbehörde (CDC) hätte in den Achtzigerjahren tödliche Viren via Expresspost an Forscher im Irak, in Südafrika, Kuba, der Sowjetunion und China – allesamt Nationen, die der Biowaffenforschung verdächtigt werden – geschickt, angeblich aus Gründen der öffentlichen Gesundheitsfürsorge. Dem NBC-Produzenten Robert Windrum und dem Reporter Eric Nadler zufolge war »das Virus, das von einem irakischen Forscher in Basra angefordert und ihm auch prompt geliefert wurde, ein israelischer Stamm der Westnil-Enzephalitis. Das Virus war Thema eines Langzeitimpfstoff-Forschungsprojektes in Israel gewesen. Diese Projekt wurde von der US Army unterstützt, weil das Virus als potenzielles Agens für Biowaffen galt. Dieses Virus hatte dem Sanitätscorps der israelischen Verteidigungskräfte Sorgen bereitet, weil Posten in der Negev-Wüste Anfang der Achtzigerjahre an Westnil-Enzephalitis erkrankt waren. Als der Fernsehsender NBC das CDC mit Bezugnahme auf das Gesetz über die Informationsfreiheit aufforderte, die Dokumentation dieser Exporte offen zu legen, entgegnete das Zentrum lapidar, es gebe keinc Unterlagen, da man solche Transfers »informell« handhabe.

Bemerkenswerterweise befürchtete die Belegschaft des CDC nicht, dass die exportierten Erreger (allesamt Material der biologischen Sicherheitsstufen 3 und 4 – in Labors der Stufe 4 wird mit Material gearbeitet, das tödliche Erkrankungen beim Menschen hervorrufen kann) bei einem biologischen Angriff eingesetzt werden könnten, »denn wir kennen diese Leute«, wie CDC-Sprecherin Gayle Lloyd frisch-fröhlich erklärte. Sie bezeichnete jedwedes B-Waffen-Szenario als »weit hergeholt«.

Der NBC-Bericht setzte derartigen Sendungen des CDC in den Irak ein Ende.[13]

Szenario 2: Hilfe aus Großbritannien

Auch Großbritannien half Saddam Hussein bei der Entwicklung seines biologischen Waffenarsenals – indem es eine irakische Wissenschaftlerin ausbildete, die das Programm zur biologischen Kriegsführung leitet.[14]

Dr. Taha Rihab war von einer irakischen Universität an die University of East Anglia gekommen und erwarb dort 1984 ihren Doktor in Phytopathologie. In ihrer Doktorarbeit beschäftigte sie sich mit einer Krankheit an Tabakpflanzen. »Sie war wirklich eine hervorragende Studentin«, erinnert sich einer ihrer Professoren, Dr. John Turner. »Hart arbeitend, sehr engagiert und absolut reizend. Nicht in meinen wildesten Träumen hätte ich sie mit der Arbeit an Waffen in Zusammenhang gebracht.«

Diese Enthüllung gibt den Befürchtungen von Wissenschaftlern, die sich sorgen, ihre Arbeit könne zu aggressiven Zwecken verwendet werden, eine ironische Wendung. Sie zeigt, wie es für Leute, die in gutem Glauben ausgebildet wurden, leicht ist, ihre Fähigkeiten für verbrecherische Ziele einzusetzen, und wie schwierig der Versuch wäre, die Ausbreitung des Wissens zu stoppen, das man für die biologische Kriegsführung braucht.

Szenario 3: Das Golfkriegssyndrom

Major Hillary Jones kam mit einer Art Grippe aus dem Golfkrieg nach Großbritannien zurück, die sie einfach nicht loswurde. Sie litt unter hartnäckigem Husten und entwickelte ein chronisches Schwächesyndrom, dessen genaue Ursache unbekannt ist; viele glauben jedoch, dass es mit einer ausgedehnten Virenexposition zusammenhängt. Major Jones musste ihre Arbeit als Lehrschwester aufgeben. Sie ist eine der ehemaligen Armeeangehörigen, die behaupten, sich während ihres Einsatzes am Golf bleibende Gesundheitsschäden zugezogen zu haben, die inzwischen unter dem Begriff Golfkriegssyndrom zusammengefasst werden.

Bei anderen ehemaligen Armeeangehörigen, die im Golfkrieg gedient hatten, kam es zu Symptomen wie Hautausschlag, Kopfschmerzen, Übelkeit, Muskulaturproblemen sowie Depressionen. Es ist auch behauptet worden, dass Babys von Vätern, die im Golfkrieg waren, eine höhere Missbildungsrate aufweisen als andere. Inzwischen haben mehr als 1000 Veteranen das Verteidigungsministerium auf eine Entschädigung für das Syndrom und seine Folgen verklagt.

Nachdem die britische Regierung die Existenz eines Problems zunächst jahrelang abgestritten hatte, stimmte sie im Dezember 1996 schließlich der Durchführung von zwei epidemiologischen Studien zu, um festzustellen, ob die Golfkriegsveteranen aufgrund ihrer Einsatzes gesundheitlichen Schaden genommen haben. In einer vergleichenden Studie, die von der Universität Manchester durchgeführt wird, soll der Gesundheitsstatus von 3000 Veteranen mit dem von 3000 entsprechenden Truppenangehörigen verglichen werden, die nicht zum Golf abkommandiert waren. Eine weitere Studie, bei der die Londoner Hochschule für Hygiene und Tropenmedizin federführend ist, soll die Fortpflanzungs-Gesundheit von Golfkriegsteilnehmern und Nicht-Golfkriegsteilnehmern sowie die Gesundheit ihrer Kinder vergleichen. Beide Studien wurden im Januar 1997 begonnen und werden drei Jahre lang laufen. Das Verteidigungsministerium hat jedoch nicht korrekt aufgezeichnet, welcher Soldat welches Medikament erhalten hat. Dieses Versäumnis könnte die Zuverlässigkeit der Studien beeinträchtigen. Es weist außerdem auf die Notwendigkeit einer besseren Verwaltung hin und wirft wieder einmal die Frage auf, ob Geheimhaltung nicht zwangsläufig zu Sorglosigkeit, Nachlässigkeit und dem Widerstreben führt, Fehler einzugestehen.

Golfkriegsteilnehmer erhielten nicht nur die üblichen Spritzen gegen Hepatitis B, Unterleibstyphus, Polio, Gelbfieber und Hirnhautentzündung, sondern ihnen wurden überdies eine Keuchhusten/Milzbrand-Kombination sowie amerikanische Impfstoffe gegen Beulenpest und gegen Botulismus gespritzt. Inzwischen hat die britische Regierung zugegeben, dass einer dieser Impfstoffe nicht zugelassen war.[15] Die Zeitschrift *Chemistry in Britain* berichtet, dass das National Institute of Biological Standards and Control (NIBSC) »zwei der Impfstoffe an Tieren getestet und das Verteidigungsministerium im Dezember 1990 per Fax gewarnt hatte, diese seien als Kombinationsimpfung nicht sicher. Das Verteidigungsministerium bestätigte den Eingang des Schreibens, doch dann ging es verloren, und nichts geschah. In dem Fax hatte das NIBSC davor gewarnt, den Keuchhustenimpfstoff einzusetzen, um die Immunisierung, die durch den Milzbrandimpfstoff erreicht wurde, zu beschleunigen. In Labortests waren Tiere, die man mit dieser Kombination geimpft hatte, krank geworden. Keuchhustenimpfstoff ist in Großbritannien nicht zur Anwendung bei Erwachsenen zugelassen.« Ferner erhielten die Truppen zum Schutz vor einer Vergiftung durch Nervengas Tabletten, die erst zwei Jahre nach dem Krieg zugelassen wurden.

Die Tatsache, dass ein Medikament nicht zugelassen ist, besagt nicht zwangsläufig, dass es gefährlich ist. Doch auch die Wirkungen, die auftreten, wenn man so viele Impfstoffe gleichzeitig appliziert, sind unbekannt. Wie Dr. Graham Pearson, ehemaliger Forschungsdirektor für chemische und biologische Verteidigung in Porton Down, beschäftigt sich der größte Teil der Forschung »mit der Wirksamkeit eines bestimmten Impfstoffs und kümmert sich nicht besonders darum, wie dieser Impfstoff im Krieg oder unter den besonderen Umständen appliziert wird, die es erforderlich machen, dass alle erforderlichen Impfungen an zwei Tagen vor dem Abmarsch durchgeführt werden.«

Als andere mögliche Ursache für die Gesundheitsprobleme der Veteranen wird Nervengas genannt, das über die alliierten Truppen driftete, als sie ein Munitionslager in die Luft sprengten, in dem das Gas lagerte.

Ein weiterer Grund für die aufgetretenen Erkrankungen in der Truppe könnten die Organophosphatverbindungen eines Schädlingsbekämpfungsmittels sein, die verhindern sollten, dass die Soldaten von Insekten mit Krankheiten infiziert werden. Dabei führte das Verteidigungsministerium das Parlament in die Irre, denn zwei Jahre lang waren seine Angaben über die eingesetzte Menge viel zu niedrig.

Auch die amerikanische Regierung kann die Exposition ihrer Militärangehörigen gegenüber Gesundheitsrisiken nicht quantifizieren, denn ihre Unterlagen sind ebenfalls unvollständig. Nach wiederholten Weigerungen, den Zugang zu höchst wichtigen Unterlagen über chemische Kriegsführung zu gestatten, die für den Gebrauch amerikanischer Führungskräfte bestimmt sind, gab das Pentagon schließlich zu, dass mehr als drei Viertel davon fehlen.

Szenario 4:
Kranke Golfkriegsveteranen ohne Golfkriegssyndrom

Im Januar 1999 ergab eine von den USA unterstützte Studie über britische Golfkriegsveteranen, dass diese mit höherer Wahrscheinlichkeit als Veteranen aus dem Bosnienkrieg Symptome eines Syndroms entwickelten, das inzwischen als »Golfkriegssyndrom« bezeichnet wird. »Unsere Studie liefert den ersten klaren Beweis, dass eine Teilnahme am Golfkrieg die Gesundheit unserer Soldaten beeinträchtigt hat«, meinte einer der Projektleiter, Professor Simon Wessely von der Medizinischen Hochschule des King's College in London.

Diese Untersuchung ergab auch, dass das Syndrom selbst nicht auf Golfkriegsveteranen beschränkt ist. Auch Veteranen des Bosnienkriegs berichteten über Kopfschmerzen, Erschöpfung, Brustschmerzen, Konzentrationsschwäche, Asthma, Arthritis und Hautprobleme, wenn auch seltener als Golfkriegsveteranen. Die Bosnienkämpfer klagten ebenfalls über chronische Erschöpfung und posttraumatischen Stress, wenn auch nur halb so oft wie die Golfkriegsveteranen. Der einzige Faktor, der bei den Golfkriegsveteranen – aber nicht bei den Bosnienveteranen – gesundheitliche Auswirkungen hatte, waren die zahlreichen Impfungen.

Die Studie spricht daher dafür, dass es so etwas wie das »Golfkriegssyndrom« nicht gibt. Das heißt jedoch keineswegs, dass die kranken Veteranen nicht unter einer genuinen Erkrankung leiden. »Es ist wahrscheinlich unmöglich, alle negativen gesundheitlichen Auswirkungen nach einem aktiven Kampfeinsatz zu verhindern, doch wir müssen bei der Vorbereitung, bei den Hilfsmaßnahmen und bei der anschließenden Überwachung unserer Leute Besseres leisten«, meinte der andere Leiter der Studie, Professor Anthony David vom King's College in London.

Kapitel 5

Waffenbrüder: Die Programme der USA, Großbritanniens und Kanadas

Die Entwicklung biologischer Waffen in Großbritannien, den USA und Kanada verlief bis weit nach dem Zweiten Weltkrieg in enger wechselseitiger Abstimmung. Als erste fassten die Briten solche Entwicklungen ins Auge. Sie wurden 1943 durch Berichte beunruhigt, wonach Deutschland eine eigene Forschung zu biologischen Waffen betrieb[1], und überlegten daraufhin, welche Möglichkeiten ihnen selbst zur Verfügung standen. Die treibende Kraft hinter der Initiative war Oberst Sir Maurice Hankey, Vorsitzender des Komitees für nationale Verteidigung (CID). Er erklärte am 12. Februar 1934 bei einer Konferenz der Stabchefs, er frage sich, »ob es nicht richtig wäre, die Möglichkeiten und Eventualitäten dieser Form des πKrieges zu erwägen«.[2] Hankey, ein humorloser Bürokrat, war durchaus bereit, die Erforschung verschiedener Formen der biologischen Kriegsführung zu fördern, obwohl er überzeugt war, »dass wir unter keinen Umständen diese Form der Gräuel in Gang setzen sollten« – wobei er jedoch hinzufügte: »Allerdings ist dic Möglichkeit der Vergeltung, das heißt auf Druck der Öffentlichkeit, nicht auszuschließen.«[3] Im November 1936 übernahm er den Vorsitz eines neuen CID-Unterausschusses, der die Aufgabe hatte, »über die Praktikabilität der Einführung biologischer Kriegsführung zu berichten und Empfehlungen hinsichtlich der Gegenmaßnahmen auszusprechen, die in einem solchen Eventualfall zu ergreifen wären.«[4]

Mittlerweile erwachte auch in Kanada das Interesse. Nach den Vermutungen von John Bryden, der in seinem Buch *Deadly Allies* die Entwicklung der kanadischen Chemie- und Biowaffenprogramme nachzeichnet, begann dort wahrscheinlich 1936 eine hektische Tätigkeit, weil das faschistische Italien in seinem Abessinienkrieg Senfgas gegen Zivilisten eingesetzt hatte. Es war zwar keine biologische, sondern eine rein chemische Kriegsführung, aber sie dürfte bei General Andrew McNaughton, dem Präsidenten des kanadischen Nationalen Forschungsrats, eine empfindliche Stelle getroffen haben: Er hatte bei der Schlacht von Ypern im Ersten Weltkrieg selbst den Einsatz von Giftgas miterlebt. Im September 1937 führte er ein Gespräch mit dem Nobelpreisträger Sir Frederick Banting, einem Mitentdecker des Insulins. Die beiden erörterten die Möglichkeiten der biologischen Kriegsführung. Banting war im Krieg Stabsarzt gewesen, und die Wirkungen von Gas waren ihm nicht unbekannt. Er wies darauf hin, dass die neu entwickelten Flugzeuge ganz neue Gelegenheiten schufen, Krankheitserreger über offenen Wasserreservoiren zu versprühen. Von nun an setzten sich die beiden in Kanada für ein landeseigenes Forschungsprogramm ein. Im November 1939 begaben sich Banting und ein Kollege verängstigt auf eine Atlantiküberquerung unter Kriegsbedingungen – sie wollten herausfinden, was in Großbritannien vor sich ging. In der Furcht, von U-Booten versenkt zu werden, versprach Banting dem Kollegen, der nicht schwimmen konnte, er werde ihn abschleppen, falls sie im Wasser landeten. Um sich gegen ihre Angst und die Elemente zu wappnen, führten sie tief greifende Gespräche.[5] Die beiden Männer kamen wohlbehalten an und reisten nach Porton Down.

Porton Down war das offizielle Zentrum der britischen Chemie- und Biowaffenforschung. Heute beschränkt sich die Tätigkeit der Behörde offiziell ausschließlich auf Forschung zum Zweck der Verteidigung. Die 1916 gegründete Einrichtung nimmt mehr als 28 Quadratkilometer am Südrand der Ebene von Salisbury ein und prahlt damit, dass auf ihren Kalkwiesen »mehr Schmetterlinge leben als irgendwo sonst im Vereinigten Königreich«.[6]

Als Banting in Großbritannien eintraf, hatte man es dort trotz aller aggressiv gefärbten offiziellen Erklärungen keineswegs eilig, was die von ihm vorgeschlagene Form der Biowaffenforschung anging. In den wichtigsten Bedenken der Briten spiegelte sich die bis zum Kriegsausbruch vorherrschende Vorstellung wider, dass Krankheiten am wahrscheinlichsten durch konventionelle Bombenangriffe und die damit verbundene Zerstörung der medizinischen Infrastruktur hervorgerufen werden.[7] Das dürfte der Grund gewesen sein, warum man es in Großbritannien nicht in Betracht gezogen hatte, der breiten Bevölkerung mehr als zwei Impfstoffe zur Verfügung zu stellen.

Aus dem Unterausschuss war mittlerweile der Emergency Public Health Laboratory Service (EPHLS) geworden; den Namen hatte Sir Edward Mellanby, ein Angehöriger des Gremiums, gezielt so ausgewählt, damit er »das öffentliche Bewusstsein nicht beunruhigt«. Die Kriegserklärung war zwar erfolgt, aber Mellanby, damals Vorsitzender des Medical Research Council (MRC), glaubte nicht daran, dass Deutschland biologische Waffen einsetzen würde, vielleicht mit Ausnahme der Maul- und Klauenseuche gegen Rinder. Banting gegenüber erklärte er, das MRC werde niemals Forschungen auf diesem Gebiet betreiben. Banting war über die sorglose Haltung der Briten erbost; nach Hause zurückgekehrt, beschrieb er Hankey in seinem Tagebuch als »ausgezeichnetes Beispiel für den schleimigen, wichtigtuerischen Amtsarsch, wie er für britische Behörden typisch ist.«[8]

Im Jahr 1940 beantragte Banting für die ersten offiziell staatlich finanzierten Biowaffenforschungen in Kanada 25 000 Dollar, die er auch bekam. Im Rahmen des Projektes, das an den Connaught Laboratories der Universität Toronto angesiedelt war, sollten Bakterien mit Sägemehl vermischt und von Flugzeugen versprüht werden. Es kam sogar zu Versuchen, bei denen unterschiedlich grob gekörntes Sägemehl aus einem Flugzeug über dem Balsam Lake nordöstlich von Toronto ausgebracht wurde – den See hatte man gewählt, weil der beteiligte Wissenschaftler dort ein Ferienhaus besaß. Banting war von dem Experiment begeistert, aber John Bryden fasste es mit den Worten zusammen: »Eigentlich hat es kaum mehr bewiesen, als dass die Schwerkraft wirkt.«[9]

Dennoch gab die Regierung in den folgenden Monaten grünes Licht für die Gründung einer Arbeitsgruppe, die Bakterien herstellen sollte, und Banting beriet mit einer ganzen Reihe kanadischer Wissenschaftler über die Frage, wie man am besten die Fähigkeit zur biologischen Kriegsführung erlangen konnte. Dr. Donald Fraser experimentierte an den Connaught Laboratories mit dem Erreger für Unterleibstyphus, beurteilte ihn aber als unbefriedigend: Man konnte ihn zwar auf Sägemehl trocknen lassen, aber bei erneuter Aktivierung verlor er seine krankheitserregende Wirkung. Bessere Aussichten erkannte Fraser in den Erregern, die Salmonellenvergiftungen hervorrufen, und Bryden bezeichnete seine Arbeiten als »den ersten Versuch aller Zeiten in den Englisch sprechenden Ländern, bakterielle Krankheitserreger gezielt für den Einsatz gegen Menschen zu züchten.«[10] Zu jener Zeit arbeitete man in Kanada energischer an Biowaffen als in Großbritannien.

Was die britischen Bemühungen anging, hatte Banting mehr bewirkt, als ihm selbst klar war. Hankey drängte 1940 darauf, dass Großbritannien mit der praktischen Erprobung biologischer Waffen begann. Die offizielle Chronik von Porton Down nennt »Kontakte mit Sir Frederick Banting aus Kanada« als einen der Gründe für den neuen Tatendrang der Briten.[11] Hätte Banting selbst jemals davon erfahren, wäre er höchst befriedigt gewesen. Im Februar 1941 wollte er wissen, welche Fortschritte die Briten machten, und ließ sich in einem Bomber nach England mitnehmen. Das Flugzeug stürzte über Neufundland ab, und er kam ums Leben.

Hankeys Anstrengungen führten dazu, dass im Oktober 1940 in Porton Down eine geheime Arbeitsgruppe gegründet wurde. Sie sollte herausfinden, ob biologische Kriegsführung praktikabel war und wie das Land zurückschlagen konnte. Mellanby war von der Entwicklung höchst beunruhigt und überließ die Arbeit anderen, insbesondere dem angesehenen Bakteriologen Dr. Paul Fildes, der ebenfalls dem Medical Research Council angehörte. Von nun an wurde die Entwicklung biologischer Waffen in Großbritannien energischer vorangetrieben. Dabei nahm man in großem Umfang Hilfe aus Kanada in Anspruch, insbesondere was Flächen für die Erprobung anging. Im Jahr 1941 stellte Kanada rund 2500 Quadratkilometer halbtrockenes Grasland in Alberta für Experimente mit Krankheitserregern zur Verfügung.

Das britische Programm

Das Fachwerkhaus des Old George Hotel in der High Street in Salisbury wurde vermutlich um 1320 erbaut. Im 17. Jahrhundert kamen die charakteristischen Erkerfenster hinzu, und 1941 war seine gehobene Stellung dadurch dokumentiert, dass es nicht nur vom Royal Automobile Club und der Automobile Association empfohlen wurde, sondern auch von der American Automobile Association. Es konnte sich rühmen, in den meisten Zimmern Zentralheizung und Gaskamine zu besitzen, und muss demnach für Paul Fildes, der dort während seiner Jahre in Porton Down logierte, eine komfortable Unterkunft gewesen sein. Fildes wird allgemein als eigentümlicher Mensch geschildert. Im Jahr 1940 war er ein unverbesserlicher Junggeselle von 58 Jahren mit einem Sinn für schrägen Humor, aber er war auch arrogant, entschlossen, selbstherrlich, »mit einer ruhigen, nachdenklichen Redeweise, die sich niemals änderte, weder wenn er sich ärgerte noch wenn er, was manchmal vorkam, von verheerender Unhöflichkeit war. Alle, die ihn kennen lernten, hegten für ihn eine dauerhafte, gelegentlich allerdings wehmütige Zuneigung ...«[12]. Außerdem war er felsenfest überzeugt, dass die Erforschung der biologischen Kriegsführung notwendig war. Ende 1940 hatte er den effizientesten Weg zu diesem Ziel gefunden: die Herstellung einer Art Bombe, die platzen konnte und dann ein Aerosol aus Teilchen von genau der richtigen Größe freisetzte, die von der Lunge aufgenommen wurden und sich in ihr festsetzten. Das Aerosol sollte Bakterien enthalten. Alle Menschen im Zielgebiet würden so viel davon einatmen, dass sie erkrankten.

Besonders interessierte sich Fildes für zwei Wirkstoffe: Milzbranderreger und das Botulinustoxin. Zusammen mit seiner kleinen Arbeitsgruppe – insgesamt waren es nie mehr als 45 Personen – brachte er Labortiere mit Sporen des Milzbranderregers in Kontakt, um auf diese Weise festzustellen, wie viele Sporen notwendig waren, damit sie starben. Außerdem probierte man in Freilandversuchen aus, welche Sporenkonzentration mit dem aus kleinen Bomben freigesetzten Aerosol zu erreichen war und wie weit die so entstehende Wolke vom Wind transportiert wurde. Das Gelände von Porton Down war so klein, dass man für solche Experimente keine Anthraxsporen verwenden konnte – damit hätte man das Leben der Bewohner in den umliegenden Dörfern aufs Spiel gesetzt. Stattdessen verwendeten die Wissenschaftler eine ungefährliche, Sporen bildende Bakterienart, die sie in Porton Down aus Heu isoliert hatten. Diese Arbeiten nahmen die Gruppe während des gesamten Jahres 1941 in Anspruch. Im Dezember baten sie Premierminister Winston Churchill um die Erlaubnis, die erste biologische Waffe der westlichen Welt herzustellen.

Operation Vegetarier

Lord Hankey, der den Antrag an Churchill verfasste, war zu dem Schluss gelangt, dass nur eine einzige Waffe technisch machbar war: ein Mittel, um Rinder zu töten. Es war eine grobschlächtige Angelegenheit, und sie sollte nicht dazu dienen, mit der biologischen Kriegsführung zu beginnen; sie hätte aber eine wirksame Vergeltung ermöglicht, falls Deutschland biologische Waffen gegen Großbritannien einsetzte. Von allgemeinem Misstrauen abgesehen, gab es kaum Gründe für die Annahme, dass dies geschehen würde.[13] Dennoch gaben die Stabschefs grünes Licht für das Projekt, und im Herbst 1942 begann in Porton Down die Produktion.

Die »Operation Vegetarier« hatte die Form von Trockenfutter-Pellets, die mit Milzbranderregern gefüllt waren. Man wollte sie über ländlichen Gebieten Deutschlands aus Flugzeugen abwerfen, so dass die Rinder starben und die Nahrungsmittelversorgung beeinträchtigt wurde. Das Futter wurde von einem Seifen- und Parfümfabrikanten an der Bond Street aus fein gemahlenem Leinsamen hergestellt. Die Pellets hatten in der Mitte einen Hohlraum, der dann in Porton Down mit den Anthraxsporen gefüllt und verschlossen wurde. Die offiziellen Berichte lassen darauf schließen, dass es sich um eine recht seltsame Episode handelte. Der Einsatz als Kriegswaffe erschien wenig plausibel. Nachdem die Produktion angelaufen war, »wurde sie im wesentlichen von einem einzigen Techniker betrieben ..., außerdem von 15 Damen aus einer Seifenfabrik in Bristol, die man in Porton Down während des Krieges für kleine, kurzfristige Produktionstätigkeiten angestellt hatte, einer Laborassistentin, sowie von zwei Arbeitern und einem Jungen für Hilfsarbeiten«.[14] Amtlichen Dokumenten zufolge, die 1999 freigegeben wurden, räumten die beteiligten Wissenschaftler allerdings ein, dass sie »mit dem Feuer spielten«, weil »in den Labors praktisch Kinder arbeiteten, ungelernte Mädchen aus der Fabrik und unqualifiziertes Personal als Laborassistenten.« Es war ein großes Projekt. Vor diesem Hintergrund ist nur schwer nachzuvollziehen, wie der britische Vertreter von der Generalversammlung der Vereinten Nationen 1969 behaupten konnte: »Wie mehrere britische Regierungen deutlich gemacht haben, hatten wir nie irgendwelche biologischen Waffen ...«[15] In Porton Down wurden fünf Millionen Pellets Rinderfutter produziert, und im April 1943 standen sie für den Einsatz zur Verfügung.

Sie wurden nie benutzt. Der Vorrat wurde kurz nach dem Krieg vernichtet, mit Ausnahme weniger Stücke, die man bis 1972 zur Erinnerung aufhob; dann wurden auch sie zerstört.

Welche Wirkung hätten sie gehabt, wenn sie über ländlichen Gebieten Deutschlands vom Himmel geregnet wären? Gradon Carter aus Porton Down schreibt: »Die Pellets zielten nicht auf die Menschen, die das Fleisch der infizierten Rinder aßen: Durch Kochen hätte man das verunreinigte Fleisch in der Regel sehr wirksam sterilisieren können. Es war eine Waffe gegen das Vieh ...«[16] Dennoch hätten auch Menschen betroffen sein können. Sie hätten mit den verunreinigten Tieren umgehen müssen, und dabei bestand die Gefahr, dass sie sich über Hautwunden Hautmilzbrand (der mit Antibiotika geheilt werden kann) zuzogen. Hätten sie das Fleisch eines sterbenden Tieres gegessen, ohne es zuvor gründlich zu kochen, wären sie vermutlich auch selbst an Darmmilzbrand gestorben. Darüber hinaus wären Rinder auch nicht die Einzigen gewesen, die den Erreger aufgenommen hätten: Auch Kaninchen, Igel und andere Tiere hätten vermutlich an den Pellets geknabbert, die Sporen freigesetzt und so für örtliche Verunreinigungen gesorgt, die jahrzehntelang erhalten geblieben wären.

Anthraxsporen sind verblüffend widerstandsfähig. Im Jahr 1998 erweckten Wissenschaftler in Porton Down Erreger aus Material wieder zum Leben, das man in Deutschland 80 Jahre lang zu Sabotagezwecken aufbewahrt hatte (siehe sechstes Kapitel). Wie wir noch genauer erfahren werden, wurde die schottische Insel Gruinard durch die von den Briten selbst durchgeführten Experimente so stark mit dem Milzbranderreger verunreinigt, dass man sie erst 47 Jahre später nach einer umfassenden Säuberungsaktion wieder für die Besiedlung freigeben konnte. Lokal begrenzte Kontaminationen wären also zu einem ernsten Problem geworden.

Die nationale militärische Forschungseinrichtung Schwedens hegt noch eine andere Sorge: Die örtlichen Tierbestände könnten den Erreger in sich tragen und immer wieder an die menschliche Bevölkerung weitergeben. Nach einem Angriff mit beliebigen Mikroorganismen, die sich von Tieren auf Menschen übertragen können, so heißt es in einem ihrer Berichte, »wäre der Erreger schwer zu bekämpfen ... weil nach dem Angriff über lange Zeit hinweg immer wieder sporadische Epidemien auftreten würden.«[17] Der Milzbranderreger ist ein solcher Mikroorganismus.

Wie so etwas in der Praxis aussieht, konnte man in Simbabwe erleben. In den Jahren 1978 bis 1980, während der letzten Phase des Krieges, der zur Gründung des Staates Simbabwe führte, gab es eine schwere Milzbrandepidemie, von der sowohl Menschen als auch Tiere betroffen waren. Sie wurde als biologische Kriegsführung bezeichnet, mit der weiße Rhodesier gegen die Rinderherden von Stammesangehörige vorgingen, die die Guerillas unterstützten (siehe Szenario 7).

Dazu meint David Martin, der Direktor des südafrikanischen Forschungs- und Dokumentationszentrum in Harare: »Von 1978 bis 1980 litt Simbabwe an einer Milzbrandepidemie, die sowohl Menschen als auch Tiere betraf. Von 1981 bis einschließlich 1985 wurde noch einmal über 4124 Krankheitsfälle bei Menschen gemeldet, im Vergleich zu 334 Fällen in den Berichten von 1950 bis einschließlich 1978. Das bedeutet, dass der Milzbrand in Simbabwe jetzt ständig gegenwärtig ist ... Die Sünden früherer Generationen verfolgen uns auch heute noch ... Anthrax und andere potenzielle biologische Waffen verschwinden nicht einfach, wenn der unmittelbare Krieg vorüber ist.«[18]

Warum ein britischer Vorstoß mit Biowaffen auf der Basis von Rinderfutter so ordentlich und sauber ablaufen sollte, wie die offiziellen Verlautbarungen uns glauben machen wollen, ist schwer zu erkennen. Es wurde nicht eingesetzt, weil Deutschland sich gegen Großbritannien keiner biologischen Waffen bediente. Was die Briten nicht wussten: Anscheinend gab es in Deutschland bis Mitte 1943 kaum Biowaffenforschung, und zu dieser Zeit hatte man das verseuchte Rinderfutter bereits eingelagert.

Die Genehmigung für die »Operation Vegetarier« wurde Ende 1941 beantragt. In den gleichen Monat fällt nicht nur der Kriegseintritt der Vereinigten Staaten, sondern auch eine umfassende Zusammenarbeit zwischen den USA und Kanada bei den Plänen zur biologischen Kriegsführung.

Das US-Programm

Über biologische Kriegsführung wurde in den USA bereits nachgedacht, bevor das Land offiziell in den Krieg eintrat. Schon im September 1940 hatte Dr. Vannevar Bush, der Präsident des Carnegie Institute, gegenüber Dr. Weed vom medizinischen Ausschuss des nationalen Verteidigungsrates die Ansicht geäußert, dieser Ausschuss sei der richtige Ort für die Erörterung »offensiver und defensiver Maßnahmen auf dem Gebiet der Krankheiten von Menschen, Tieren und Pflanzen.«[19]

Im Dezember 1941 fand im Lord Baltimore Hotel in Baltimore eine Besprechung statt, an der die kanadischen Bakteriologen E.G.D. Murray und Guilford Reed sowie US-amerikanische Wissenschaftler und Soldaten aus Heer und Marine teilnahmen. Dabei skizzierten die Wissenschaftler die Gebiete, auf denen sie gern weiterarbeiten würden. Es war eine lange Liste: Botulinustoxin, mit dem man vielleicht das Trinkwasser vergiften könnte; Malaria, Gelbfieber, Psittakose, Diphtherie, Tetanus, Salmonellen und Pest. Die Amerikaner hatten bereits die Möglichkeit ins Auge gefasst, Nutzpflanzen – Kartoffeln, Sojabohnen, Reis, Weizen – abzutöten, und man hatte (wie auch in Kanada) bereits Experimente mit giftigen Pflanzenhormonen in Gang gesetzt. Was die Tiere anging, so sprach die Gruppe über Maul- und Klauenseuche, Pleuropneumonie, Afrikanische Pferdepest, Rotz und Milzbrand. Am beunruhigendsten aber war die Rinderpest. Sie galt als echte Bedrohung für die nordamerikanischen Rinder. In infizierten Herden starben bis zu 80 Prozent der Tiere, und Gegenmaßnahmen gab es zu jener Zeit kaum. So räumte man der Forschung zu ihrer Bekämpfung oberste Priorität ein. Einen Monat später bot Murray den Amerikanern einen idealen Ort für Experimente mit der Rinderpest an: Grosse Ile, eine kleine Insel im Sankt-Lorenz-Strom.

Grosse Ile hatte im 19. Jahrhundert als Quarantänestation für Einwanderer gedient. Dabei handelte es sich vielfach um Iren, und 12000 von ihnen waren auf der Insel an Cholera gestorben. Als Kanadier und US-Amerikaner das Eiland im Juli 1942 gemeinsam besichtigten, fanden sie ein vollständig erhaltenes Schulhaus einschließlich der Schulbänke vor, und in der katholischen und protestantischen Kirche lagen noch die Gesangbücher in den Bankreihen. Auch andere Gebäude auf der nur etwas über drei Kilometer langen und eineinhalb Kilometer breiten Insel konnten ohne weiteres für die Zwecke der Wissenschaftler hergerichtet werden. Hier arbeiteten sie mit ihren Krankheitserregern. Der Impfstoff gegen Rinderpest war 1945 fertig, aber schon lange davor waren die Wissenschaftler nur noch Nebendarsteller im größten Gemeinschaftsprojekt der Alliierten: der Herstellung von Milzbrandbomben. Hier kam der wichtigste Antrieb aus Großbritannien.

Gruinard Island

Während Kanada und die Vereinigten Staaten näher zusammenrückten, war man in Großbritannien eifrig damit beschäftigt, Milzbrandbakterien für Rinderfutter und auch als bevorzugte Lösung für den Einsatz gegen Menschen zu produzieren. Man wollte sich jetzt nicht mehr mit den Attrappenversuchen in Porton Down zufrieden geben, sondern mit echten Bakterien experimentieren. Im Sommer 1942 war es so weit: Als Ort des Geschehens hatte man Gruinard Island ausgewählt, eine Insel in der Gruinard Bay vor der schottischen Westküste. Die Versuche zeigten, dass biologische Kriegsführung funktioniert, und die Insel war danach so stark verseucht, dass sie erst 1990 wieder als bewohnbar für Menschen und Tiere erklärt wurde (siehe Szenario 1).

Spätere Berichte über diese Ereignisse bezeichneten die Versuche von Gruinard Island entweder als gefährlichen Irrsinn oder aber als Musterbeispiel für nüchternes Effizienzdenken in der Regierung. Amtlichen Berichten aus jener Zeit zufolge, die 1999 freigegeben wurden, waren sich die beteiligten Wissenschaftler der Gefahren durchaus bewusst. Privat räumten sie ein, es gebe »unkontrollierbare« Risiken. Eines war in jedem Fall klar: Als Fildes und seine Mitarbeiter sich unter anderem deshalb für Anthrax entschieden, weil der Erreger seine krankheitserregende Wirkung so lange behält, hatten sie keine Ahnung, wie sie das Gelände nach den Versuchen reinigen sollten. Im Mai 1943 berichtete Fildes den kanadischen und US-amerikanischen Kollegen über die Versuche von Gruinard Island und ihre Ergebnisse. Churchill erkannte, dass Großbritannien nicht aus eigener Kraft eine Milzbrandbombe entwickeln konnte, und bestellte zehn Monate später bei den Amerikanern eine halbe Million Anthraxbomben »als erste Rate«. Bei diesen von Briten geplanten, von US-Amerikanern hergestellten und von Kanadiern getesteten so genannten »N-Bomben« sollte es sich um Streubomben handeln, deren Einzelgeschosse jeweils knapp zwei Kilo wogen und mit Anthraxsporen gefüllt waren. Die drei Länder steckten ihre Energie in eine Milzbrandwaffe, die gegen Menschen eingesetzt werden konnte.

Entwicklungen in den Vereinigten Staaten und Kanada

Kurz nachdem Grosse Ile für die Forschungen mit der Rinderpest zur Verfügung stand, konnte der kanadische Bakteriologe Professor Murray die dortigen Arbeitern ausweiten und auch Milzbrandbakterien für die Briten herstellen. Anthraxbomben testete man sogar noch vor Kriegsende in Suffield, dem riesigen kanadischen Testgelände in der Provinz Alberta. Auf Grosse Ile wurden tatsächlich Milzbrandbakterien hergestellt, allerdings nicht in einer Menge, die den Bedarf gedeckt hätte; im August 1944 wurde die Produktion in die Vereinigten Staaten verlagert.

Die USA richteten im April 1943 in Camp (später Fort) Detrick in Maryland ihr eigenes Biowaffenforschungszentrum ein. Im Mai des vorangegangenen Jahres hatte Präsident Roosevelt die Forschung nach den Richtlinien gestattet, die man im Dezember 1941 bei dem Treffen in Baltimore erörtert hatte. Das Ziel war die Entwicklung offensiver und defensiver Maßnahmen in den Bereichen Botulinustoxin, Lebensmittelversorgung und Krankheiten von Menschen, Tieren und Pflanzen.

Bei den ersten Arbeiten in Camp Detrick handelte es sich um ein Projekt mit Nebelkammern: Es sollte untersucht werden, wie Tiere sich durch das Einatmen von Krankheitserregern infizieren können. Der Mechanismus der Tröpfcheninfektion war zu jener Zeit noch nicht bekannt, und bei dem Vorhaben stellte sich heraus, dass Krankheiten sich tatsächlich auf diesem Weg ausbreiten können. Das wiederum führte zu der Frage nach der praktischen Durchführbarkeit: Man untersuchte Aerosole und ihre Verwendbarkeit in Munition.

Das amerikanische Biowaffenprogramm war das größte von allen. Bei Kriegsende waren daran fast 4000 militärische und zivile Beschäftigte beteiligt. Die Arbeiten fanden nicht nur in Camp Detrick statt, sondern auch in der Granite Peak Installation in Utah, wo man seit 1944 lebende Krankheitserreger im Freiland erprobte. Hergestellt wurden die Erreger in der Fabrik Vigo in Terre Haute im Bundesstaat Indiana. Im November 1944 verfügten die Vereinigten Staaten über Erreger für Brucellose, Psittakose, Tularämie (Hasenpest) und Rotz sowie über fünf Wirkstoffe, die gegen Nutzpflanzen einsetzbar waren – bei diesen handelte es sich aber eigentlich nicht um biologische Waffen, sondern um Chemikalien.[20] Zum größten Teil beschäftigten sich die Arbeiten aber mit Milzbrand und Botulismus. Im Mai 1944 konnte man im Rahmen des Programms monatlich 50000 Bomben herstellen – am Jahresende sogar eine viertel Million –, die mit Milzbrandbakterien zu füllen waren, sobald man die Erreger produziert hatte. Die Bomben wurden für den Bedarfsfall nach Großbritannien gebracht. Die eigentliche Waffe war aber auch bei Kriegsende noch nicht einsatzbereit.

Das war auch ganz gut so. In Großbritannien hatte man Notfallpläne ausgearbeitet, die als Gegenschlag den Einsatz von Milzbrandbomben in sechs deutschen Städten vorsahen: Berlin, Hamburg, Stuttgart, Frankfurt, Wilhelmshaven, Aachen. Schätzungen zufolge »würden 50 Prozent der Bewohner, die ohne Atemschutz mit der Anthraxwolke in Kontakt kommen, durch die Tröpfcheninfektion sterben, und viele weitere würden später durch die Verseuchung der Haut ums Leben kommen ... das Gelände wäre auf Jahre hinaus verseucht, und die Gefahr einer Infektion über die Haut sollte so groß sein, dass eine Evakuierung unumgänglich wird.«[21] Im Jahr 1981 erklärte Dr. R.G.H. Watson, der damalige Direktor des CDE Porton Down, in einem Fernsehinterview der BBC, wenn man diese deutschen Städte bombardiert hätte, wären sie wegen der Verseuchung wahrscheinlich noch heute unbewohnbar. Und er wusste, wovon er sprach, denn das CDE war dafür zuständig, die Verunreinigung auf Gruinard Island zu überwachen.[22]

Wie sich im weiteren Kriegsverlauf zeigte, wurde Großbritannien von Deutschland nicht mit biologischen Waffen angegriffen, und Großbritannien schlug nicht mit ihnen zurück. In der Tatsache, dass es zwischen diesen beiden Ländern keine biologische Kriegsführung gab, dürfte sich allerdings weniger ihre Abneigung gegen Biowaffen widerspiegeln als vielmehr der Stand entsprechender Vorbereitungen. Churchill war über die deutschen V-Bomben-Angriffe auf Großbritannien im Juni 1944 so empört, dass er im Gegenzug den Einsatz chemischer und biologischer Waffen in Betracht zog. Was den Einsatz von Giftgas gegen Deutschland betraf, stellte er seine moralische Position in einem Papier an seine Stabschefs eindeutig klar: »Es ist absurd, in dieser Frage über Ethik nachzudenken, wenn alle sie im letzten Krieg eingesetzt haben, ohne dass von Moralisten oder Kirchen ein einziges Wort der Beschwerde gekommen wäre. Andererseits galt die Bombardierung offener Städte im letzten Krieg als verboten. Heute tun es alle, und es gilt als Selbstverständlichkeit. Das ist einfach eine Frage der Mode, und die ändert sich wie die Rocklänge bei Frauen.«[23]

Im Juli 1944 beauftragten die Stabschefs ihren gemeinsamen Planungsstab mit der Prüfung von Methoden der Kriegsführung, von deren Einsatz gegen Deutschland sie zuvor Abstand genommen hatten; diese sollten entweder als die Gegenoffensive gegen die gesteuerten Bomben der Deutschen dienen oder aber als Mittel, um den Krieg abzukürzen. Der Planungsstab sollte »die Möglichkeiten des Einsatzes biologischer Waffen durch uns oder den Feind in Betracht ziehen. Dies sollte die Form einer grundsätzlichen und praktischen Untersuchung der relevanten militärischen Faktoren haben, ethische und politische Betrachtungen sollten aber keine Berücksichtigung finden.«[24] Darauf erwiderte der Planungsstab, Anthrax sei »der einzige biologische Wirkstoff der Alliierten, der vor Ende 1944 eine nennenswerte Veränderung der Kriegslage herbeiführen könnte ... Es bestehen anscheinend kaum Zweifel, dass der Einsatz biologischer Waffen in den betroffenen Gebieten zu schweren Verlusten, Panik und Chaos führen würde. Er könnte einen Zusammenbruch der Verwaltung zur Folge haben, der sich anschließend entscheidend auf den Ausgang des Krieges auswirkt.«[25] Im weiteren Verlauf wies der Planungsstab jedoch darauf hin, dass das Produktionsprogramm in den Vereinigten Staaten hinter dem Zeitplan her hinke, und es bestehe »nicht die Wahrscheinlichkeit, dass ein nachhaltiger Angriff sehr viel früher als Mitte 1945 möglich wird«. Zu diesem Zeitpunkt bestand dafür kein militärischer Bedarf mehr.

Solche Dokumente zu lesen ist ernüchternd. Churchill war in Angriffslaune, und ethische Erwägungen wurden ausdrücklich übergangen. Dennoch sprachen die Staatschefs sich gegen den Einsatz des Milzbranderregers aus – offensichtlich, weil er noch nicht zur Verfügung stand. Hätten sie sich anders entschieden, wenn er einsatzbereit gewesen wäre? In dieser Frage vertreten Robert Kupperman, leitender Berater des Washingtoner Zentrums für strategische und internationale Studien, und der Wissenschaftler David Smith aus Los Alamos (wo die Atombombe entwickelt wurde) eine eindeutige Ansicht: »Wäre der Zweite Weltkrieg nicht zu diesem Zeitpunkt zu Ende gewesen, hätte man zweifellos biologische Waffen eingesetzt.«[26] Solche Beurteilungen sind sicher durch das Verhalten der Alliierten in ähnlichen Situationen beeinflusst. Als sie ein Jahr später einen anderen Weg zur Abkürzung des Krieges erkannten, ließen sie sich durch ethische Erwägungen nicht davon abhalten, Atombomben auf Japan zu werfen.

Auf die »Gräuel« der biologischen Kriegsführung, vor denen Lord Hankey zurückschreckte, hatte man sich bis zum Kriegsende gründlich vorbereitet. Malcolm Dando, Professor für internationale Sicherheitspolitik an der Universität Bradford, fasst das britische Biowaffenprogramm so zusammen: »Es bestätigt, dass großes Interesse bestand, dass umfangreiche Mittel bereitgestellt wurden, dass biologische Kriegsführung als realistische Möglichkeit galt, dass Großbritannien sich gegenüber einem strategischen Angriff verwundbar fühlte, und dass am Ende biologische Offensivwaffen hergestellt wurden.«[27] Für Kanada und die Vereinigten Staaten gilt in allen Punkten das Gleiche. Alle drei Länder setzten die Arbeiten nach dem Krieg fort.

Nach dem Krieg

Nach dem Zweiten Weltkrieg entwickelten sich die Biowaffenprogramme Großbritanniens, Kanadas und der USA in unterschiedliche Richtungen. Großbritannien gab die Erforschung von Offensivwaffen 1957 auf; Kanada bestritt bis 1970 seine Aktivitäten aus Kriegszeiten; und die USA setzten ein großes Programm zur Entwicklung von Offensivwaffen in Gang, das 1969 eingestellt wurde.

Großbritannien

In den unmittelbaren Nachkriegsjahren weiteten sich die britischen Aktivitäten aus. Trotz allgemeiner Sparmaßnahmen wurde das Programm in Porton Down in einem neuen Gebäude untergebracht – »ein bemerkenswerter Hinweis darauf, welche Bedeutung der Biowaffenforschung zugeschrieben wurde«, so der Historiker Gradon Carter, der die Geschichte von Porton Down aufgezeichnet hat.[28] Zwischen 1948 und 1955 sammelten Porton Down und die Marine in einer Versuchsreihe neue Befunde über »die Faktoren, die das Überleben pathogener Mikroorganismen in Aerosolen unter realistischen Freilandbedingungen beeinflussen«.[29] Nach den Erfahrungen mit der Verseuchung von Gruinard Island führte man diese Versuche auf See durch – einige in schottischen Gewässern, andere vor den Bahamas. Krankheitserreger – darunter wahrscheinlich Anthrax, Brucellose und Tularämie – wurden aus Geschossen freigesetzt oder über Tieren in Schlauchbooten versprüht.[30] Nach Carters Angaben »besaß Großbritannien Ende der Fünfzigerjahre beträchtliche Kenntnisse darüber, wie sich potenziell in Biowaffen einsetzbare Erreger im Freiland verhalten«[31] – das heißt vermutlich, dass die Versuche erfolgreich waren. Offensichtlich gab es aber auch Rückschläge.

Nach Brydens Worten »gerieten die Briten mit diesen Experimenten in so große Schwierigkeiten, dass man einen Fachmann aus Suffield schicken musste, der ihnen wieder heraushalf«.[32] Andere Versuche wurden in Großbritannien mit simulierten Biowaffen durchgeführt: Man wollte wissen, wie verletzlich das Land gegenüber solchen Angriffen war (siehe Szenario 2).[33] Die Erkenntnis dabei: Wirksamer Schutz war nicht möglich.

Offiziellen Unterlagen zufolge konzentrierte sich die britische Politik auf die Verteidigung gegen Biowaffen. Aber das bedeutete, dass man mit Experimenten die erforderlichen Kenntnisse darüber gewinnen musste, welche Probleme eine wirksame Abwehr zu überwinden hatte.[34] Wie Carter berichtet, »gab es Ende der Fünfzigerjahre eine geheime politische Entscheidung, die Zielsetzung einer Offensivfähigkeit für Großbritannien völlig aufzugeben und sich ausschließlich auf die Erforschung defensiver Maßnahmen zu beschränken.«[35] Die Arbeit an defensiven Waffen ging seither weiter. Auf die heutigen Forschungen in Porton Down werden wir im sechsten Kapitel zurückkommen.

Kanada

Über die kanadische Biowaffenforschung in der Nachkriegszeit ist kaum etwas bekannt, aber im April 1972 unterzeichnete das Land die Biowaffenkonvention, die Entwicklung, Produktion, Lagerung und Erwerb solcher Waffen verbietet.

Professor Reed stellte 1946 eine Liste aller Biowaffenprojekte zusammen, die Kanada während des Krieges und danach verfolgte. Es waren insgesamt 36, von denen neun abgeschlossen waren und 20 noch liefen.[36] Ganz offensichtlich interessierte man sich in Kanada nach wie vor sehr für biologische Kriegsführung. Im gleichen Jahr fand in Suffield eine Konferenz unter kanadischer und US-amerikanischer Beteiligung statt, und dort rief Dr. Solandt, der gerade die Leitung des kanadischen Ausschusses für Verteidigungsforschung übernommen hatte, eine neue Ära der Zusammenarbeit zwischen den USA, Kanada und Großbritannien in Fragen der chemischen und biologischen Waffen aus. Im Jahr 1970 erklärte der kanadische Vertreter jedoch vor den Vereinten Nationen: »Kanada besaß nie biologische Waffen (oder Toxine) und besitzt sie auch heute nicht ...«[37] Das, so Bryden, dürfte kaum den Tatsachen entsprechen. Auf Grosse Ile wurden noch 1944 Milzbrandbakterien hergestellt, und es gibt keinen offiziellen Bericht, wonach man sie irgendwann vernichtet hätte. »Sie wurden zweifellos in Suffield gelagert«, sagt er, »und dort verfügte man auch über die Möglichkeit, Bomben damit zu bestücken.«[38] Außerdem hatte Kanada 1946 von den Vereinigten Staaten Lieferungen mit mehr als einer Tonne Botulinustoxin erhalten.

Die USA

»Die Arbeit auf diesem Gebiet, die aus den Notwendigkeiten des Krieges geboren wurde, kann auch in Friedenszeiten nicht fallengelassen werden ...« Diese Worte stammen von George Merck, während des Krieges Leiter des Biowaffenprogramms beim War Research Service; sie stehen in seinem Bericht an den Kriegsminister Henry Stimson aus dem Jahr 1946.[39] Mercks Ansicht setzte sich durch: Die USA haben – mit Höhen und Tiefen – die umfangreichsten und raffiniertesten Möglichkeiten zur biologischen Kriegsführung entwickelt, die, so weit bekannt ist, irgendein Land der Erde besitzt.

Von 1943 bis 1956 lautete das offizielle politische Credo, das Land werde nicht von sich aus mit biologischer Kriegsführung beginnen, sondern Biowaffen nur zur Vergeltung einsetzen. Die Vertreter dieser Haltung gerieten während der Fünfzigerjahre immer stärker unter Druck: Angesichts des Kalten Krieges und der Angst vor der Sowjetunion drängten mehrere Gutachten auf eine Ausweitung der Biowaffenprogramme.

Im Jahr 1956 gab man die Politik, B-Waffen nicht für einen Erstschlag zu verwenden, klammheimlich auf (allerdings räumte man diesen politischen Wandel erst 1977 öffentlich ein), und die Aktivitäten wurden gewaltig ausgebaut. Nach Angaben der Wissenschaftshistorikerin Susan White von der University of Michigan stiegen die Ausgaben für die Entwicklung chemischer und biologischer Waffen zwischen den Fünfzigerjahren und 1969 inflationsbereinigt um 2000 Prozent.[40] Mehr als 300 Universitäten, Forschungsinstitute und Unternehmen betrieben Forschung im Rahmen des Biowaffenprogramms.

Nach Berichten des altgedienten Enthüllungsjournalisten Seymour Hersh wurden nach 1955 auch Experimente an Menschen genehmigt: »Insbesondere die Adventisten vom Siebten Tage, die den Kriegsdienst aus Gewissensgründen verweigerten und in nichtkämpfenden Einheiten tätig waren, wurden über die Luft mit Tularämie-Erregern in Kontakt gebracht.«[41] Nach Hershs Schätzungen wurden in Fort Detrick Anfang der Sechzigerjahre bis zu 60000 Versuchstiere – Mäuse, Ratten, Meerschweinchen, Affen – *pro Monat* für Biowaffenversuche verbraucht.

Ende der Sechzigerjahre hatte die US-Armee drei tödliche Krankheitserreger (für Milzbrand, Tularämie und Botulismus) sowie vier andere Erreger verheerender Leiden (Brucellose, Balkangrippe, Venezuelische Pferdeenzephalomyelitis und Vergiftung durch Staphylokokken-Enterotoxin B) waffenfähig gemacht und eingelagert.[42] Mit vielen weiteren Krankheiten hatte man sich ebenfalls beschäftigt: so mit Rifttalfieber, Chicungunya, Gelbfieber, Tularämie, Psittakose, amerikanisches Zeckenfieber und Pest.[43] Auch pflanzliche Krankheitserreger hatte man keineswegs übersehen. Eingelagert – allerdings nicht waffenfähig gemacht – waren die Erreger von Reisbräune, Weizen-Schwarzrost und Roggen-Schwarzrost. Die Vorräte wurden zwischen 1971 und 1973 vernichtet.[44]

Tests an Zivilisten

Im Oktober 1950 kam Edwin Nevin, ein im Ruhestand lebender Installateur, zu einer einfachen Leistenbruchoperation in eine Klinik nach San Francisco. Am 1. November starb er an Lungenentzündung. In Blut- und Urinproben wurde eine Infektion mit Bakterien der Spezies *Serratia marcescens* nachgewiesen. Die Ärzte standen vor einem Rätsel: Zur gleichen Zeit hatte es noch zehn weitere, ganz ähnliche Krankheitsfälle gegeben, in früheren Zeiten dagegen war in dem Krankenhaus nie über *Serratia*-Erkrankungen berichtet worden. Die Epidemie war so seltsam, dass die Mediziner im folgenden Jahr in den *Archives of Internal Medicine* einen Artikel darüber veröffentlichten. Der Aufsatz blieb bis 1976 unbeachtet; dann aber kamen Einzelheiten über Tests ans Licht, die das Pentagon 26 Jahre zuvor durchgeführt hatte. Auch die Familie von Edwin Nevin erfuhr davon.

Vom 20. bis zum 26. September 1950 waren zwei Minenräumboote der US-Marine vor der Golden Gate Bridge in San Francisco auf und ab gefahren. Sie hatten Wolken von *Serratia marcescens* und *Bacillus globigii* freigesetzt – beide Mikroorganismen galten als ungefährlich; man wollte herausfinden, wie sie sich über der Stadt verteilten. Im Pentagon machte man sich Sorgen, sowjetische U-Boote könnten gefährliche Krankheitserreger verbreiten und wieder verschwinden, bevor die ersten Menschen erkrankten; deshalb wollte man wissen, ob ein solcher Angriff machbar wäre. Die Wissenschaftler verfolgten, wie die Wolke sich über die Stadt senkte, und gelangten zu dem Schluss, praktisch jeder Bewohner müsse rund 5000 Partikel eingeatmet haben.[45] Damit hatte das Pentagon die gewünschte Antwort.

Die Familie Nevin verklagte den Staat auf Schadenersatz. Sie argumentierte, Edwin Nevin sei durch die Biowaffentests ums Leben gekommen. Die Regierung stellte sich auf den Standpunkt, der Zeitpunkt der Versuche und die Epidemie in dem Krankenhaus seien ein zufälliges Zusammentreffen. Damit gewann sie den Prozess.

Allein in San Francisco fanden sechs derartige Versuche statt. Insgesamt unternahm das Pentagon zwischen 1949 und 1969 nicht weniger als 239 Freiluftversuche über bewohnten Gebieten, darunter San Francisco, Minneapolis, Key West, St. Louis und Panama City. Die Armee behauptete, die Bakterien seien ungefährlich und man wolle mit ihnen nur die Verbreitung der Krankheitserreger simulieren. Leonard Cole, der an der Rutgers University Wissenschaftspolitik lehrt, stellt diese Aussage in Frage. Zu der Zeit, als die Mikroorganismen versprüht wurden, war nach seinen Angaben allgemein bekannt, dass sie Krankheiten oder den Tod herbeiführen können.[46]

Die Armee blieb dabei, *Bacillus globigii* (BG, auch *Bacillus subtilis* genannt) sei harmlos; nie, weder vor noch nach den Versuchen, wurden Übersichtsuntersuchungen zum Gesundheitszustand der von den Tests betroffenen Bevölkerungsgruppen durchgeführt. Nach Coles Ansicht kann BG bei Personen, die aus anderen Gründen geschwächt sind – etwa bei älteren Menschen, Kleinkindern, Patienten mit beeinträchtigter Immunfunktion – durchaus Infektionen hervorrufen.[47] Er weist darauf hin, dass man sich 1958 bei der Armee gegen eine Fortsetzung der BG-Tests entschied, weil dabei Armeeangehörige mit so großen Keimzahlen in Kontakt kommen konnten, dass eine Gesundheitsgefährdung gegeben war. Damit wurde ausdrücklich eingeräumt, dass BG gefährlich sein kann. Die Versuche an Zivilisten gingen dennoch weiter – einer fand 1966 in der New Yorker U-Bahn statt. *Serratia* ist heute nicht mehr in Gebrauch; BG wird aber auf dem Versuchsgelände von Dungway, rund 110 Kilometer von Salt Lake City entfernt, weiterhin versprüht.

Im Jahr 1995 sprühte man den Erreger der Balkangrippe aus Flugzeugen auf das Dungway-Gelände. Zehn Erregerteilchen reichen aus, damit ein Mensch an Balkangrippe erkrankt, eine schwere Erkrankung mit Symptomen wie Schüttelfrost, Appetitlosigkeit, Lungenentzündung, Brust- und Gliederschmerzen, Fieber und Erbrechen. Unbehandelt verläuft sie bei vier Prozent der Betroffenen tödlich. Bei schneller Behandlung bestehen gute Genesungsaussichten, aber es kann auch zu Rückfällen kommen. In dem offiziellen Bericht über die Tests[48] (der 1994 aufgrund einer Anfrage nach dem Gesetz über die Informationsfreiheit herausgegeben wurde) heißt es: »An den Versuchsstationen wurden Meerschweinchen ausgesetzt. Die Ergebnisse zeigten, dass Menschen, die sich in dem

Gebiet aufgehalten hätten, zu 99 Prozent infiziert worden wären.« Wenn man auf dem Testgelände eine Konzentration erreichen konnte, die für eine solche Infektionsrate ausreicht, ist die Frage berechtigt, wie der Erreger daran gehindert werden kann, das eingezäunte Gelände zu verlassen.

Politikwechsel

In den USA floss die Energie aber nicht nur in die Biowaffenforschung. Mitte der Sechzigerjahre nahm in der Öffentlichkeit der Widerstand gegen die Verwendung chemischer Waffen im Vietnamkrieg zu. An den Protesten beteiligten sich auch Wissenschaftler: In einer Petition forderten sie von Präsident Johnson, den Einsatz zu beenden und die nationale Politik im Hinblick auf chemische und biologische Kriegsführung neu zu überdenken. Im Jahr 1969 verzichtete Präsident Nixon offiziell auf biologische Waffen – ob aus Staatsraison oder aus Gründen der nationalen Sicherheit, ist bis heute umstritten. Einige Jahre lang ging die Finanzierung der Erforschung solcher Waffen zurück.

Seit Mitte der Siebzigerjahre lebte sie wieder auf. Dies geschah im Zusammenhang mit den Verdächtigungen des Präsidenten Reagan gegenüber der Sowjetunion, den Vorwürfen unter dem Stichwort »Gelber Regen« (siehe Szenario 1, sechstes Kapitel) und der verstärkten Finanzierung, die sich die betreffende Lobby zu sichern wusste.

Anfang der Achtzigerjahre verschob sich das Schwergewicht erneut. Die moderne Biotechnologie macht es auch Staaten mit bescheidenen wissenschaftlichen Fähigkeiten einfach, eigene biologische Waffen herzustellen. Es besteht also die Gefahr der Weiterverbreitung, und das ist einer der schlimmsten Albträume der Supermächte: An ihre allgemeine Überzeugung, dass sie selbst das Recht haben, Massenvernichtungswaffen zu besitzen, reicht nur ihre Angst heran, auch andere könnten darüber verfügen. Deshalb kam es Ende der Achtzigerjahre auf diesem Gebiet zu verstärkten militärischen Forschungen und Entwicklungen. Derartige Arbeiten machen zwar auch heute nur einen kleinen Anteil des gesamten US-Verteidigungsetats aus, aber »die Finanzmittel für Forschungsarbeiten in den Bereichen Biologie und medizinische Abwehr im Rahmen der Verteidigungsprogramme gegen chemische und biologische Kriegsführung sind inflationsbereinigt von 1980 bis 1987 um rund 400 Prozent gewachsen.«[49]

Das amerikanische Programm war sehr umfangreich. Aber schon bevor es begann, hatte man in Japan biologische Waffen nicht nur entwickelt, sondern auch eingesetzt – mehr darüber werden wir im nächsten Kapitel erfahren.

Szenario 1: Gruinard Island

Gruinard Island ist ein felsiges, mit Heidekraut überwachsendes Inselchen vor der Westküste Schottlands, knapp zweieinhalb Kilometer lang und eineinhalb Kilometer breit. Es wurde beschlagnahmt, weil es ein abgelegener Ort war, an dem man gefahrlos untersuchen konnte, ob Milzbrandbomben tatsächlich tödlich wirken. Als Ziele dienten Schafe. Man band sie in unterschiedlicher Entfernung von Zwei-Kilo-Bomben an, die an galgenähnlichen Gestellen aufgehängt waren. Die Bomben enthielten einen Brei aus Anthraxsporen, die bei der Sprengung als Aerosolwolke freigesetzt wurden und über die Schafe hinwegtrieben. Probenentnahmegeräte in der Nähe der Tiere zeichneten auf, welche Dosis sie eingeatmet hatten. Anschließend brachte man die Schafe zur Beobachtung auf eine Weide, wo sie wenige Tage später an Lungenmilzbrand starben.

In den Versuchen stellte sich heraus, dass die Bomben für fast alle Schafe tödlich waren, wenn diese nicht mehr als 250 Meter von den Bomben entfernt waren – und dass auch die Dosis, die

400 Meter weit entfernt in Windrichtung aufgezeichnet wurde, vermutlich noch tödlich gewirkt hätte. Die toten Schafe warf man von einer Klippe, die man anschließend sprengte, um die Kadaver abzudecken.

Die erste Versuchsreihe endete mit einem Einsatz an einem Strand bei Penclawdd an der walisischen Küste, und die Bombe wurde von einem Flugzeug des Typs Blenheim IV abgeworfen. In einem streng geheimen amtlichen Dokument, das 1999 freigegeben wurde, heißt es: »Ein Sandstreifen in der Nähe einer Flussmündung und das gesamte im Windschatten des Kraters gelegene Gebiet waren wenige Stunden nach dem Versuch von der Flut überschwemmt. Damit war das gesamte Gebiet wirksam entseucht.« Im folgenden Jahr, 1943, fand auf Gruinard Island eine weitere Versuchsreihe statt; diesmal testete man Bomben, die man in Streugeschosse füllen konnte.

Wie man an den amtlichen Papieren erkennen kann, war den Wissenschaftlern durchaus klar, dass die Versuche »sowohl für das Personal als auch für das umgebende Land als gefährlich gelten müssen«. Bei den Todesopfern des Unternehmens handelte es sich, abgesehen von den Schafen auf Gruinard Island, um sieben Rinder, zwei Pferde, drei Katzen und bis zu 50 Schafe in einem nahe gelegenen Dorf – alle waren vermutlich durch einen Hund infiziert worden, der sich seinerseits an einem von der Insel ans Festland angeschwemmten Schafskadaver angesteckt hatte. Einer der Kanadier, die während des Krieges an der Biowaffenentwicklung beteiligt waren, vertrat nach einem Bericht von John Bryden die Ansicht, auf Gruinard Island seien auch mehrere Menschen ums Leben gekommen.[50]

Auf die Experimente folgte ein Versuch, die Insel von der Verseuchung mit Milzbrandbakterien zu befreien. Das Abbrennen des Heidekrauts blieb wirkungslos. Jährlich entnommene Proben von der Insel zeigten, dass die Anthraxbakterien auch 1968 noch im Boden vorhanden waren. Man ging davon aus, dass die ganze Insel dekontaminiert werden musste, und da niemand wusste, wie man das anfangen sollte, schob man das Problem beiseite.

Im Jahr 1979 hatte die Einrichtung für biologische Verteidigung in Porton Down, die damals als Chemical Defence Establishment (CDE) bezeichnet wurde, ein Verfahren entwickelt, mit dem man den Verseuchungsgrad des Bodens feststellen konnte. Das CDE übernahm die Zuständigkeit für Gruinard Island, und seine Fachleute fanden heraus, dass eine Entseuchung der gesamten Insel nicht notwendig war. Nur ein begrenzter Bereich rund um die eigentliche Versuchsstelle und die Beobachtungswiese mussten gereinigt werden – insgesamt eine Fläche von 4,1 Hektar.[51]

Nachdem man weniger Erfolg versprechende Chemikalien getestet hatte, gelangte man beim CDE zu dem Schluss, dass Formaldehyd sich für die Aufgabe am besten eignete. Man entschied sich für ein Verfahren, bei dem 46 Planquadrate nacheinander mit Bewässerungsröhren ausgestattet und besprüht wurden, wobei eine Serie von jeweils zehnminütigen Sprühstößen so gestaltet war, dass das Abspülen des Bodens und seine Erosion vermieden wurden. Die erste Behandlung nahm im Sommer 1986 drei Wochen in Anspruch, und danach nahm man erneut Proben aus dem Gebiet.

Bei der Analyse stellte sich heraus, dass neun der 284 Stellen, die vor der Reinigungsaktion bekanntermaßen mit Milzbrandbakterien verseucht waren, nach wie vor Erreger enthielten, und deshalb behandelte man diese nun noch einmal mit unverdünntem Formaldehyd. Im Oktober 1987, nachdem man 40 unfruchtbare weibliche Cheviot-Schafe zum Weiden auf die Insel gebracht und keine schädlichen Wirkungen beobachtet hatte, erklärte man auch die verbliebenen Stellen als gereinigt. Gruinard Island wurde 1990 wieder für den zivilen Gebrauch freigegeben – 47 Jahre nach den Tests.

Szenario 2: Biowaffen in der Londoner U-Bahn

Wie passend: Das Pub gegenüber der U-Bahn-Station Colliers Wood trägt einen militärischen Namen. »The Victory«, dessen Bar imposante Messingpfosten zieren, erinnert an Nelsons Flaggschiff bei der Seeschlacht von Trafalgar. Die Mitarbeiter des Londoner Nahverkehrsunternehmens London Transport (LT) hatten allerdings eine andere Art der Verteidigung im Sinn, als sie am 26. Juli 1963 dem Pub den Rücken kehrten und die U-Bahn-Station betraten. Ihre Aufgabe: Krankheitserreger aus einem Zug freizusetzen und zu untersuchen, wie sie sich in dem Tunnelsystem ausbreiteten.

Am unteren Ende der Rolltreppe wandten sich die LT-Arbeiter nach links. Sie betraten den Bahnsteig für die Züge in nördliche Richtung; er war grau und grün gefliest – einen trostloseren Anblick gab es im ganzen U-Bahn-Netz kaum. Kurz darauf hörte man das Rumpeln des nahenden Zuges, die Schienen glänzten im Scheinwerferlicht, und das graue vordere Ende des ersten Wagens tauchte aus dem Tunnel auf.

Die Fahrt zur nächsten Station, Tooting Broadway, dauerte knapp zwei Minuten. Während dieser Zeit ließen die beiden Männer eine kleine Blechdose auf die Schienen fallen. Ihr Inhalt: 30 Gramm Bakterien der Spezies *Bacillus globigii*. Die gleichen Erreger hatte man in des USA auch über Städten versprüht, um festzustellen, was bei einem biologischen Angriff geschehen würde. Die US-Armee beharrte gegenüber der Öffentlichkeit darauf, die Bakterien seien ungefährlich.

Nach Aussage von Brian Balmer, Dozent für Wissenschaftspolitik am Londoner University College, zeigten die während der folgenden zwölf Tage in den Tunneln gesammelten Proben, dass die Bakterien sich bis zu der 16 Kilometer nördlich gelegenen Station Camden Town ausgebreitet hatten.[52] Balmer zitiert aus dem offiziellen Bericht: »Bakteriensporen können in dem Tunnelsystem mehrere Meilen weit wandern«, und »Züge, die durch das Aerosol fahren, werden auch innen stark verseucht.«

Es war weder das erste noch das letzte derartige Experiment, das in Großbritannien durchgeführt wurde. Das Verteidigungsministerium bestätigte, dass in London und im Südwesten Englands mindestens bis 1977 weitere geheime Tests stattfanden. In einigen Versuchen wurden Bakterien auf Eisenbahnlinien, im Kabelschachtsystem der Londoner Post oder von einem Schiff vor der Lyme Bay in Dorset in die Luft versprüht. Andere Tests fanden in der Innenstadt von Southampton und in der Einrichtung für biologische Verteidigung in Porton Down statt. Ebenso gab es Experimente in den unterirdischen Gewölben von Regierungsgebäuden; auch dort zeigte sich, dass die Sporen weit wandern können.

Welchen Nutzen brachten solche Versuche für die Landesverteidigung? Vermutlich trugen sie eher dazu bei, sich über eine Bedrohung klar zu werden, als dass sie Abwehrmaßnahmen greifbar machten. Balmer berichtet, nur ein einziger Beamter habe einen Vorschlag gemacht, wie man nach einem Angriff in der U-Bahn der Ausbreitung von Keimen begegnen könnte: indem man die Hochwassertüren im Tunnelsystem schloss.

Ähnliche Experimente fanden auch in den Vereinigten Staaten an öffentlichen Plätzen statt. Im Jahr 1964 wollte die US-Army die Ausbreitung der Pocken simulieren und versprühte Bakterien der gleichen Art wie in London im Hauptwartebereich des Flughafens von Washington. Der Test zeigte, dass Passagiere die Infektion in mehr als 200 Städte getragen hätten.[53] 1966 ließ die Army eine mit Erregern gefüllte Glühbirne auf die Schienen der New Yorker U-Bahn fallen, und die Bakterien verteilten sich in dem gesamten Tunnelsystem. An dem damit erreichten Verseuchungsgrad konnte man ablesen, dass ein echter, auf ähnliche Weise ausgeführter Angriff zu 12000 Fällen von Milzbrand, 200000 Fällen von Tularämie oder 300000 Fällen von Balkangrippe geführt hätte.[54]

Szenario 3: Sabotage?

Setzte Deutschland während des Zweiten Weltkrieges biologische Waffen gegen Großbritannien ein? Das herauszufinden war damals die Aufgabe der Bacterial Sabotage Reference Library (BSRL). Die Bevölkerung wurde aufgefordert, jedes verdächtige Material einzusenden, das auf einen biologischen Angriff hinweisen könnte. Untersucht wurden alle derartigen Proben von P. Bruce White, einem Bakteriologen der BSRL. Die Bewohner trugen bereitwillig ihr Scherflein zu den Kriegsanstrengungen bei, so dass Mr. White viel zu tun hatte.

Eine Frau lieferte etwas ganz offensichtlich Verdächtiges ab: ein weißes Pulver, das eines Morgens auf rätselhafte Weise auf ihrem Fensterbrett gelandet war. Wie sich herausstellte, handelte es sich um Kapokfasern aus einer Matratze, die der Mieter über ihr an der frischen Luft ausgeschüttelt hatte. Jeder unbekannte Gegenstand, den kleinen Jungen über eine Hecke geworfen hatten, schien plötzlich von feindlichen Flugzeugen zu stammen – selbst auf dem Land, wo die Menschen »altvertraute Objekte der Naturgeschichte« plötzlich mit neuen Augen sahen. A. Landsborough Thomson, der offizielle Historiker des Medical Research Council (MRC), meint dazu: »Viele Vorfälle machen nur deutlich, wie leichtgläubig und unwissend die Menschen sind.«

Mr. White war ganz offensichtlich der Richtige für diese Aufgabe. Landsborough Thomson schreibt: »Niemand hätte sich besser für diese Tätigkeit geeignet; er war nicht nur hervorragend dafür qualifiziert, jeden schädlichen Bestandteil in den Proben zu entdecken, sondern die Detektivarbeit machte ihm auch Spaß, und er bemühte sich hartnäckig um eine vollständige Identifizierung des Objekts, selbst wenn er schon lange wusste, dass es bakteriologisch ungefährlich war. Dass sich die meisten Verdächtigungen sehr schnell nicht nur als unbegründet, sondern auch als höchst fantasievoll erwiesen, sprach seinen Sinn für das Absurde an; er hatte sogar einen ausgeprägten Sinn für einen derart trockenen Humor, dass man häufig im Zweifel war, ob er, was er sagte, ernst meinte ...«

Andere Befürchtungen betrafen spinnwebartige Fäden, die man 1940 an verschiedenen Orten in der Luft entdeckte. Bei der Analyse in Porton Down stellte sich heraus, dass sie natürlichen Ursprungs und ungefährlich waren. Tatsächlich hatte der Naturforscher Gilbert White, der in Selbourne in Hampshire lebte, schon im 18. Jahrhundert das gleiche Phänomen beobachtet und das luftige Geflecht in einem seiner Briefe beschrieben.

Szenario 4: Biologische Kriegsführung und der Knochenmann

Bei Kriegsausbruch war Sir Edward Mellanby Sekretär des Medical Research Council (MRC). Man hätte ihn mit Fug und Recht als Knochenbeschützer der Nation bezeichnen können, denn er hatte entdeckt, dass Rachitis durch Vitamin-D-Mangel verursacht wird. Während des Krieges war Butter rationiert; die Margarine, die als Ersatz diente, enthielt das kostbare Vitamin nur in geringen Mengen, wurde aber vor dem Hintergrund von Mellanbys Arbeiten damit angereichert. Ebenso entdeckte er, dass das Mehl, mit dem man während des Krieges das Brot backte, die Kalziumaufnahme im Organismus verminderte. (Das lag an der ungewöhnlich großen Menge von Phytinsäure in dem Mehl, für das nicht wie im Weißbrot vor dem Krieg 70 Prozent, sondern 85 Prozent der Körner verwertet wurden. Wegen dieses größeren Verwertungsanteils musste man weniger Weizen importieren, und die Schiffe konnten mehr Kriegsmaterial transportieren.) Das Gegenmittel war einfach: Dem Mehl wurde Kalzium zugesetzt. A. Landsborough Thomson, der offizielle Historiker des MRC, merkt dazu an: »Diese einfache Maßnahme der Gesundheitsvorsorge wurde von Bildungsbanausen tatsächlich mit ›Kalk in unser Brot schütten‹ kommentiert.«

Mellanby hatte die Stelle beim MRC unter den Bedingung angenommen, dass er seine eigenen Forschungsarbeiten fortsetzen konnte. Nach seiner Überzeugung sollte die medizinische Forschung dem Wohl der Bevölkerung dienen – mit der Entwicklung biologischer Waffen wollte er nichts zu tun haben. Am 17. Juni 1943 sprach er in einem Vortrag an der Universität Manchester von der »Prostitution und Erniedrigung der Wissenschaft, insbesondere zu Kriegszwecken«. Seine Ansichten waren allgemein bekannt; Landsborough Thomson stellt in seiner offiziellen Geschichte des MRC fest: »Es [das MRC] wollte sich nicht mit der Erforschung biologischer Waffen unter offensiven Aspekten befassen, obwohl solche Methoden ausschließlich zur Vergeltung eingesetzt werden sollten, und betrachtete es als selbstverständlich, dass nützliche Erkenntnisse für die Verteidigung gewonnen wurden.« Im weiteren Verlauf seines Vortrages in Manchester sagte Mellanby: »Wenn die Gesellschaft entsprechend eingerichtet ist und das öffentliche Bewusstsein es verlangt, können wissenschaftliche Kenntnisse zum Wohle aller genutzt werden. Was die Zukunft in dieser Hinsicht auch bringen mag, man kann behaupten, dass die medizinische Forschung und die an ihr Beteiligten selbst in Kriegszeiten mit sauberen Händen vor den Richter treten und dass ihre Arbeit nicht auf Verstümmelung und Auslöschung zielt, sondern der Menschheit bis heute nur unermesslichen Nutzen gebracht hat.« Ob er über die Versuche mit Milzbrandbomben informiert war, die man damals auf Gruinard Island bereits durchgeführt hatte, wissen wir nicht.[55]

Szenario 5: Starb Heydrich durch Biowaffen?

Am 27. Mai 1943 kurz nach 10.30 Uhr morgens trat der tschechische Widerstandskämpfer Jan Gabcik in einem Außenbezirk von Prag mitten auf die Straße und zielte auf den Wagen von Reinhard Heydrich, der um eine Kurve auf ihn zukam. Heydrich war Chef des

»Reichssicherheitshauptamtes« der Nazis und angeblich der Mann, den Hitler sich als seinen Nachfolger wünschte. Gabcik und sechs andere Tschechen waren in Großbritannien für das Attentat ausgebildet und ausgerüstet worden. Im entscheidenden Augenblick, als Gabcik mit seiner Maschinenpistole feuern wollte, hatte die Waffe eine Ladehemmung. Es blieb bei einer Verwundung: Heydrich schrie seinen Fahrer an, er solle weiterfahren, aber der Fahrer zögerte. Jan Kubis, einer der anderen Tschechen, warf eine Granate auf Heydrich, die ihn verwundete. Der Deutsche wurde sofort ins Krankenhaus gebracht, und in einer Operation entfernte man Schmutz und Splitter aus seiner Milz. Eigentlich rechneten alle damit, dass er genesen würde, aber plötzlich verschlechterte sich sein Zustand, und eine Woche später starb er.

Im Jahr 1971 wurde erstmals die Behauptung laut, die tödliche Granate sei mit dem Botulinustoxin gefüllt gewesen, einem der stärksten Gifte überhaupt.[56] Nach Berichten, die seit dieser Zeit die Runde machten, hatte Paul Fildes, damals der Leiter der Biowaffenforschung in Porton Down, gegenüber amerikanischen Mikrobiologen damit geprahlt, er habe bei Heydrichs Tod »seine Hand im Spiel gehabt«.[57] Wenn das Botulinustoxin die Ursache war, wäre es Heydrich mit den Granatsplittern verabreicht worden, die in seine Milz eindrangen.

Als offizielle Todesursache wurde in Nazi-Deutschland eine Blutvergiftung angegeben, hervorgerufen durch »Bakterien und möglicherweise auch Giftstoffe, die von den Granatsplittern [in lebenswichtige Organe] eingebracht wurden«.[58] Nach einem offiziellen Bericht von Heinz Pannwitz, Leiter der Gestapo-Abteilung IIg, die für Attentate, unerlaubten Waffenbesitz und Sabotage zuständig war, hafteten an den Splittern, die in Heydrichs Körper eindrangen, Stücke der Rosshaarpolsterung aus dem Autositz, und diese verursachten die Blutvergiftung, die zu seinem Tod führte.[59]

Angeregt durch solche Berichte, durchkämmte G. B. Carter, der Historiker von Porton Down, die Akten nach Anhaltspunkten für Fildes' Beteiligung. Wie er berichtet, befasste sich Fildes tatsächlich eine Zeit lang mit dem Botulinustoxin und »mit der Frage, wie wirksam kontaminierte Metallstücke tödliche Verletzungen hervorrufen können«. Aber diese Arbeiten fanden *nach* dem Attentat statt. Und was die Behauptung angeht, Fildes habe den Amerikanern von seiner Mitwirkung erzählt, gelangt Carter zu dem Schluss: »In Porton Down wurden keine Belege gefunden, die diese Aussage entweder stützen oder widerlegen ... Solange nicht weitere Anhaltspunkte ans Licht kommen, bleibt die Frage rätselhaft.«

Weniger rätselhaft war die Rache, die die Nazis für Heydrichs Tod übten. Da sie den Verdacht hatten, dass einer der Attentäter aus dem tschechischen Dorf Lidice stammte, ermordeten sie dort die gesamte Bevölkerung – 1300 Männer, Frauen und Kinder – und machten das Dorf mit Feuer und Bulldozern dem Erdboden gleich.

Szenario 6: Federn

Zu den bizarrsten biologischen Waffen, die jemals entwickelt wurden, gehört sicher eine US-amerikanische Streubombe, die mit Putenfedern gefüllt war. Man erfand sie, nachdem die US-Armee 1947 Bedarf für eine biologische Waffe angemeldet hatte, die man gegen Nutzpflanzen einsetzen konnte. Die Federn sollten bis zu 80 Prozent ihres Eigengewichts an Schwarzrostsporen tragen, die Weizen- und Roggenhalme befallen können. Bei günstigen Wetterbedingungen, so eine amerikanische Schätzung, konnte jede Streubombe ein Gebiet von 130 Quadratkilometern verseuchen und den Getreideertrag um rund ein Drittel senken. Im Jahr 1953 war das System einsatzbereit.

Ebenso ungewöhnlich war der Weg, auf dem die Streubomben ins Ziel gebracht werden sollten: mit ungelenkten, unbemannten Ballons. Sie sollten von der Ballonspezialeinheit der US-Luftwaffe an fünf Stellen gestartet werden und 4000 Waffen ins Ziel tragen – vermutlich auf die Weizenfelder in der Ukraine. Das Projekt hatte

Ende 1953 hohe Priorität und beanspruchte etwa ein Sechstel des Etats für die Entwicklung biologischer Munition.

Später machten die Federn als bevorzugtes Mittel zur Ausbringung von Sporen den Sprühtanks von Flugzeugen Platz. Ob eine der beiden Methoden jemals zum Einsatz kam, ist nicht bekannt.[60]

Szenario 7: Biologische Waffen in Rhodesien

In den Jahren 1979 und 1980 starben in Simbabwe (dem damaligen Rhodesien) insgesamt 182 Menschen an Milzbrand. Die Zahl der Erkrankten lag in dem gleichen Zeitraum bei 11000. Während der gesamten vorangegangenen 29 Jahre war in derselben Region nur von 334 Krankheitsfällen berichtet worden.

Eine vertrauliche Mitteilung aus dem inneren Kreis des rhodesischen Herrschaftsapparats besagt, die Epidemie sei absichtlich herbeigeführt worden. Das Regime tötete mit Anthraxbakterien die Rinder von Stammesangehörigen, die Guerillas beim Grenzübertritt unterstützten. In der Mitteilung heißt es: »Der Einsatz von Anthrax ... steht im Zusammenhang mit der Andeutung gegenüber den Stämmen, ihre Rinder würden an einer Krankheit leiden und sterben, die von den einsickernden Guerillas aus Mozambique nach Simbabwe eingeschleppt wird.«[61]

Die gleiche Quelle behauptet auch, rhodesische Sicherheitskräfte hätten Wasserstellen in der Nähe von Guerillalagern in Mosambik mit Choleraerregern verseucht. Allerdings, so heißt es weiter, »soll diese Taktik wegen der schnellen Verdünnung der Bakterien nur von begrenztem Nutzen gewesen sein.«

Von der Milzbrandepidemie waren sechs der acht Provinzen Simbabwes betroffen, auf den kommerziellen Farmen der Weißen trat die Krankheit jedoch kaum auf. Sie beschränkte sich fast ausschließlich auf die von Stämmen verwalteten Gebiete, die heute als »Communal Lands« (Genossenschaftsland) bezeichnet werden.

Verursacht durch diese biologische Kriegsführung, ist Milzbrand heute in Simbabwe heimisch. Von Anfang 1981 bis Ende 1985 wurde über 4124 Krankheitsfälle bei Menschen berichtet.

Szenario 8: Offshore-Versuche in Großbritannien

In den Sechzigerjahren, während des Kalten Krieges, hatte man im britischen Verteidigungsministerium Angst vor einem biologischen Angriff durch die Sowjetunion. Das Ministerium wollte wissen, wie weit Mikroorganismen in einem versprühten Aerosol wandern können, und deshalb ließ es von dem Schiff »Icewhale« vor der englischen Südküste kontrolliert die Bakterienfreisetzung simulieren. Dazu verwendete man zwei Bakterienarten: *Bacillus globigii* (BG) und *E. coli 162*. Aufgefangen wurden sie durch rund 130 Kilometer entfernte Überwachungsstationen in Bournemouth (Dorset) und Newton Abbott (Devon).

Nach Angaben des Verteidigungsministeriums waren beide Mikroorganismen ungefährlich. Später musste es einräumen, dass BG immungeschwächte Personen schädigen kann. Die US-Armee verwendete das Bakterium nicht mehr zur Simulation der Ausbreitung, weil man gesundheitliche Schäden des eigenen Personals befürchtete. *E. coli* wurde an Mäusen auf eine krankheitserregende Wirkung getestet. Heute weisen die Gegner jedoch darauf hin, dass die Mäuse sich in den Versuchen nicht vermehren konnten; demnach wusste man im Ministerium nicht, ob die Bakterien möglicherweise Geburtsschäden hervorrufen.

Im Einzugsbereich der Tests auf der »Icewhale« lag unter anderem das Dorf East Lulworth. Dort war es nach Angaben der Bewohner während der Versuche zu einer erhöhten Zahl von Fehlgeburten und angeborenen Fehlbildungen gekommen. Im August 1998 beauftragte das Verteidigungsministerium einen unabhängigen Mikrobiologen, ein Gutachten über die Versuche zu erstellen.

Kapitel 6

Deutschland, die Sowjetunion, Japan und Südafrika

Was hatten die deutschen Wissenschaftler vor, die im Oktober 1943 auf den pittoresken Feldern nahe der pfälzischen Stadt Speyer herumkletterten? Die Antwort: Sie suchten Kartoffelkäfer – 14000 schwarz-gelb gestreifte Schädlinge, die ein deutsches Flugzeug abgeworfen hatte. Es war wohl eine frustrierende Beschäftigung: Sie fanden nur 57.[1]

Die Suche gehörte zu einem Experiment, mit dem man den Abwurf der Käfer auf Kartoffelfelder im Osten Englands vorbereiten wollte. Der Kartoffelkäfer *Leptinotarsa decemlineata* vernichtet Kartoffelpflanzen, und nach deutschen Schätzungen ließ sich mit seiner Hilfe die Versorgung der Briten mit Nahrungsmittelkalorien um sechs Prozent vermindern. Aber dazu musste man wissen, wie man die Schädlinge aus der Luft wirksam verteilen kann. In späteren Versuchen über dem Rheinland verwendete man hölzerne Käfer, die bunt bemalt waren, so dass man sie leicht erkennen konnte. Aber auch hier wurden kaum mehr Exemplare wiedergefunden.

Die Episode mit den Kartoffelfeldern macht mehrere typische Aspekte der biologischen Kriegsführung deutlich. Zunächst einmal zeigt sie, dass man in Deutschland überhaupt daran interessiert war, biologische Waffen zu entwickeln. Die Bekämpfung des Kartoffelkäfers begann 1935, als die Schädlinge auf ganz natürlichem Wege aus Frankreich und Belgien nach Deutschland einzudringen drohten. Das militärische Interesse wurde erst 1940 geweckt, als die deutschen Besatzungstruppen in Frankreich ein Labor in Le Bouchet besichtigten. Dort fanden sie Hinweise, dass man in Frankreich an biologischen Waffen gearbeitet hatte, unter anderem an der Verbreitung von Pflanzenkrankheiten. Aufzeichnungen belegten, dass die Franzosen mindestens mit dem Gedanken gespielt hatten, Kartoffelkäfer über den Kartoffelfeldern des Feindes abzuwerfen. Noch beunruhigter war man in Deutschland, als Geheimagenten von den Versuchen des amerikanischen Chemical Warfare Service mit Kartoffelkäfern und Zecken im Edgewood Arsenal berichteten. Im April 1942 folgte der Bericht eines in England tätigen Agenten, wonach ein Flugzeug des Typs B-24 Liberator 15 000 Kartoffelkäfer aus den USA nach Großbritannien gebracht hatte. (Es hatte auch texanische Zecken an Bord, aber die galten in Deutschland nicht als Gefahr, und das Interesse an ihnen war gering.) Jetzt fürchtete man, Großbritannien könne die Käfer einsetzen, um in Deutschland die Lebensmittelversorgung zu gefährden, und hastig wurden alle verfügbaren Kenntnisse zum Zweck der Verteidigung zusammengetragen.

Geheimdienstinformationen, die nach heutiger Kenntnis falsch waren, spielten für die deutschen Verteidigungsanstrengungen eine entscheidende Rolle. Auch andere Biowaffenprogramme, so scheint es heute, gingen auf ungenaue Agentenberichte zurück.

Im Ersten Weltkrieg hatten deutsche Agenten Sabotageaktionen gegen Pferde und Rinder durchgeführt, die von Häfen in den USA zu den Alliierten transportiert werden sollten (siehe Szenario 4). Sie infizierten Pferde mit Rotz, einer Krankheit mit hoher Sterblichkeit, und das Rinderfutter versetzten sie mit Anthraxsporen. Vorschläge, in England Krankheitserreger gegen Menschen einzusetzen, wurden ebenfalls erwogen, dann aber verworfen.[2] Angeregt möglicherweise durch die deutschen Aktivitäten, hatte Frankreich ebenfalls mit biologischen Waffen Sabotage gegen Tiere betrieben. Frankreich und die Sowjetunion wussten über die Sabotageakte der Deutschen ebenso Bescheid wie über den »umfangreichen Einsatz chemischer Waffen durch Deutschland im Ersten Weltkrieg, und auch die deutsche Bakteriologie stand in dem Ruf, ein hohes Niveau zu haben.«[3] So gelangte man zu dem Schluss, deutsche Biowaffen könnten eine Bedrohung darstellen. Mitte der Zwanzigerjahre hatten beide Staaten eigene Forschungsprogramme.

Angesichts der Geheimdienstberichte über die französischen und sowjetischen Aktivitäten wurde auch in Deutschland ein Biowaffenprogramm erwogen, man nahm es jedoch nicht in Angriff. Dennoch berichteten Agenten auch dieses Mal von einem deutschen Programm, und 1934 veröffentlichte der englische Journalist Wickham Steed »angebliche Berichte über eine Reihe von Experimenten des Reichswehrministeriums, die 1932 auf dem Gebiet der biologischen Kriegsführung durchgeführt wurden.«[4] Seine Behauptungen waren stark übertrieben, aber die Informationen hatten zur Folge, dass Großbritannien 1940 ein eigenes Biowaffenprogramm auflegte. Was die Deutschen 1940 in Le Bouchet entdeckten, führte auch bei ihnen zu verstärkten Aktivitäten, allerdings nicht zu einem Offensivwaffenprogramm.

Dr. Benjamin Garrett vom Battelle Memorial Institute im US-amerikanischen Maryland spekuliert, die gesamte Kartoffelkäferepisode im Zweiten Weltkrieg könne ihre Ursache in einigen unschuldigen Käfern haben, die 1941 an der englischen Südküste gefunden wurden. Sie wurden zum Gegenstand einer »streng geheimen« Nachricht, die Lord Hankey am 6. Dezember des gleichen Jahres an Churchill übermittelte; darin vertraute er dem Premierminister sein Misstrauen gegenüber den Deutschen an, denn nach Hankeys Angaben gab es »in mindestens einem Fall ungewöhnliche Umstände, die den Verdacht nahe legen, dass der Vorfall keine natürlichen Ursachen hatte«.[5]

Nach Garretts Angaben bat Hankey am Ende seiner Nachricht um die Genehmigung, vorbereitende Maßnahmen zur Abwehr solcher biologischen Angriffe zu ergreifen. Sie wurde am 2. Januar 1942 erteilt. Drei Monate später traf die Flugzeugladung mit Käfern ein, die den Verdacht der Deutschen erregte. Wenn sie ein Teil der im Januar genehmigten »vorbereitenden Maßnahmen« war, gingen vielleicht auch die deutschen Bemühungen einschließlich der Experimente bei Speyer letztlich auf ein paar harmlose Käfer zurück, die in der Nähe der Küste herumkrochen.

Erhard Geissler und John Ellis van Courtland Moon haben eine umfangreiche Studie über die Geschichte der Biowaffenprogramme veröffentlicht, in der sie zu dem Schluss gelangen: »Die Biowaffenprogramme der Hauptkriegsbeteiligten bezogen ihren Antrieb vor allem aus den Informationen der jeweiligen Geheimdienste zu jener Zeit ... Erst heute wird klar, dass diese Informationen ungenau und unrichtig waren.«[6] So führten Vermutungen und Verdächtigungen zu Vorbereitungen für den Biokrieg.

Ein anderer Aspekt der Kartoffelkäfergeschichte macht deutlich, warum heute im Zusammenhang mit Biowaffenprogrammen so große Besorgnis herrscht: Es ist sehr schwierig, die Grenze zwischen defensiven und offensiven Maßnahmen zu ziehen.

Als deutsche Soldaten in Le Bouchet nach Unterlagen fahndeten, gab es in Deutschland kein biologisches Offensivwaffenprogramm. Hitler war darüber informiert, welche Vorbereitungen der Feind nach deutscher Kenntnis traf, verbot aber den Einsatz biologischer Waffen gegen England. Stattdessen ordnete er an, die Verteidigungsanstrengungen zu verstärken. Hitler hatte sich Anfang der Dreißigerjahre zwar angeblich für die Verwendung biologischer Waffen ausgesprochen, während der Zweiten Weltkrieges blieb er aber ein hartnäckiger Gegner jeder offensiven biologischen Kriegsführung. Über die Gründe geben Berichte aus jener Zeit keine Auskunft; eine Vermutung hat Professor Erhard Geissler, früher Leiter der Forschungsgruppe für Bioethik am Max-Delbrück-Zentrum für Molekulare Medizin in Berlin: Wahrscheinlich hatte Hitler Angst vor Vergeltung mit gleichen Mitteln.

Deshalb erhielten die deutschen Wissenschaftler, die sich mit Kartoffelkäfern befassten, 1940 den Befehl, keine Offensivwaffen zu entwickeln. Allerdings war man sich beim Oberkommando der Wehrmacht einig, dass man über Art und Weise eine Angriffs

Bescheid wissen musste, wenn man sich dagegen verteidigen wollte.[7]

Nach Geisslers Befunden nahm das defensive Programm sehr schnell offensiven Charakter an; die Wissenschaftler schätzten, man werde 20 bis 40 Millionen Käfer brauchen, um 400 000 Hektar englischer Kartoffelfelder zu zerstören. Im Juni 1943 züchtete man die Käfer in zwei Stationen in Westfrankreich, wo sie von Natur aus vorkamen. Im Oktober fanden erste Abwurfversuche statt (auf die Idee, dass Deutschland damit biologischen Krieg gegen sich selbst führen könnte, kam offenbar niemand), und es wurde vorausgesagt, man werde bis zum Sommer 1944 über so viele Käfer verfügen, dass man England damit angreifen konnte.[8]

Geissler meint dazu: »Die Geschichte der Kartoffelkäfer als Biowaffen macht deutlich, wie schwierig die Ziele von Forschungsarbeiten und auch Freilandversuchen zu beurteilen sind, wenn der Erreger für beide Seiten eine Bedrohung darstellt.«[9] Vor dem gleichen Problem stehen wir auch heute.

Obwohl in den Abwurfversuchen nur sehr wenige Käfer wiedergefunden wurden, ließen die Wissenschaftler sich nicht entmutigen. Die Ergebnisse deutete man unterschiedlich: entweder als Beweis, dass das Ausbringen in großem Maßstab sehr wirkungsvoll ist (d. h., es wurden nur so wenige Käfer wiedergefunden, weil die meisten die erwünschten großen Entfernungen überwunden hatten), oder umgekehrt, dass die Wirkung des Käfers recht gering bleibt.[10]

Im Juni 1944 erhielt das Oberkommando die Nachricht, die Käfer seien jederzeit einsatzbereit. Aber der Einsatz fand offenbar nie statt. Nach dem Krieg gab es allerdings in der damaligen DDR eine Kartoffelkäferepidemie. Die Regierung der DDR beschuldigte die USA, sie hätten die Käfer aus Flugzeugen über dem Land abgeworfen, aber Beweise für diese Behauptung gab es nie. Heutzutage kann man den Kartoffelkäfer mit Pestiziden wirksam bekämpfen; als Gefahr gilt er nicht mehr.

Die Arbeiten mit den Kartoffelkäfern waren Teil der deutschen Biowaffenforschung, die aber insgesamt während des Zweiten Weltkrieges nur einen sehr geringen Umfang hatte. Geissler zitiert eine Äußerung, wonach daran nicht mehr als 20 Personen beteiligt waren. Sie machten nicht nur die Versuche mit den Käfern, sondern untersuchten auch, ob sich das Maul- und Klauenseuchevirus einsetzen ließ und ob Senfgas den Milzbranderreger noch gefährlicher macht. Geissler schreibt: »Während des Zweiten Weltkrieges wurden biologische Erreger und Toxine von Deutschland weder als Offensivwaffen noch zur Vergeltung eingesetzt.«

Nach dem Krieg öffneten die deutschen Behörden ihre Archive, so dass Historiker die Entwicklung der deutschen Biowaffenforschung nachzeichnen konnten.[11] Die Sowjetunion hingegen öffnete ihre Archive bisher nicht. Aber auch über ihr umfangreiches Biowaffenprogramm kamen in jüngster Zeit Einzelheiten ans Licht.

Die Sowjetunion

Von den sowjetischen Aktivitäten erfuhren die Alliierten nach dem Zweiten Weltkrieg aus deutschen und japanischen Quellen. Nach Angaben eines japanischen Obersten namens Masuda, den die Alliierten verhörten, hatten die Japaner in der von ihnen besetzten Mandschurei fünf russische Spione festgenommen, die Glasampullen mit den Erregern von Ruhr, Cholera und Milzbrand bei sich hatten. Masuda behauptete, diese und andere Gefangene seien für Japan der Anlass gewesen, selbst ein Biowaffenprogramm ins Leben zu rufen.[12] Das war ein aussichtsreicher Täuschungsversuch: In Wirklichkeit hatte die japanische Tätigkeit auf dem Gebiet unabhängig von äußeren Ursachen begonnen.

Unter den nach Kriegsende beschlagnahmten Dokumenten der deutschen Wehrmacht waren auch Berichte russischer Gefangener und Deserteure, wonach die Sowjetunion schon seit den Dreißigerjahren an biologischen Waffen arbeitete. Es war von Freilandstationen unter anderem auf der Insel Wosroschdenija im Aralsee die Rede, in denen angeblich Versuche stattfanden. Ein Deserteur, der sich von Apen nannte, beschuldigte sowjetische Wissenschaftler sogar, sie hätten 1941 in der Mongolei mit Menschen experimentiert. Nach von Apens Angaben hatte man politische Häftlinge und japanische Gefangene in einem Zelt mit pestinfizierten Ratten eingesperrt, bis sie von den Flöhen der Nager gebissen wurden. Weiter berichtete von Apen, ein Gefangener sei entkommen und habe eine Pestepidemie ausgelöst, an der in der Mongolei 3000 bis 5000 Menschen starben.[13]

Sowjetische Vertreter drohten schon 1938, das Land werde auf jeden Angriff mit biologischen Waffen entsprechend reagieren: In diesem Sinne zitierte die *New York Times* am 23. Februar 1938 einen sowjetischen General. Im Jahr 1956 erklärte Marschall Sukow auf dem 20. Parteikongress, die Sowjetunion rechne für zukünftige Kriege mit dem Einsatz verschiedener Massenvernichtungswaffen, darunter auch biologische. Er betonte zwar nicht ausdrücklich, dass die Sowjetunion zu biologischer Kriegsführung in der Lage sei, aber unausgesprochen war damit gesagt, dass sie auf diesem Gebiet nicht untätig bleiben würde.

Die Russische Föderation ist dem Abkommen über biologische Waffen von 1972, das Entwicklung, Produktion und Lagerung solcher Waffen verbietet, beigetreten. Dennoch wurde die Sowjetunion bis Ende der Siebzigerjahre erneut und wiederholt beschuldigt, biologische Waffen zu entwickeln.

Die erste derartige Behauptung betraf eine Milzbrandepidemie, die im April 1979 in Swerdlowsk (dem heutigen Jekaterinburg) etwa 1400 Kilometer östlich von Moskau ausbrach. Nach Aussagen russischer Auswanderer in Frankfurt kamen durch einen Unfall, der mit Anthraxbakterien zu tun hatte, mehrere hundert Menschen ums Leben.[14] In Amerika wurde die Vermutung laut, der Erreger sei versehentlich aus einer militärischen Einrichtung freigesetzt worden. Die Sowjets dementierten und erklärten, mit Anthrax verseuchtes Fleisch sei die Ursache gewesen. Einer zweiten Anschuldigung zufolge sollen die Sowjets ihre in Südostasien kämpfenden Truppen mit Toxinen ausgestattet haben (siehe Szenario 1).

Worum es sich bei dem Unfall mit den Milzbrandbakterien wirklich handelte, war jahrelang umstritten; sowohl die sowjetische als auch die amerikanische Position wurde durch Aussagen von Personen gestützt, die sich zur fraglichen Zeit in dem Gebiet aufgehalten hatten, aber auch durch geheime Informationsquellen, offizielle Anschuldigungen und sogar einen Vortrag, den sowjetischen Ärzte, welche die Betroffenen behandelt hatten, vor der Nationalen Wissenschaftsakademie der Vereinigten Staaten hielten. Die Frage blieb bis 1992 unbeantwortet; erst dann räumte Präsident Jelzin ein, die Epidemie sei tatsächlich von einer militärischen Einrichtung ausgegangen: von dem Militärlager 19 in Swerdlowsk, wo man 1979 an einem Impfstoff gegen Milzbrand gearbeitet habe. Anfang 1998 untersuchte ein Team aus russischen und amerikanischen Wissenschaftlern Gewebeproben der Opfer, und die dabei identifizierten Anthraxstämme bestätigten, dass die Erreger nicht aus natürlichen Quellen stammten.

Die Epidemie, in deren Verlauf in Wirklichkeit 68 Menschen gestorben waren, erinnerte auf erschreckende Weise daran, wie tödlich biologische Waffen sein können. Anscheinend wurde nur ein winziger Bruchteil eines Gramms Sporen freigesetzt, aber schon diese geringe Menge reichte aus, um Menschen in einem großen Gebiet zu töten.

Anfang 1992 sagte Präsident Jelzin zu, die Erforschung biologischer Waffen in Russland einzustellen. In den folgenden Monaten legte das Land weitere Einzelheiten seines Biowaffenprogramms offen. Es wurde bestätigt, dass man entsprechende Erreger auf der Insel Wosroschdenija im Freiland getestet hatte und dass auch an verschiedenen anderen Stellen in Moskau, Leningrad und Nowosibirsk bakteriologische Forschungsarbeiten stattgefunden hatten.

Anatolij Kunzewitsch, der damals den Regierungsausschuss für biologische Waffen leitete, räumte ein, die Erforschung der biologischen Kriegsführung sei in der Sowjetunion auch nach der Ratifizierung des Abkommens über biologische Waffen weitergegangen: »Juristisch betrachtet, wurde das Abkommen in diesem Land verletzt«, sagte er. Die UdSSR hatte Entwicklung, Erprobung und Produktion biologischer Waffen einschließlich der Methoden ihrer Anwendung fortgesetzt.[15]

Genauer beschrieb die Zeitung *Iswestija* das Programm in einem Artikel im Juni 1993: »Die Herstellung wurde dem großen Industriekomplex ›Biopreparat‹ übertragen, der im ganzen Land Produktionsstätten besaß ... zu dem System gehörten 18 Forschungs- und Entwicklungsinstitute mit 25 000 Angestellten, sechs Fabriken und eine große Lagerhalle in Sibirien ... das Institut in Koltsovo bei Nowosibirsk arbeitete mit dem tödlichen Virus für epidemisches hämorrhagisches Fieber und der Venezuelische Pferdeenzephalomyelitis. Experimente zur Erprobung der Pest und des bösartigen Milzbrandes fanden in Obolensk statt. In Leningrad experimentierte man mit der Tularämie ...«[16]

Enthüllungen durch Deserteure

Wie groß das sowjetische Biowaffenprogramm wirklich war, enthüllten Deserteure, die zuvor an dem Vorhaben mitgearbeitet hatten. Der Mikrobiologe Wladimir Pasechnik, früherer Direktor des Instituts für hochreine biologische Präparate in Leningrad, kam 1989 nach Großbritannien. Er wurde vom britischen Geheimdienst verhört, und dabei stellte sich heraus, dass seine Arbeiten unter anderem das Ziel hatten, einen gegen Antibiotika resistenten Stamm des Pestbakteriums *Yersinia pestis* zu entwickeln. Die zutiefst beunruhigten Geheimdienste Großbritanniens und der Vereinigten Staaten informierten Premierministerin Thatcher und den amerikanischen Präsidenten Bush über Pasechniks Enthüllungen. Diese übten daraufhin Druck auf Präsident Gorbatschow aus, er solle britischen und amerikanischen Inspektoren Zutritt zu den Einrichtungen von Biopreparat gewähren.

Im Januar 1991 reisten die Inspektoren zu Fabriken in der Nähe von Nowosibirsk und Obolensk. Die Besuche waren ein Musterbeispiel für sowjetische Doppelzüngigkeit. Als Gastgeber fungierte Dr. Kanatjan Alibekow, erster stellvertretender Leiter von Biopreparat. Er räumte später ein: »Während der gesamten Vorbereitungsphase bestand das Hauptziel darin, alle Informationen zu verstecken, die auf Offensivwaffen hindeuten konnten, denn in allen diesen Fabriken wurde ausschließlich an Offensivwaffen gearbeitet.«

Einer der britischen Inspektoren war Dr. David Kelly, leitender Berater für biologische Verteidigung beim Verteidigungsministerium. Er berichtet, die Russen hätten höchst raffinierte Täuschung betrieben: »Sie hatten ein System eingerichtet, bei dem ein scheinbar ziviles, in einer zivilen Branche eingebettetes Programm unmittelbar zur sowjetischen Rüstung beitrug ... Es war ganz offensichtlich ein Täuschungsmanöver, das man genau überlegt und im Voraus geplant hatte. Aus der Not des Augenblicks geboren war sie jedenfalls nicht.« Und Dr. Christopher Davis, ein weiterer britischer Inspektor, der beim militärischen Geheimdienst für Biowaffen zuständig war, fügt hinzu: »Die Wahrheit herauszufinden glich dem Versuch, unter der Dusche nach einem Stück Seife zu greifen.«

Im Dezember 1991 folgte der Gegenbesuch russischer Inspektoren in amerikanischen Einrichtungen. Die russischen Wissenschaftler besichtigten das US Army Medical Research Institute of Infectious Diseases (USAMRIID) in Fort Detrick, das Armeeversuchsgelände Dugway in Utah und Pine Bluff in Arkansas, wo die Armee früher biologische Waffen gelagert hatte. Indizien für ein laufendes Programm fanden sie dabei nicht: In Pine Bluff legten verrostete Eisenbahnschienen und heruntergekommene Gebäude beredtes Zeugnis davon ab, dass man das offensive Biowaffenprogramm bereits Jahre zuvor aufgegeben hatte. Zu dem russischen Team gehörte unter anderem Dr. Alibekow. »Ich habe dort gesehen, dass es... in den Vereinigten Staaten kein offensives Waffenprogramm gibt«, sagt er. Es war geradezu ein Schock. Die russischen Wissenschaftler hatten nie daran geglaubt, dass die USA ihr militärisches Programm tatsächlich eingestellt hatten. Noch schlimmer aber war, was sie bei ihrer Heimkehr erwartete. Man sagte ihnen, es spiele keine Rolle, ob die Amerikaner ein offensives Programm betrieben oder nicht. Ihre Aufgabe, so erinnert sich Alibekow, sei es gewesen, »irgendwelche Indizien für die Existenz eines solchen Programms in den Vereinigten Staaten zu finden«.

Alibekow war darüber so entsetzt, dass er bei Biopreparat kündigte. Es gelang ihm, mit seiner Familie in die Vereinigten Staaten zu ziehen, wo er heute unter dem Namen Dr. Kenneth Alibek lebt. Wie er später berichtete, hatten unter seiner Leitung 32000 Wissenschaftler und andere Angestellte in den Einrichtungen von Biopreparat quer durch die gesamte Sowjetunion gearbeitet. Ein Jahr nachdem die Sowjetunion das Abkommen über biologische Waffen unterzeichnet und die Einstellung der Entwicklung offensiver Biowaffen zugesagt hatte, wurde Biopreparat 1973 gegründet, um sowohl Impfstoffe als auch biologische Waffen zu entwickeln und zu produzieren. Alibek selbst stellte einen besonders wirksamen Typ von Milzbranderregern her. Er bestätigt auch, dass sowjetische Wissenschaftler 1991 die Ausbringung von Pestbakterien erprobten, die man gentechnisch gegen Antibiotika immun gemacht hatte. Ziele für die Gefechtsköpfe, die für Milzbrand-, Pocken- und Pestladungen konstruiert waren, hatten die Sowjets bereits ausgemacht: London, Los Angeles, New York und Washington. Auch das Marburgvirus hatten sie in großen Mengen hergestellt; man hatte es aus Blut, Leber und Milz eines unglückseligen Kollegen gewonnen, der sich zufällig damit infiziert hatte und im April 1988 gestorben war. Den kleinen Vorrat an Pockenviren, den ihnen die Weltgesundheitsorganisation nach der weltweiten Ausrottung der Krankheit anvertraut hatte, hatten sie dazu benutzt, große Mengen des Erregers für biologische Waffen zu produzieren. Da die Pocken besiegt sind, besitzen die meisten Menschen keine Immunität mehr gegen die Krankheit. Alibek berichtet außerdem, man habe auch gentechnisch eine Kombination aus Pocken und Ebola hergestellt.

Wie Alibek ferner enthüllte, wurden in der Sowjetunion schon seit Ende der Vierzigerjahre biologische Waffen zum Einsatz gegen die Landwirtschaft hergestellt. Im September 1998 erklärte er auf einer Tagung in Washington, das Programm trage den Decknamen »Ökologie« und umfasse drei Waffenkategorien: gegen Nutzpflanzen, gegen Nutztiere sowie kombiniert gegen Menschen und Nutztiere. »Zu den gegen Pflanzen gerichteten Erregern gehörten Weizenrost, Reisbräune und Roggenbräune. Gegen Tiere richteten sich Afrikanische Schweinepest, Rinderpest und Maul- und Klauenseuche; bei den Erregern gegen Menschen und Tiere handelte es sich um Milzbrand und Psittakose«, sagte er.

Anders als die ausschließlich gegen Menschen gerichteten Waffen wurden aber die Produkte von »Ökologie« nie in größeren Mengen produziert oder gelagert. Stattdessen richtete man eine Reihe von Fabriken so ein, dass die Waffenproduktion bei Bedarf schnell gestartet werden konnte. Nach Alibeks Angaben wurden die Arbeiten 1990 eingestellt, weil es sich in den Augen der Militärplaner nicht um strategische Waffen handelte.

Wie Alibek ausdrücklich betont, bedeutet das aber nicht, dass Tiere in zukünftigen Konflikten keinen Schaden nehmen würden. Biologische Kampfstoffe, die sich gegen Menschen richten, infizieren auch Tiere. Milzbrand ist für Rinder, Schafe und Ziegen tödlich, und auch an Brucellose können Nutztiere sterben. Die Venezuelische Pferdeenzephalomyelitis führt bei Menschen zu bleibenden Schäden, Pferde indes sterben daran. Das Gleiche gilt für Rotz; diese Krankheit, so Alibek, wurde von der Sowjetunion in Afghanistan tatsächlich als biologische Waffe eingesetzt, damit die Mudschahedin erkrankten und ihre Pferde, auf die sie in den Bergen als Transportmittel angewiesen waren, starben.

Jelzin

Als Präsident Jelzin 1992 die Macht übernahm, räumte er ein, es gebe ein Programm zur Entwicklung offensiver biologischer Waffen, und dieses Programm werde von »Fanatikern« betrieben. Es war sein erklärtes Ziel, daraus eine zivile Branche zu machen. Dass die Jelzin-Regierung die weitere Entwicklung von Biowaffen verbot und russische Einrichtungen für Inspektoren aus Großbritannien und den Vereinigten Staaten öffnete, hatte nach Einschätzung von Anthony Rimmington vom Zentrum für Russland- und Osteuropastudien an der Universität Birmingham einen einfachen Grund: Die neuen Machthaber wollten »zeigen, dass sie das Völkerrecht respektierten, und dabei verfolgten sie das Ziel, die russische Föderation wieder in die Völkergemeinschaft zurückzuführen. Gleichzeitig spiegelt sich darin das allgemeine Reformprogramm der Regierung wieder, die im Rahmen des Übergangs zur Marktwirtschaft auch den Umfang der Militärproduktion stark reduzieren wollte.«[17]

Allerdings gibt es keine Garantie, dass die »Fanatiker« hinter dem Rücken der Regierung nicht immer noch ihr Geschäft betreiben. Nach Ansicht von Dr. Kenneth Alibek lügen die Russen auch heute noch.

In dem sowjetischen Biowaffenprogramm ging es nicht nur um Erreger, die sich gegen Menschen richten. Viel Arbeit floss auch in Waffen gegen die Landwirtschaft. Dies wird im siebten Kapitel genauer beschrieben.

Ursprünglich war das sowjetische Biowaffenprogramm wahrscheinlich durch die vermeintlichen deutschen Aktivitäten während des Ersten Weltkrieges beeinflusst. Bis zu einem gewissen Grad hing die Entwicklung in Frankreich, Deutschland, der Sowjetunion und Großbritannien sowie bei ihren Verbündeten zumindest anfangs davon ab, welche Vorstellungen man sich jeweils von den Arbeiten des anderen machte. Ein Land jedoch war von diesen wechselseitigen Einflüssen nicht betroffen, und die biologischen Kriegsverbrechen dieses Landes erreichten noch einmal eine ganz eigene Qualität: Japan.

Japan

»Im Januar 1945 … erlebte ich mit, wie in Experimenten ein Gasgangrän erzeugt wurde. Die Versuche fanden unter Leitung des Befehlshabers der zweiten Division, Oberst Ikari, und des Wissenschaftlers Futaki statt. Zehn Gefangene … wurden an Pfosten gefesselt, die fünf bis zehn Meter voneinander entfernt waren … Den Gefangenen wurden Helme aus Metall über den Kopf gestülpt, und die Körper wurden mit Tüchern bedeckt … nur die nackten Gesäßbacken blieben frei. Dann wurde etwa 100 Meter entfernt eine Splitterbombe elektrisch gezündet … Alle zehn Männer waren verwundet … und wurden wieder ins Gefängnis gebracht … Später fragte ich Ikari und den Wissenschaftler Futaki nach den Ergebnissen. Sie sagten mir, alle zehn Männer seien … am Gasgangrän gestorben.«[18]

So weit eine Zeugenaussage beim Kriegsverbrecherprozess von Chabarowsk im Jahr 1949. Zwölf japanische Soldaten wurden von den Russen wegen Kriegsverbrechen mit biologischen Waffen angeklagt. In dem Verfahren wurde ein Teil der Gräueltaten festgehalten, die sich während der japanischen Besetzung in der Mandschurei, dem nordöstlichen Teil Chinas, zwischen 1931 und 1945 ereignet hatten.

Soweit man weiß, ist Japan das einzige Land, in dem systematisch Menschenversuche mit biologischen Waffen durchgeführt wurden. Genau wie die Briten, die mit chemischen Waffen lieber in ihren früheren Kolonien als in der Heimat experimentierten[19], hielten auch die Japaner ihre Arbeit mit biologischen Waffen für so heikel, dass man sie nicht im eigenen Land durchführen wollte. Das

Programm war straff organisiert und verteilte sich auf 19 Einrichtungen. Eines der wichtigsten Zentren, das 1940 insgesamt 3000 Menschen beschäftigte, lag in Ping Fan, einem Vorort der Stadt Harbin. Britische Geheimdienstunterlagen berichten, wie das Programm nach dem Krieg in den Vereinigten Staaten eingeschätzt wurde: Danach habe Japan »eine Organisation für die biologische Kriegsführung entwickelt, die sich in ihrer Blütezeit von Harbin bis nach Niederländisch-Ostindien und von der Insel Hokkaido bis nach Celebes erstreckte.«[20]

Die treibende Kraft hinter dem japanischen Programm war Generalleutnant Ishii Shiro, ein kluger, arroganter und ehrgeiziger Mann, der bekanntermaßen dem Alkohol und den Frauen zugetan war. Ishii war Arzt und hatte an der medizinischen Hochschule der Armee in Tokio seinen Doktor in Mikrobiologie gemacht. Die Ironie des Schicksals: Sein Interesse für Biowaffen wurde durch das Genfer Protokoll von 1925 geweckt, das »bakteriologische Methoden der Kriegsführung« ausdrücklich verbot. Wenn diese Waffen es lohnten, dass man sie ächtete, so Ishiis Gedanke, konnten sie möglicherweise von großem Wert sein. Mit Hilfe seiner eifrig gepflegten Kontakte in Armee und Akademikerkreisen setzte er sich dafür ein, mit der Biowaffenforschung zu beginnen. Schließlich, 1932, erhielt er die Genehmigung für Arbeiten in Tokio, aber ihm war bewusst, dass er dort nicht mit Menschen experimentieren konnte. Deshalb reiste er noch im gleichen Jahr in die Mandschurei, wo er in Harbin ein Labor einrichtete und in einem abgelegenen Dorf namens Beiyinhe ein Lager für Menschenversuche baute. Als er es 1937 zu Gunsten der größeren, auf seinen Befehl hin errichteten Einrichtung in Ping Fan aufgab, hatten sich seine Methoden bereits durchgesetzt.[21]

Bei seinen Versuchsobjekten handelte es sich um Japan feindlich gesonnene Aktivisten, gewöhnliche Kriminelle und einige Unschuldige, die bei Polizeirazzien aufgegriffen worden waren. Ishii wollte sie mit verschiedenen Krankheitserregern infizieren und dann ihre

Reaktionen beobachten. In Beiyinhe konzentrierte er sich auf Milzbrand, Rotz und Pest. Sheldon Harris, emeritierter Geschichtsprofessor an der California State University, der mit seinem Buch *Factories of Death* die aktuellste und am umfassendsten recherchierte Untersuchung dieser Verbrechen vorgelegt hat, meint dazu: »Einer der ersten Versuche wurde an drei kommunistischen Guerillas vorgenommen. Zur Vorbereitung des Experiments ließ Ishii in einem natürlichen Pestgebiet entlang der mandschurisch-sowjetischen Grenze 40 Mäuse einfangen. Auf den Tieren fand man ein paar Flöhe, und Bakterien, die man aus diesen pestinfizierten Flöhen gewonnen hatte, wurden den Gefangenen gespritzt. Bald darauf lagen alle drei Opfer im Fieberdelirium. Am zwölften Tag wurde bei einem Guerilla eine Körpertemperatur von 40 Grad gemessen. Ein anderer hatte am 19. Tag des Martyriums 39 Grad Fieber. Über den dritten Patienten existieren keine Aufzeichnungen. An allen wurden aber Eingriffe vorgenommen, während die bewusstlos waren.«[22] Als man die Gefangenen für die Experimente nicht mehr brauchte oder sie für zu schwach hielt (manchmal nach mehrfacher Blutabnahme), wurden sie vergiftet oder erschossen und eingeäschert.

Noch einmal Harris: »Wenn Ishii oder seine Mitarbeiter am menschlichen Gehirn experimentieren wollten, befahlen sie den Wachsoldaten, ein geeignetes Versuchsobjekt zu beschaffen. Ein Gefangener wurde aus seiner Zelle geholt. Die Wachen hielten ihn fest, und ein weiterer Soldat zertrümmerte mit einer Axt den Schädel. Das Gehirn wurde entnommen und sofort ins Labor gebracht. Der Körper verschwand in der Pathologie und kam dann zu der üblichen Entsorgung im Krematorium.«[23]

Die Experimente wurden in Ping Fan und in anderen Stützpunkten fortgesetzt und ausgeweitet: Sie umfassten jetzt auch Botulismus, Brucellose, Meningokokkeninfektionen, Gehirnhautentzündung, Cholera, Unterleibstyphus, Paratyphus A und B, Flecktyphus, Pocken, Tularämie, Hepatitis, Gasgangrän, Tetanus, Ruhr, Scharlach, Wundbrand, Tuberkulose, Salmonelleninfektionen, Erfrierungen und Gelbfieber. Die kalten Winter boten zahlreiche Gelegenheiten, mit Erfrierungen zu experimentieren. Nishi Toshihide, der einige dieser Experimente beobachtete, schrieb nach dem Krieg: »Bei strengem Frost mit Temperaturen unter –20 Grad Celsius wurden die Leute aus dem Gefängnis der Sondereinheit ins Freie gebracht. Ihre Arme wurden entblößt und mit einer künstlichen Luftströmung zum Erfrieren gebracht. Dies wurde so lange fortgesetzt, bis die erfrorenen Arme auf Schläge mit einem kurzen Stock hin ein ähnliches Geräusch von sich gaben, als wenn man auf ein Brett schlug.«[24] Dann wurden sie wieder ins Haus gebracht, und man versuchte mit verschiedenen Methoden, die Erfrierungen rückgängig zu machen; auf diese Weise wollten die Japaner lernen, wie man Frostschäden am besten behandelt.

Die Menschenversuche waren nur ein Teil des Biowaffenprogramms. Natürlich wollte man in Japan auch herausfinden, wie Krankheiten sich am besten verbreiten lassen. Dazu wurden verschiedene Methoden erprobt, von Artilleriegranaten, die ihre Bakterienladung aber nicht in der gewünschten Weise verspritzten, bis zu Bomben, die über der Erde detonierten und pestinfizierte Flöhe ausspucken sollten; auch dies war aber ein Misserfolg: Die Flöhe waren durch die hohen Explosionstemperaturen gelähmt und konnten die unglückseligen Menschen, die man im Zielgebiet an Pfosten gebunden hatte, nicht mehr anstecken. Die Einrichtung in Ping Fan verfügte angeblich über die Kapazität, mehr als 500 Millionen Flöhe im Jahr zu produzieren.

Die Liste der Gräuel lässt sich beliebig verlängern. Harris gelangt zu dem Schluss, man werde die wahre Zahl der Opfer niemals erfahren. Es waren mit Sicherheit zehntausende, darunter die Gefangenen, die bei den Experimenten in Ping Fan ums Leben kamen (nach japanischem Eingeständnis allein 3000 von 1941 bis Kriegsende) und andere in Stützpunkten, die nicht unmittelbar Ishii unterstanden. Hierher gehören auch die vielen Gefangenen, die man tötete, um sie zum Schweigen zu bringen, bevor das Lagerpersonal

1945 während des russischen Vormarsches den Rückzug antrat. In Hailar fanden die Russen beispielsweise ein flaches Grab mit 10000 chinesischen und mongolischen Männern, Frauen und Kindern – viele der Leichen waren noch warm.

Harris erinnert daran, dass man zur Gesamtzahl der Opfer auch jene hinzuzählen muss, die rund um Ping Fan von 1946 bis 1948 bei Pestepidemien starben: 30000 Menschen allein während der Epidemie von 1947. Die Pest war in dem Gebiet zuvor noch nie ausgebrochen, und die chinesischen Ärzte waren überzeugt, dass sie von infizierten Tieren verbreitet wurde, die die Japaner 1945 bei ihrem Abzug freigelassen hatten: von Ratten, Mäusen, Kaninchen, Meerschweinchen, Rindern, Schafen, Ziegen, Maultieren, Eseln und sogar Kamelen, die man im Rahmen des Programms benutzt hatte.[25]

Es gab auch Behauptungen, in den japanischen Lagern sei mit alliierten Kriegsgefangenen experimentiert worden. Im Lager von Mukden waren Briten, Amerikaner, Australier und Neuseeländer interniert. Die britischen Journalisten Peter Williams und David Wallace behaupten in ihrem Buch *Unit 731*[26], die Japaner hätten feststellen wollen, wie Menschen unterschiedlicher Rassen auf Krankheitserreger reagieren. Nach Angaben von Williams und Wallace wurden die Gefangenen sehr genau beobachtet, weil die Japaner den Effekt der Mangelernährung festhalten wollten, und vermutlich mussten sie auch Flüssigkeiten mit Cholera- oder Ruhrerregern trinken.[27] Den Tagebüchern der Gefangenen von Mukden zufolge sagte man ihnen, es handele sich um Impfungen gegen Ruhr, Cholera, Typhus, Pocken und Tetanus; von Zeit zu Zeit wurden Rektalabstriche genommen und medizinische Untersuchungen durchgeführt. Die Ruhr war unter den Gefangenen weit verbreitet, und viele Amerikaner starben daran.

Handelte es sich hier um Menschenversuche? Williams und Wallace bejahen die Frage. Harris ist davon nicht überzeugt. Seine Zweifel begründet er vor allem mit der Tatsache, dass die Gefangenen, die in Mukden bei Kriegsende noch am Leben waren, nicht von den Japanern getötet wurden – im Gegensatz zu den Häftlingen der anderen Lager, in denen sie Biowaffen an Menschen erprobt hatten.[28]

Was in Mukden wirklich geschah, ist heute unter anderem deshalb so schwer festzustellen, weil es unmittelbar nach dem Krieg keine Nachforschungen gab. In den Vereinigten Staaten hatte man nämlich allen Grund, die Vorgänge nicht allzu genau zu untersuchen.

Tatsächlich schrieben die Amerikaner zu diesem widerwärtigen japanischen Kapitel eine skandalöse Fußnote. Bei Kriegsende entdeckten sie, dass die Japaner mit Menschen experimentiert hatten, aber sie sahen von einer Verfolgung Ishiis und seiner Mitarbeiter ab, weil sie über die Ergebnisse der Versuche informiert werden wollten. Zusammenfassend dargestellt wurde die amerikanische Haltung von dem Arzt Edwin V. Hill, der damals Leiter der Grundlagenforschung in Camp Detrick war, dem Zentrum der Biowaffenforschung in den Vereinigten Staaten. Er schrieb 1947, die von den japanischen Wissenschaftlern gesammelten Daten hätten »verschiedene Aspekte dieses Fachgebietes ergänzt und vorangebracht ... Es ergaben sich neue Erkenntnisse im Hinblick auf die Anfälligkeit von Menschen gegenüber diesen Krankheiten, was sich an unterschiedlichen infektiösen Dosen der Bakterien zeigt. Solche Informationen hätten wir in unseren eigenen Labors wegen der Skrupel im Zusammenhang mit Menschenversuchen nicht gewinnen können ... Es steht zu hoffen, dass den Personen [d.h. den von den Amerikanern befragten japanischen Wissenschaftlern], die solche Informationen freiwillig geliefert haben, Peinlichkeiten deswegen erspart bleiben...«[29] Die Japaner klärten die Amerikaner erst dann über die Experimente auf, als man ihnen Straffreiheit zugesichert hatte. Dazu mein Harris: »Niemand ... war bereit, gegenüber den Verantwortlichen [die der Amnestie für die Japaner zugestimmt hatten] die Frage von Ethik, Moral und traditionellen abendländischen oder jüdisch-christlichen Werten aufzuwerfen. Fragen der

Ethik und Moral, denen Wissenschaftler in Japan und den Vereinigten Staaten unterliegen, wurden in keinem einzigen der Gespräche erwähnt, die in Notizen und Gesprächsprotokollen festgehalten sind ... In der gesamten Dokumentation, welche die mehr als vier Jahrzehnte seit den beschriebenen Ereignissen überlebt hat, ist nie davon die Rede, jemand habe die Menschenversuche mit Biowaffen als Gräueltaten bezeichnet und eine Bestrafung der Schuldigen gefordert. Es wurde ausschließlich die Befürchtung laut, ihre Enthüllung könne für die Vereinigten Staaten peinliche Folgen haben, insbesondere wenn Informationen über den Kuhhandel an die Öffentlichkeit gelangten.«[30]

Die meisten japanischen Wissenschaftler, die mit Menschen experimentiert hatten, wurden dafür nie zur Rechenschaft gezogen. Für Harris ist kaum zu erklären, warum die Chinesen, die am meisten darunter gelitten hatten, sie nach dem Krieg nicht verfolgten; er stellt aber auch die Frage, ob nicht Amerikaner und Russen, die beide Genaueres über die japanischen Experimente erfahren wollten, möglicherweise ihre chinesischen Freunde (Kuomintang und Kommunisten) dazu bewegten, das Thema auf sich beruhen zu lassen. Die Sowjets erhoben 1949 in Chabarowsk Anklage gegen zwölf Japaner wegen Verbrechen mit biologischen Waffen. Alle zwölf wurden schuldig gesprochen, kamen aber mit relativ milden Strafen davon.

Was mit den japanischen Wissenschaftlern nach dem Krieg geschah, fassten Wallace und Williams so zusammen: »Geschützt durch das Abkommen, das General MacArthur mit ihren Vorgesetzten geschlossen hatte, nahmen sie ihren Platz in der neu aufgebauten japanischen Gesellschaft wieder ein, und dort zählen sie bis heute zu den führenden, angesehensten Gestalten der japanischen Wissenschaftlergemeinde.«[31]

Südafrika

Nachdem in Südafrika 1994 die Apartheid zu Ende war, setzte Erzbischof Tutu die Wahrheits- und Versöhnungskommission ein, die Aussagen über Menschenrechtsverletzungen während der weißen Diktatur sammelte. In den Anhörungen kamen 1998 Einzelheiten über ein bis dahin unbekanntes Biowaffenprogramm ans Licht. Leiter des Projekts, das den Decknamen »Küste« trug, war Dr. Wouter Basson, Kardiologe und Leibarzt des früheren Präsidenten Pieter Willem Botha. Er trat vor der Kommission erst auf, nachdem die Regierung seinen Antrag abgelehnt hatte, ihn und seine Kollegen unter Ausschluss der Öffentlichkeit aussagen zu lassen.

Das Projekt »Küste« war bei den Spezialeinheiten der Armee angesiedelt, und seine Mitarbeiter waren fast ausnahmslos Ärzte. Man erforschte, wie man Menschen so töten konnte, dass es nach einer natürlichen Todesursache aussah. Der Kommission wurden verschiedene Mordwaffen vorgeführt, die man zu diesem Zweck konstruiert hatte: Injektionskanülen, die man in einem Regenschirm oder Spazierstock unterbringen konnte, um einem Opfer unbemerkt Gift zu injizieren; federbetriebene Geräte zum Abfeuern winziger Giftkugeln; Pralinen mit einer Füllung aus Zyanid, Choleraerregern oder Milzbrandsporen; sowie Briefumschläge und Zigaretten, die mit Cholera- und Milzbrandbakterien präpariert waren. Auch Whisky, der mit Paraquat (einem hochgiftigen Herbizid) oder Schlangengift versetzt war, sowie ein Deodorant mit Typhuserregern hatte man im Rahmen des Projekts hergestellt. Ein beteiligtes Labor, das Roodeplaat Research Laboratory bei Pretoria, hatte unter anderem 32 Flaschen mit Zyanid und Thalliumverbindungen sowie mit den Erregern von Milzbrand, Botulismus und Salmonellose hergestellt.

Das Apartheidregime hatte diese Erreger für zahlreiche Mordanschläge benutzt, von denen einige auch gelangen. Der Tierarzt Dr.

Schalk van Rensburg, der an dem Roodeplaat Research Laboratory Forschung betrieben hatte, bestätigte gegenüber der Kommission, Sicherheitskräfte hätten versucht, drei russische Berater des Afrikanischen Nationalkongresses zu ermorden, indem sie Milzbranderreger unter ihre Lebensmittel mischten. Einer der Betroffenen starb.

Einen der übelsten Aspekte des südafrikanischen Biowaffenprogramms schilderte Dr. Daan Goosen, Verwaltungsdirektor des Roodeplaat Research Laboratory. Seinem Bericht vor der Kommission zufolge hatte der südafrikanische Militärattaché in London 1983 oder 1984 ein anonymes Schreiben erhalten; darin wurde ihm die Entwicklung eines Bakterienstammes angeboten, »der die Möglichkeit eröffnet, ausschließlich Farbige krank zu machen und zu töten. Goosen sollte auf Bassons Befehl hin herausfinden, ob so etwas wissenschaftlich machbar sei. Goosen gelangte zu dem Schluss, es bestehe »definitiv die Möglichkeit«, und »es wurde beschlossen, es ist gut, wenn die Regierung über diese Waffe verfügt … als mögliches Druckmittel bei Verhandlungen – um zu wissen, wo die eigene Stärke liegt, und was man in einer Krisensituation tun kann«. Letztlich wurde das anonyme Angebot jedoch nicht aufgegriffen, weil die Südafrikaner fürchteten, es könne eine Falle sein.

Dennoch wurde Dr. Goosen nicht arbeitslos. Er sollte auf Bassons Anweisung einen Weg finden, um die Fruchtbarkeit farbiger Frauen zu vermindern, und Arbeiten zur Entwicklung eines entsprechenden Impfstoffes waren am Roodeplaat Laboratory sein Hauptprojekt. Goosen sagt heute, er habe Basson erklärt, dass man einen nur bei Farbigen wirkenden Impfstoff nicht entwickeln könne, aber Basson habe ihm dennoch die Anweisung gegeben, die Arbeiten fortzusetzen.

Das Chemiewaffenprogramm war erschreckend und bizarr zugleich. Van Rensburg erklärte in seiner Zeugenaussage, was er von Basson gehört hatte: Danach hatte man dem Farbigenführer Steve Biko, der in Polizeigewahrsam starb, das giftige Schwermetall Thallium verabreicht. Das wäre eine Erklärung für Bikos unvernünftig aggressives Verhalten, auf das die Polizei ebenfalls mit Gewalt reagierte, so dass er schließlich starb. Nach van Rensburgs Ansicht gab es auch Pläne, Nelson Mandela während seiner Zeit im Gefängnis mit Thallium zu vergiften. Und Dr. Frank Chikane, der frühere Generalsekretär des südafrikanischen Kirchenrates, sollte mit Phosphaten vergiftet werden, die man in seine Unterhosen streute, so dass sie in die Haut eindrangen und einen Herzanfall auslösten. Chikane wurde nur gerettet, weil er entgegen den Erwartungen der Sicherheitskräfte nicht nach Namibia reiste, sondern nach Amerika, wo er rechtzeitig medizinisch behandelt wurde.

Nach der Zeugenaussage von Johan Koekemoer, früher Professor für organische Chemie, hatte man in Südafrika auch die Droge Ecstasy und das Beruhigungsmittel Mandrax in »riesigen Mengen« für die Armee produziert. General Lothar Neethling, der frühere Leiter des forensischen Labors der Polizei, sagte aus, er habe Basson so viel LSD geliefert, dass man damit »50000 Männer auf einen Trip schicken konnte«, außerdem aber auch Mandrax und 250 Kilogramm Marihuana. Angeblich sollten die Drogen zur Unterdrückung von Aufständen verwendet werden – aber das geschah nie. Immer wieder wurde aber auch darüber gesprochen, dass man sie in die Elendsviertel einschleusen und damit die Gemeinschaften der Farbigen destabilisieren konnte.

Nachdem Südafrika über ein so gut organisiertes Chemie- und Biowaffenprogramm verfügte, erhebt sich die Frage, wie viel davon in anderen Ländern bekannt war und wie sie die Entwicklung möglicherweise unterstützten. Basson berichtete der Kommission, er habe Anfang der Achtzigerjahre »problemlos Zugang zu leitenden Regierungsbeamten und anderen relevanten Personen« in westlichen Ländern gehabt. Nach seinen Angaben teilten britische, US-amerikanische, deutsche, japanische und kanadische Fachleute ihm »unglaubliche Einzelheiten« über ihre Biowaffenprogramme mit, häufig als Gegenleistung für Informationen über chemische Waffen in den von der Sowjetunion unterstützten afrikanischen Ländern.

»Ich hatte Zugang zu Leuten in sehr hohen Positionen«, sagte er. Generalleutnant Niels Knobel, der frühere Generalstabsarzt der südafrikanischen Verteidigungskräfte, behauptete sogar, Südafrika habe geheime Handbücher aus Porton Down erhalten, die »entweder gestohlen oder uns geschenkt wurden«. Wenn westliche Beamte tatsächlich Informationen an Basson weitergaben, kann man sich nur schwer vorstellen, dass sie nicht wussten, wozu er sie verwenden würde. Oder waren sie – wie Mike Kennedy, leitender Direktor des südafrikanischen Geheimdienstes und zuständig für die Organisation von Gegenspionage – tatsächlich schockiert, als sie in den Jahren 1993/94 vom wahren Ausmaß des Programms erfuhren?

Nach den Indizien, die bereits vor Einrichtung der Wahrheitskommission ans Licht kamen, ließ die bevorstehende Demokratisierung in Südafrika 1994 bei Briten und Amerikanern die Alarmglocken läuten. Angeblich nahmen Beamte aus diesen Ländern mehrmals Kontakte mit dem wankenden Apartheidregime auf und fragten besorgt an, was mit den Chemie- und Biowaffen des Projekts »Küste« geschehen werde. Nach Angaben von Basson und Knobel war den westlichen Regierungen nicht daran gelegen, dass die ANC-Regierung bei ihrem Amtsantritt diese Waffen in die Hand bekam. Max du Preez, Redakteur einer wöchentlichen Sendung des südafrikanischen Fernsehens über die Wahrheitskommission, meint dazu: »Dass die rassistische weiße Minderheitsregierung über chemische Waffen verfügte, war in Ordnung, für die demokratisch gewählte schwarze Regierung galt das aber nicht ... Kann irgendjemand uns einen Vorwurf machen, wenn wir die Frage stellen, warum die Vereinigten Staaten Sanktionen gegen den Irak und Libyen verhängten und gegen diese Länder sogar in den Krieg zogen, weil sie angeblich über Bio- und Chemiewaffenprogramme verfügten, während sie andererseits kein Wort darüber verloren, als das Apartheidregime genau das Gleiche machte?«

Die in den beiden letzten Kapiteln beschriebenen Biowaffenprogramme waren in Ausmaß und Aggressionscharakter sehr unterschiedlich. Alle stützten sich aber auf die gleichen theoretischen und experimentellen wissenschaftlichen Befunde: Befunde, die immer weiterentwickelt werden und deshalb ebenfalls zu den wachsenden Ängsten vor biologischen Waffen beitragen.

Dieser Art der wissenschaftlichen Arbeit wenden wir uns im nächsten Kapitel zu.

Szenario 1: Gelber Regen

Zu den bizarrsten Episoden in den internationalen Beziehungen gehören sicher die amerikanischen Anschuldigungen, von der Sowjetunion unterstützte Streitkräfte würden in Südostasien toxikologische Waffen anwenden. Der Vorwurf wurde erstmals im September 1981 von dem damaligen Außenminister Alexander Haig erhoben, und genauer beschrieb ihn Richard Burt aus dem Außenministerium im November des gleichen Jahres. Angeblich versprühten Flugzeuge über Laos, Kambodscha und Afghanistan eine gelbe Substanz, die wie Regen auf die Menschen niederging. Die Betroffenen »erlebten zunächst heftiges Jucken, Erbrechen, Schwindelgefühle und Sehstörungen. Kurze Zeit später erbrachen sie zunächst Blut, das mit anderem Material durchsetzt war, und dann große Mengen hellroten Blutes. Innerhalb einer Stunde starben sie an Schock durch den massiven Blutverlust aus dem Magen.«[32]

Berichte über derartige Angriffe kamen vor allem vom Stamm der Hmong aus Laos, die in thailändischen Flüchtlingslagern lebten. Von 1979 an schickte das US-Außenministerium Vertreter, die diese Menschen befragen und Materialproben sammeln sollten – gelbe, wenige Millimeter große Flecken auf Blättern und Baumrinde. Eine der ersten Proben wurde an der University of Minnesota analysiert, und dabei fand man ein Toxin, das für die beschriebenen Symptome verantwortlich sein konnte. Es handelte sich um ein Mykotoxin – das heißt um das Produkt eines Pilzes –, das bisher nicht als biologischer Kampfstoff bekannt war; aber das Zusammentreffen wirkt überzeugend.

Im September 1981 gab Alexander Haig in Berlin bekannt, die USA verfügten über »handfeste Beweise« für Kriegsführung mit Giftstoffen; man habe diese »analysiert und dabei drei wirksame Mykotoxine in anormal hoher Konzentration gefunden – giftige Substanzen, die in der Region normalerweise nicht vorkommen und sowohl für Menschen als auch für Tiere stark toxisch sind«.[33]

Im weiteren Verlauf stellte sich die Sache allerdings weniger einfach dar. Nun hieß es, nur wenige Proben enthielten die Giftstoffe, und selbst in ihnen machten die Toxine nur einen winzigen Anteil der Gesamtmenge aus. In den USA versuchten zwar verschiedene staatliche Labors festzustellen, woraus der Rest der Proben bestand, aber erst 1982 fanden Wissenschaftler im englischen Porton Down die Antwort. Es war Pollen. Der Befund wurde schnell von Labors in der ganzen Welt bestätigt.

Die US-Regierung erkannte die Beweise an, argumentierte aber, die Sowjets hätten dem Toxin absichtlich Pollen zugesetzt, um die Waffe wirksamer zu gestalten. Sharon Watson vom medizinischen Geheimdienst der US-Army in Fort Detrick äußerte die Ansicht, man habe Pollen und Toxin mit einem Lösungsmittel vermischt, das für eine wirksamere Aufnahme des Giftstoffes durch die Haut sorgte. Sie bezeichnete es als »sehr kluge Mischung«.

Eine andere Erklärung für die Gegenwart des Pollens lieferte Thomas Seeley von der Yale University, ein Fachmann für Honigbienen. Nach seiner Vermutung handelte es sich möglicherweise um die Exkremente wilder Honigbienen. Wie sich bei der Pollenuntersuchung herausstellte, enthielt das Material »leere Hüllen, wie sie bei der Verdauung der Honigbienen übrig bleiben ... Analysen an der Smithsonian Institution in Washington und anderen auf Pollen spezialisierten Labors in Frankreich, Großbritannien und den Vereinigten Staaten zeigten, dass es sich bei dem Pollen aus den Proben des gelben Regens um Pflanzen handelte, die in Südostasien zu Hause sind, und er bestand genau aus den Arten von Pollen, die von wilden Honigbienen in den Wäldern der Region gesammelt und gefressen werden.«[34] Wie war dann aber das Toxin in der ersten Probe zu erklären?

Als die Analysenmethoden immer weiter entwickelt wurden, fand man in fast keiner der neu hinzukommenden Proben noch das Toxin. Schließlich betrachteten unabhängige Wissenschaftler die ersten Befunde als unzuverlässig. Sehr wenige Proben enthielten tatsächlich Giftstoffe, aber wie kanadische und britische Wissenschaftler später berichteten, konnten diese entgegen den Behauptungen der US-Regierung tatsächlich von Pilzen in der natürlichen Umgebung produziert und auf Getreidepflanzen abgelagert worden sein.

Dennoch blieben Fragen offen. Wenn es sich um Pollen aus den Exkrementen von Bienen handelte, wie konnte er dann wie Regen in dichten Schauern vom Himmel fallen? Dieses Rätsel wurde 1984 gelöst, als amerikanische Wissenschaftler auf einer Reise nach Südostasien selbst in einen solchen Schauer aus Exkrementen gerieten: »Wir besuchten eine Region, die wegen ihrer Bienenbäume bekannt ist. In jedem Baum hängt dort eine ungewöhnlich große Zahl von Nestern. In dem Dorf Khua Moong, ungefähr 24 Kilometer südlich von Chiang Mai in Thailand, untersuchten wir die Umgebung zweier solcher Bäume ... Als wir den zweiten Baum von einer rund 150 Meter entfernten Lichtung aus mit dem Fernglas beobachteten, erkannten wir, wie mehrere Nester plötzlich eine hellere Farbe annahmen. Hunderttausende von Bienen verließen auf einmal ihren Nistplatz, und wenige Augenblicke später fielen die ersten Exkrementtropfen auf drei Angehörige unserer Reisegruppe und um sie herum. Jeder von uns bekam ungefähr ein Dutzend Flecken ab. Wir konnten weder sehen noch hören, wie die Bienen hoch über uns hinwegflogen ... Schauer und Flecken ähnelten stark jenen, die angeblich vom gelben Regen hervorgerufen wurden.«[35]

Aber immer noch waren einige Aussagen ungeklärt. Wie stand es mit den Indizien, die Angehörige der Hmong genannt hatten? Man hatte sie auf mehreren Expedition befragt, und es war alles andere als klar, ob sämtliche Informationen zuverlässig waren. Deshalb schickten das Verteidigungs- und das Außenministerium der USA 1983 ein gemeinsames Expertenteam, das die Aussagen genau unter die Lupe nehmen sollte. Die Fachleute waren fast zwei Jahre in Thailand tätig und stellten fest, dass man früher sowohl bei der Auswahl der Befragten als auch bei den Befragungen selbst schwere Fehler begangen hatte. Man hatte ausschließlich solche Personen befragt, die über Angriffe mit gelbem Regen berichteten. Dabei hatte man nicht zwischen Augenzeugenberichten und Hörensagen unterschieden. Viele Stammesangehörige erklärten in nochmaligen Gesprächen, sie hätten selbst nicht gesehen, worüber sie berichtet hatten. Die Einzelheiten, die von den Hmong ursprünglich genannt wurden – und die der US-Geheimdienst mit anderen Ereignissen in Zusammenhang gebracht hatte, um damit die Theorie von einem biologischen Angriff zu stützen – erwiesen sich aufgrund kultureller Unterschiede als falsch. Allmählich verstanden die westlichen Experten, dass die Hmong von Zeit einen ganz anderen Begriff haben als Amerikaner. Sie denken nicht in Tagen oder Stunden, sondern in Jahreszeiten; die genauen Datumsangaben, über die man zuvor berichtet hatte, waren also höchst zweifelhaft.

Auch die medizinischen Beweise, welche die Amerikaner 1981 in voller Überzeugung vorgelegt hatten, lösten sich nach und nach in Luft auf. Sie hatten sich ganz offensichtlich nicht auf ärztliche Untersuchungen gestützt, sondern ausschließlich auf Berichte aus zweiter Hand. Als die Experten einzelne Personen untersuchten, die eigenen Angaben zufolge mit dem gelben Regen in Kontakt gekommen waren, konnte man die Symptome auf eine ganze Reihe anderer Ursachen zurückführen: in einem Fall beispielsweise auf »Kriegstraumata, Rauchvergiftung, Hitzebelastung oder auf eine Kombination dieser Einflüsse«.[36]

Trotz all dieser Beweise räumte die US-Regierung niemals ein, dass sie sich geirrt hatte. Und bei jenen, die Mittel für die Biowaffenforschung zu verteilen hatten, fielen ihre Anschuldigungen auf fruchtbaren Boden. Während der Achtzigerjahre nahm in den Vereinigten Staaten der Etat für Biowaffenforschung – im Einklang mit allen militärischen Aktivitäten während der Amtszeit von Präsident Reagan – um das Vierfache zu.

Szenario 2: Biologische Waffen in Israel

»Ich habe einen seiner Kommandanten bei einem Vortrag in Jerusalem kennen gelernt. Ich habe ihn gefragt, ob mein Bruder tatsächlich versucht hat, Brunnen zu vergiften. ›Ja, solche Waffen hatten wir‹, sagte er, ›und so war es.‹«[37]

Rachel Katzman wollte wissen, ob ihr Bruder, ein unter dem Namen David Horeen bekannter israelischer Soldat, tatsächlich 1948 im Rahmen einer militärischen Mission die Brunnen der ägyptischen Armee in Gaza vergiften sollte. Er hatte sich mit seinem Kameraden David Mizrahi im Mai 1948 auf den Weg gemacht, aber die beiden wurden schnell gefasst und drei Monate später erhängt. Im Verhör hatte Horeen eingeräumt, er habe einen Behälter mit Typhus- und Ruhrbakterien bei sich gehabt, um diese in die Brunnen der Ägypter zu schütten.

Während diese Mission mit einem Fehlschlag endete, war eine ähnliche in der arabischen Stadt Acre erfolgreich. Die Urheber wurden am 17. Mai 1948 gefangen genommen, aber zu dieser Zeit wütete bereits eine Typhusepidemie. Nach Angaben des Militärhistorikers Uri Milstein hatten Soldaten die Wasserquellen der Stadt vergiftet – ebenso wie die vieler besetzter arabischer Dörfer. Die Armee wollte verhindern, dass die Einwohner zurückkehrten.[38]

In Israel ist man gegenüber Anschuldigungen, man habe biologische Waffen eingesetzt, besonders empfindlich. Offizielle Verlautbarungen zu dem Thema gibt es nicht. Die beschriebenen Angriffe gingen vermutlich aus der Arbeit von HEMED B hervor – die Abkürzung bezeichnet eine Armeeeinheit für biologische Forschung, die von 1948 bis 1952 existierte. Der Brigadegeneral Shlomo Gur, der die gesamte HEMED-Organisation leitete, war eigenen Angaben zufolge körperlich und emotional weit von der Arbeit der Biologen entfernt: »Ich hatte keine Zeit, mich mit der Logistik und Einrichtung wissenschaftlicher Einheiten zu befassen. Ich war ganz damit beschäftigt, in den Werkstätten die Waffen herzustellen ... die Biologen kamen ganz spontan zusammen ... Ich hatte instinktiv das Gefühl, dass wir uns in ihre Arbeit nicht einzumischen brauchten.«[39]

Nach Ansicht von US-Geheimdienstsquellen besitzt Israel die Fähigkeit, biologische Waffen zu produzieren, hat aber solche Waffen nicht gelagert. Die Arbeiten sollen in dem stark gesicherten biologischen Forschungsinstitut in Nes Ziona stattgefunden haben, rund 16 Kilometer südlich von Tel Aviv. In dieser Einrichtung war Professor Marcus Klingberg als stellvertretender Verwaltungsdirektor tätig, bevor man ihn 1983 wegen Spionage verhaftete.

Klingberg, ein polnischer Jude, dessen Familie in Treblinka umgekommen war, flüchtete in die Sowjetunion und machte 1941 an der Universität in Minsk sein Examen in Medizin.[40] Anschließend trat er in das medizinische Korps der sowjetischen Armee ein. Dort soll er das Rätsel von tausenden ziviler Todesfälle gelöst haben, die sich in der russischen Stadt Orenburg ereigneten, in einer Region, wo viel Weizen gelagert war. Wie sich herausstellte, handelte es sich bei dem tödlichen Erreger um einen Pilz, der sich in den Weizensilos vermehrte und ein sehr wirksames, bereits in winzigen Mengen tödliches Gift produzierte. Diesen Giftstoff sollten die Sowjets den Berichten zufolge später im »gelben Regen« verwendet haben.

Im Jahr 1949 zog Klingberg nach Israel. Vom medizinischen Militärdienst wechselte er an das biologische Institut. Seine berufliche Tätigkeit war mit zahlreichen Auslandsreisen verbunden, und während seine Kollegen 1983 annahmen, er sei zu einer wissenschaftlichen Tagung in Europa unterwegs, nahmen israelische Sicherheitskräfte ihn heimlich fest, klagten ihn an und verurteilten ihn wegen Spionage für die Sowjetunion zu einer Gefängnisstrafe. Offizielle Informationen über den Fall sind in Israel nicht zu bekommen. Manche Berichte beziffern die Haftstrafe auf 18, andere auf 20 Jahre.

Welche Informationen er weitergab oder wie er das sowjetische Biowaffenprogramm unterstützte, weiß niemand. Die Höhe der Haftstrafe und die Geheimnistuerei im Zusammenhang mit dem Fall lassen aber darauf schließen, dass er – nach den Maßstäben von 1983 – eine reichhaltige Quelle für Erkenntnisse über biologische Waffen gewesen sein muss.

Als Klingberg im September 1998 fast 80 Jahre alt und zudem todkrank war, ließen ihn die israelischen Behörden frei, damit er seine letzten Tage in aller Stille bei seinen Angehörigen verbringen konnte.[41]

Szenario 3: Deutsche Biowaffenforschung während des Ersten Weltkrieges

Im Januar 1917 wurde in Karasjok im Nordosten Norwegens der Baron Otto Karl von Rosen, ein Aristokrat schwedisch-finnisch-deutscher Abstammung, zusammen mit mehreren Kameraden festgenommen. Man verdächtigte ihn, Spionage und Sabotage betrieben zu haben – er hatte Konservendosen mit der Aufschrift »schwedisches Fleisch« bei sich, die in Wirklichkeit Dynamit enthielten –, und er wurde für kurze Zeit in Haft genommen, bevor man ihn nach Schweden auslieferte. Erst nachdem alles vorüber war, fand man in seinem Gepäck weiteres belastendes Material, darunter 19 Zuckerwürfel, von denen jeder ein winziges, mit Milzbranderregern gefülltes Glasröhrchen enthielt.

Norwegen war während des Ersten Weltkrieges neutral, ließ aber zu, dass britische Waffen durch seine menschenleeren nördlichen Gebiete mit Pferden und Rentieren zur russischen Armee transportiert wurden, die sie dann im Kampf gegen Deutschland einsetzte. Der Baron, der für die deutsche Seite arbeitete, sollte die Tiere mit den Zuckerwürfeln füttern und sie so mit einer vermutlich tödlichen Dosis der Milzbranderreger infizieren.

Die Episode in Norwegen war ein Teil umfassender deutscher Bemühungen, von neutralen Handelspartnern an den Feind gelieferte Tiere zum Ziel von Angriffen zu machen. Wie Mark Wheelis von der University of California berichtet, schickte man in mindestens fünf Länder – Rumänien, Spanien, Norwegen, die Vereinigten Staaten und Argentinien – deutsche Agenten mit »Kulturen von Mikroorganismen und Anweisungen, wie die Pferde, Maultiere, Rinder und Schafe, die an die Alliierten geliefert werden sollten, zu infizieren sind. Bei den Bakterien handelte sich um die Erreger von Milzbrand und Rotz.« Ungefähr bis Mitte 1916 griffen die Agenten Pferde und Maultiere an, die an der Ostküste der USA für die Alliierten verladen wurden. »Ein Trupp Hafenarbeiter, die von den Deutschen angeheuert waren, gingen an den Verschlägen entlang, wo die Tiere vor der Verladung zusammengetrieben wurden, und stachen sie mit Nadeln, die sie zuvor in die Kulturen mit den Erregern getaucht hatten«, schreibt Wheelis. Ebenso zielten die Deutschen auf Tiere, die aus Rumänien nach Russland gebracht werden sollten (wobei sie sich in diesem Fall bulgarischer Agenten bedienten). Weitere mit Milzbranderregern präparierte Zuckerwürfel sollten gegen spanische Pferde eingesetzt werden, die nach Frankreich verladen wurden, aber auch gegen Rinder, Pferde und Maultiere, die Argentinien an die Alliierten lieferte.

Wie viele Tiere auf diese Weise ums Leben kamen, ist nicht bekannt. Milzbrand ist nicht ansteckend, das heißt, die Tiere gaben die Krankheit untereinander nicht weiter. Dafür wurde aber deutlich, wie lange Milzbranderregern aktiv bleiben können. Der Kurator eines Polizeimuseums im norwegischen Trondheim entdeckte 1998 zwei Zuckerwürfel mit Ampullen, deren Inhalt schließlich in Porton Down analysiert wurde. Mit Spezialverfahren konnten die Wissenschaftler dort »einige wenige Erregerzellen kurz vor dem endgültigen Absterben wieder zum Leben erwecken, nachdem sie ohne besondere Vorsichtsmaßnahmen 80 Jahre gelagert hatten«.

Szenario 4: Wer hinter der südafrikanischen Biowaffenforschung steckt

Im Februar 1997 wurde Dr. Wouter Basson von einer Sondereinheit der Polizei lebend aus einem Teich in einem Park der Stadt Pretoria gezogen und verhaftet. Er war aus seinem Haus geflüchtet, das im Gefolge einer von der CIA angezettelten Kommandooperation überfallen worden war. Die Amerikaner wollten Basson »zurückhalten«, denn er hatte vor, Südafrika zu verlassen und seine geheimen Unterlagen über das Chemie- und Biowaffenprogramm mitzunehmen, das er in der Zeit der Apartheid geleitet hatte. Als die CIA von seinen Reiseplänen erfuhr, gab sie den Berichten zufolge den Behörden in Pretoria einen Tipp, dass er über große Mengen von Ecstasypillen verfügte. Die Behörden schlugen zu, und Basson flüchtete in den Teich.

Beim Haftprüfungstermin durfte Mike Kennedy, beim Nachrichtendienst leitender Direktor für die Organisation der Gegenspionage, seine Aussage unter Ausschluss der Öffentlichkeit machen, aber später ließ ein Richter zu, dass die Presse über seine Äußerungen berichtete. Kennedy hatte behauptet, ausländische Geheimdienste seien an Basson wegen seiner Kenntnisse über chemische und biologische Kriegsführung interessiert, und deshalb sei es gefährlich, ihn freizulassen. »Mehrere Geheimdienste haben sehr klar erkennen lassen, dass es für Dr. Basson nicht ungefährlich ist, eine Auslandsreise zu unternehmen«, erklärte Kennedy, und dann fügte er hinzu: »Es wäre seiner Gesundheit sehr abträglich.«

Der Direktor des Nachrichtendienstes erklärte dem Gericht, einige frühere Ostblockstaaten besäßen »die Fähigkeit, die Hälfte bis drei Viertel der Weltbevölkerung mit Krankheiten auszurotten«. Allen offiziellen Beteuerungen zum Trotz diente das südafrikanische Programm in den Achtzigerjahren nicht nur defensiven, sondern auch offensiven Zwecken. Nachdem Basson 1993 in den Ruhestand gegangen war und der von Nelson Mandela geführte Afrikanische Nationalkongress im Begriff war, die Macht zu übernehmen, hatte man Kennedys Angaben zufolge »umfangreiche Maßnahmen« ergriffen, um das Ausmaß des früheren südafrikanischen Chemie- und Biowaffenprogramms geheim zu halten.

Der Prozess gegen Basson begann im August 1998. Die Anklage lautete auf Mord, Diebstahl, Betrug und den Besitz großer Mengen von Ecstasy- und Mandraxpillen.

Kapitel 7

Wissenschaftlicher Fortschritt und biologische Kriegsführung

Mit dem Fortschritt der Naturwissenschaft wächst auch die Bedrohung durch Biowaffen. Das nun folgende Kapitel beleuchtet diesen Forschritt etwas genauer; als Erstes blicken wir zurück in eine Zeit, als Mikroorganismen erstmals zur Herstellung von Nahrungs- und Genussmitteln dienten.

Bier, Brot und Keime

Schon um 6000 v. Chr. genossen Sumerer und Babylonier das Bier. Ob sie die Vorzüge des Bieres oder des Brotes zuerst kennen lernten, ist nicht überliefert, aber beide Produkte werden mit Hilfe künstlich eingesetzter, lebender Organismen hergestellt. Brotteig ist beispielsweise ein Gemisch aus Mehl, Hefe, Zucker und Salz. Dass er aufgeht, liegt an dem Kohlendioxid, das die Hefezellen abgeben, wenn sie den Zucker in einem als Gärung bezeichneten Vorgang verarbeiten. Der gleiche Vorgang steht auch im Mittelpunkt der Bierherstellung, bei der die Gerste von der Hefe vergoren wird. Lebewesen dienen aber nicht nur zum Backen und Brauen, sondern auch zur Herstellung von Käse, Joghurt, Wein und asiatischer Lebensmittel wie Sojasoße, Tofu und Tempeh.

Da solche Lebensmittel nur durch die Tätigkeit von Mikroorganismen entstehen können, fällt ihre Herstellung unter die Überschrift »Biotechnologie«: Mit diesem Begriff bezeichnet man »die Verwendung lebender Organismen und ihrer Bestandteile in Landwirtschaft, Nahrungsmittelproduktion und anderen Industriezweigen«.[1] Zu den Produkten der modernen Biotechnologie gehören Antibiotika und Impfstoffe, neue Nutzpflanzensorten, Pestizide und Düngemittel. Sie alle werden durch den Einsatz lebender Organismen hergestellt. Ebenso ermöglichen es die Verfahren der Biotechnologie, Abwässer zu behandeln, Krankheiten zu diagnostizieren und Energie zu produzieren.

Kernstück der Biotechnologie ist die Zucht einer großen Zahl von Zellen unter kontrollierten Bedingungen. John E. Smith, Professor für angewandte Mikrobiologie an der Strathclyde University, formuliert es so: »In seiner einfachsten Form besteht der biotechnologische Prozess darin, dass man einfach Mikroorganismen mit einer Nährlösung mischt und die Bestandteile reagieren lässt; man gibt beispielsweise Hefezellen in eine Zuckerlösung, damit sie Alkohol produzieren.«[2] Der ganze Vorgang findet in einem großen, als Fermenter bezeichneten Kessel statt, aus dem man am Ende das Produkt abtrennt und reinigt.

Prinzipiell entstehen alle Produkte der Biotechnologie auf diesem Weg, ob es sich nun um Alkohol, Impfstoffe, Käse, Antibiotika, Tierfutter oder anderes handelt. Aber Mikroorganismen können nicht nur nützliche biologische Produkte erzeugen, sondern auch zum Ausgangspunkt der biologischen Kriegsführung werden. Viren, die zur Produktion von Impfstoffen dienen, können ebenso leicht auch in biologischen Waffen eingesetzt werden. Dieses Problem der so genannten »Doppelnutzung« – genau die gleiche Technologie kann sowohl zur legitimem Herstellung nützlicher Produkte als auch zur illegalen Waffenproduktion dienen – gehört zu den schwierigsten Fragen, mit denen man sich bei Verhandlungen zur Nichtweiterverbreitung biologischer Waffen auseinander setzen muss. Wir werden im neunten Kapitel darauf zurückkommen. Angesichts der weltweiten Verbreitung der Biotechnologie bedeutet es, dass mindestens 100 Staaten über die technischen Voraussetzungen zur Produktion biologischer Waffen verfügen. Und das ist nicht das einzige Problem. Die in der modernen Biotechnologie verwendete Ausrüstung macht Ländern, die entsprechende Ziele haben, den Missbrauch einfach.

Früher waren Biotechnologieanlagen an großen Behältern aus Edelstahl oder Glas zu erkennen, die häufig bis zu 10000 Liter fassten. Aber wie in allen Formen der Technik, so sind auch hier die Bestandteile kleiner geworden: Ein computergesteuerter Fermenter für die kontinuierliche Produktion von Zellkulturen hat nur noch ein Tausendstel dieses Volumens. Jonathan Tucker von der US-Behörde für Rüstungskontrolle und Abrüstung schreibt: »Wegen solcher Verbesserungen in der Produktionstechnik kann die Herstellung von Erregern und Toxinen für die biologische Kriegsführung heute in kleinen, unauffälligen Einrichtungen stattfinden, ohne dass eine Anlage von den Ausmaßen einer Fabrik erforderlich wäre. Damit verschwimmt die frühere Grenze zwischen einem Labor und einer Produktionsanlage.«[3] Heimlich Erreger für biologische Waffen zu erzeugen wird also immer einfacher. »Außerdem«, so Tucker weiter, »lassen sich pathogene [d.h. krankheitserregende] Bakterienstämme von wenigen Ausgangszellen innerhalb einiger Tage oder Wochen zu Mengen von mehreren Tonnen vermehren; damit hat sich die Zeit, die zur Beschaffung eines militärisch nutzbaren Vorrates erforderlich ist, drastisch vermindert.«[4]

Diese Fortschritte der Biotechnologie sind einer der Gründe, warum man die Bedrohung durch biologische Waffen ernst nehmen sollte. Es gibt aber noch einen anderen, der sogar noch schlimmere Folgen haben könnte: die neu gewonnene Fähigkeit der Wissenschaft, immer wirksamere Erreger zu entwerfen und herzustellen. Um zu erkennen, wie so etwas möglich ist, müssen wir uns zunächst einige biologische Grundkenntnisse verschaffen.

Die Nase ihrer Mutter?

Schon lange bevor man etwas über die Struktur der Gene wusste, hatten die Menschen erkannt, dass das Erscheinungsbild von Tieren und Pflanzen vor allem von den Eltern abhängt. Viele Jahrhunderte lang kreuzte man Tiere oder Pflanzen, deren Eigenschaften als vorteilhaft galten, um so die gewünschten Nachkommen zu erhalten. Die Kreuzung zur Schaffung neuer Sorten war der erste genetische Eingriff, den Menschen vornahmen, und sie führte zu einer gewaltigen Formenvielfalt – man braucht nur an die in Größe und Körperbau höchst unterschiedlichen Rassen der Haushunde zu denken.

Aber ein solches Vorgehen, bei dem man mit ganzen Lebewesen arbeitet, ist vom Zufall abhängig; deshalb ist es langwierig, die Ergebnisse sind nicht vorhersehbar, und manchmal funktioniert es überhaupt nicht. Das erkannte auch der Dramatiker George Bernard Shaw. Er wurde einmal von einer schönen Frau gefragt, ob sie nicht zusammen ein Kind haben sollten: Mit ihrer Schönheit und seiner Intelligenz, so meinte die Dame, müsste es doch ein bemerkenswerter Mensch werden. Worauf Shaw erwiderte: »Ja, schon, gnädige Frau, aber was wird, wenn das Kind meine Schönheit und Ihre Intelligenz erbt?«

Während der letzten 20 Jahren entwickelten die Pflanzenzüchter neue Methoden, mit denen sich Pflanzen kontrollierter kreuzen lassen. Dazu verwendet man nicht den vollständigen Organismus, sondern einzelne Pflanzenzellen. Dies führt zu besser vorhersehbaren Ergebnissen, es geht schneller, und man kann die Pflanzen auch in Klimazonen erzeugen, in denen sie normalerweise nicht wachsen.

Mittlerweile lassen sich Lebewesen aber noch exakter manipulieren: auf der Ebene der Gene selbst.

Der Stoff des Lebens

Im Jahr 1953 ermittelten James Watson und Francis Crick die chemische Struktur der DNA (Desoxyribonukleinsäure), aus der unsere Gene bestehen. Aus den in dieser Epoche gemachten Entdeckungen erwuchsen die moderne Biotechnologie und die Gentechnik. Die Gene tragen unser biologisches Erbe. Durch das Zusammentreffen von Samen- und Eizelle entsteht ein neues, genetisch einzigartiges Individuum. Beim Menschen steuert jeder Elternteil 23 Chromosomen zu der neuen Zelle bei. Die Chromosomen, die im Mikroskop wie winzige Stäbchen aussehen, enthalten die DNA, und die wiederum besteht aus vier Arten chemischer Bausteine, die nach ihren Anfangsbuchstaben als A, T, G und C bezeichnet werden. Aus diesen Buchstaben bestehen die Wörter – die Gene –, die das Rezept für den Aufbau eines Menschen darstellen. Das gesamte genetische Rezept eines Menschen ist 3 Milliarden Buchstaben lang.

Entscheidend für die Verdoppelung und damit für die Erhaltung des Lebens ist die Struktur der DNA, die berühmte Doppelhelix, die wie eine verdrehte Leiter aussieht. Ihr Aufbau macht aber nicht nur die Vermehrung möglich. Mit Hilfe eines unentbehrlichen Überträgermoleküls, der Ribonukleinsäure oder RNA, steuert die DNA auch Gestaltung und Produktion der Proteine, die für die Erhaltung des Lebens notwendig sind. Es gibt im menschlichen Organismus mehrere tausend verschiedene Proteine, und die bilden die Strukturen unserer Zelle. Sie lenken die vielen tausend chemischen und physikalischen Reaktionen, die in unserem Körper ablaufen müssen, damit er am Leben bleibt. Außerdem schützen sie uns vor Krankheiten.

Unser Körper entsteht also aus den Proteinen, die nach dem Rezept in den Genen produziert werden. Einen anderen Vergleich stellt John E. Smith an; er sagt: »Man kann sich die Gene als biologische Software vorstellen, als Programme, die Wachstum, Entwicklung und Funktion eines Organismus steuern.«[5] Sie möchten wissen, ob es sich um einen Mann oder eine Frau handelt? Welche Augenfarbe jemand hat? Ob er an der Huntingtonkrankheit erkranken wird? Die Gene geben die Antwort.

Das heißt natürlich nicht, dass unsere Gene über alle Aspekte unseres Lebens bestimmen. Eine besonders hitzige Debatte betrifft heute die Frage, in welchem Maße unsere Gene uns beeinflussen – unseren allgemeinen Gesundheitszustand, unseren Charakter, unsere sexuellen Vorlieben und so weiter. Die bisherigen Forschungsergebnisse lassen darauf schließen, dass wir vermutlich ebenso stark von unseren Erfahrungen und unserer Umwelt geprägt werden. Eines aber ist sicher: Wenn wir verstehen, wie einzelne Gene aufgebaut sind, erfahren wir ungeheuer viel über die Funktionen unseres Körpers.

Nicht nur die Gene der Menschen bestehen aus DNA, sondern auch die aller anderen Lebewesen auf der Erde, ob Baum, Blume, Schwein, Käfer, Fisch – oder Bakterium. Wenn wir die DNA eines beliebigen Lebewesens untersuchen, betrachten wir sie stets unter den gleichen Aspekten.

Selbst die Viren – sie sind eigentlich keine richtigen eigenständigen Lebewesen, sondern Parasiten, die andere Organismen besiedeln müssen, um sich zu vermehren – bestehen aus DNA oder RNA. Ein Virus enthält davon zwar nur ein Millionstel der Menge, die in einer menschlichen Zelle liegt, aber es besteht aus dem gleichen Stoff wie wir. Und wie es funktioniert, ist in seinem genetischen Material festgeschrieben. Sie möchten wissen, warum manche Viren Krankheiten erzeugen, andere aber nicht? Warum manche über das Blut übertragen werden, andere über die Luft? Warum manchen einfach, anderen nur schwer beizukommen ist? Das alles liegt an ihren Genen.

Folgenschwere Kenntnisse

Je mehr Kenntnisse wir über die Gene gewinnen, desto detaillierter verstehen wir auch, wie unser Organismus funktioniert. Wir begreifen, wie spezifische Moleküle auf einer ganz grundlegenden physikalischen und chemischen Ebene des Lebens in Wechselwirkung treten. Ebenso erkennen wir, wie diese Wechselwirkungen gestört werden können – und indem wir lernen, solche Schäden zu reparieren, eröffnen wir den Weg für den Fortschritt der Medizin. Dieser Weg wird unter anderem darin bestehen, dass wir die Gene manipulieren können: Sind sie fehlerhaft, werden sie repariert, so dass sie ihre Funktion ordnungsgemäß ausführen können.

Unser Wissen über unseren genetischen Aufbau wächst ständig und ist insbesondere durch das Human-Genom-Projekt weit vorangekommen. Es war das größte internationale, staatlich finanzierte Projekt der Biowissenschaften: das Entschlüsseln der gesamten genetischen Struktur eines Menschen. Der Abschluss dieses gewaltigen Vorhabens war ursprünglich für 2003 geplant, es konnte aber bereits 2001 abgeschlossen werden. Seine Ziele sind löblich: Es soll »Einblicke in Organisation und Funktion des genetischen Materials ermöglichen; im Verlauf dieser Arbeiten sollen Physiologie und Medizin auf ein festes molekulares Fundament gestellt werden, die chemischen Grundlagen für die Aufklärung erblicher Krankheiten sollen geschaffen werden, und es soll dazu beitragen, die Mechanismen der Immunantwort und des Auftretens bösartiger Tumoren zu verstehen.«[6]

Durch die gleichen wissenschaftlichen Fortschritte wissen wir aber auch immer besser, wie wir den Organismus angreifen können, und auch zu diesem Zweck kann man Gene manipulieren. Wir werden Viren und Bakterien so verändern können, dass sie sich noch besser für biologische Waffen eignen.

Theoretisch ist alles möglich. Jeffrey Almond, Professor an der

Fakultät für Tiermedizin und Mikrobiologie der Universität Reading, meint dazu: »Es hat sich gezeigt, dass die Möglichkeiten zur Konstruktion neuer, potenziell bösartiger Mikroorganismen … nahezu unbegrenzt sind.«[7] Ein gutes Beispiel sind die Viren, die die echte Grippe (Influenza) verursachen.

Tödliche Grippe

Nicht nur Menschen, auch Tiere bekommen Grippe. An den Influenzaviren, mit denen wir Menschen uns anstecken, sterben wir im Allgemeinen nicht, aber wir fühlen uns entsetzlich krank. Die Grippeepidemie, die 1918/19 die ganze Welt erfasste und vermutlich fast 100 Millionen Menschen das Leben kostete, war eine Ausnahme. Es gibt aber Influenzaviren, die Vögel befallen, und an ihnen sterben 90 Prozent der Tiere, die sich anstecken. Hier handelt es sich also eindeutig um sehr bösartige Erreger. Mittlerweile weiß man, welche Gene für die tödliche Wirkung verantwortlich sind – wie sie ihr Werk anrichten, ist allerdings noch nicht geklärt. Man kennt die genetische Mischung, die manche Influenzaviren so bösartig macht, dass sie fast alle ihre gefiederten Opfer töten, während andere so ungefährlich sind, dass die infizierten Vögel kaum etwas bemerken.

Mittlerweile geht die Wissenschaft aber über theoretische Kenntnisse hinaus. Die japanischen Forscher Horimoto und Kawaoka von der Fakultät für Veterinärmedizin in Hokkaido setzten sie in die Praxis um: Sie veränderten den genetischen Aufbau eines bösartigen Virus, das Puten befällt, und machten es zu einem wesentlich schwächeren Krankheitserreger.[8] Zwischen den beiden Viren bestehen nur geringfügige genetische Unterschiede, die aber gewaltige Auswirkungen haben. In diesem Fall wurde aus einem bösartigen Virus ein weniger gefährlicher Erreger gemacht; das Umgekehrte wäre aber ebenso möglich.

Wenn Wissenschaftler ein gutartiges Vogel-Influenzavirus bösartiger machen können, warum tun sie das Gleiche dann nicht mit den Influenzaviren des Menschen? Technisch durchführbar wäre es, aber es ist bisher nicht geschehen, weil die Gesetze der meisten Länder es verbieten. Kein gesetzestreues Labor würde sich damit befassen. Aber Terroristen sind nicht gesetzestreu. Und nachdem sich Qualifikation und Gerätschaften für gentechnische Arbeiten immer weiter verbreiten, sind die Voraussetzungen bereits gegeben. Die Gentechnik, diese modernste Form der Biotechnologie, wird in pharmazeutischer Industrie, Lebensmittelproduktion und moderner Landwirtschaft ebenso allgemein angewandt wie in mikrobiologischen Labors. Professor Almond meint dazu: »Man sollte darauf hinweisen, dass für diese Technologie keine Spezialausrüstung erforderlich ist; jedes moderne molekularbiologische Labor verfügt über die Mittel, um sie in die Praxis umzusetzen. Durch derartige Manipulationen geschaffene, gentechnisch veränderte Influenzaviren lassen sich in einem ganz normalen Labor ohne weiteres vermehren. Man kann sie in angebrüteten Hühnereiern sehr einfach und schnell züchten, und ein einziges Ei liefert ungefähr zehn Milliliter einer Flüssigkeit mit einer Viruskonzentration von 100 Millionen bis einer Milliarde Viren je Milliliter.« Theoretisch könnte also ein einziges Hühnerei so viele Viren liefern, dass man jeden Menschen auf der Welt damit zweimal infizieren könnte.[9] »Diese Viren verbreiten sich schnell durch Tröpfcheninfektion und wären in einem Aerosol äußerst ansteckend«, fügt Professor Almond hinzu. Was er dann sagt, ist erschreckend: »Der Umfang der Tätigkeiten liegt durchaus im Bereich der Möglichkeiten terroristischer Gruppen … Die technischen Voraussetzungen für die Entwicklung biologischer Waffen zu schaffen ist billig und relativ einfach, und die dazu erforderlichen Qualifikationen sind weit verbreitet.«[10]

Andere Möglichkeiten

Es gibt noch viele andere Wege, auf denen man biologische Kampfstoffe zu noch besseren Waffen machen könnte. Unter anderem könnte man sie so abwandeln, dass sie, in einem Aerosol als Waffe eingesetzt, nicht mehr durch Licht (das heißt durch die Sonnenstrahlung) zerstört werden. Dr. Richard Novick, Direktor des Forschungsinstituts für öffentliche Gesundheit in New York, warnt in einem mit dem Wissenschaftsjournalisten Seth Shulman verfassten Werk: »Bestimmte Bakterien sind gegen Strahlung sehr resistent, und diese Resistenz ist auf relativ wenige Gene zurückzuführen. Solche Gene könnte man ohne weiteres in strahlungsempfindliche, pathogene Mikroorganismen einbringen, um so ihre Überlebensfähigkeit in der Strahlung zu erhöhen, der sie in einem Aerosol ausgesetzt wären.«[11] Nach dem gleichen Prinzip könnte man andere Erreger auch unempfindlicher gegen Austrocknung machen.

Mit Gentechnik ist auch die Verkürzung der Inkubationszeit mancher Erreger von Tagen auf Stunden denkbar, so dass sie den Feind schneller kampfunfähig machen. Damit wären einige Unsicherheiten beseitigt, die mit ihrem Einsatz verbunden sind. Gentechnisch veränderte Bakterien könnten auch »konditionale Selbstmordgene« enthalten, so dass sie nach einer gewissen Zeit oder bei einer geringfügigen Veränderung der Umweltbedingungen keinen Schaden mehr anrichten. Mit diesem Schritt wäre das Problem zu beheben, dass der Erreger Menschen infiziert, die sich in Windrichtung vom Ort des Angriffs befinden.

Toxine und andere Überraschungen

Noch vor 15 Jahren musste man Toxine mühsam aus großen Mengen der Lebewesen gewinnen, von denen sie produziert wurden. So lieferten beispielsweise 270 Kilogramm Muschelsipho noch nicht einmal fünf Gramm des Nervengiftes Saxitoxin. Heute kann man das Gen, das für die Produktion des Giftstoffes sorgt, isolieren und in Bakterien einschleusen, die man dann in Fermentern züchtet, so dass sie schnell große Mengen des Toxins produzieren. Oder aber man bringt das Gen für das Toxin unmittelbar in gegen Antibiotika resistente Bakterien ein, die leicht den Darm oder die Atemwege besiedeln; damit hätte man neue, tödliche Erreger geschaffen, die mit den herkömmlichen Antibiotika nicht zu bekämpfen sind. Ähnlich könnte man mit einem Virus verfahren. (Es ist bereits gelungen, das Gen für Skorpiongift in ein Virus einzubauen, das Raupen angreift und so zu einem tödlichen Pestizid geworden ist.)

Manche Toxine, beispielsweise Rizin und das Botulinustoxin, zerfallen beim Kontakt mit Sonnenlicht und Sauerstoff sehr schnell, so dass sie in einem Aerosol kaum ihre volle Wirkung entfalten. Genau wie die zuvor beschriebenen Krankheitserreger könnte man aber auch sie gentechnisch so abwandeln, dass dieser Nachteil beseitigt ist.

Noch eine weitere Gruppe natürlich vorkommender Substanzen, die so genannten Bioregulatoren, könnte man mit gentechnischen Methoden in großen Mengen produzieren und dann als biologische Waffen einsetzen. Bioregulatoren sind besondere Proteine, die in unserem Organismus nur in winzigen Mengen vorhanden sind und die verschiedensten Funktionen regeln, beispielsweise Körpertemperatur, Hormonausschüttung, Stimmungszustände, Bewusstsein, Schlaf und Gefühle. Gerät dieses Regulationssystem nur geringfügig aus dem Gleichgewicht, leiden wir an Ängsten, Schmerzen, Müdigkeit, Depressionen oder Halluzinationen – oder wir schlafen einfach ein. Wie derartige Wirkstoffe zu verabreichen sind, ist noch nicht geklärt, aber theoretisch könnten sie Menschen oder Tiere orientierungslos machen und sich sogar auf Pflanzen auswirken.

Viren gesucht

Bis Ende der Sechzigerjahre hatte man sich vor allem für Bakterien oder einzelne Pilze als biologische Kampfstoffe interessiert. Nachdem im darauffolgenden Jahrzehnt die Gentechnik aufgekommen war, wandte sich die Aufmerksamkeit den Viren zu. Mit den neuen Verfahren konnte man manche Viren, die zuvor als zu gefährlich galten, sicherer handhaben. Viren haben als biologische Waffen einige Vorteile, denn die von ihnen verursachten Krankheiten haben in vielen Fällen die gleichen Symptome und sind deshalb schwieriger zu diagnostizieren. Auch die Therapie ist schwieriger als bei bakteriellen Erkrankungen, die man mit Antibiotika bekämpfen kann.

Viren eignen sich auch deshalb gut, weil es gegen die von ihnen verursachten Krankheiten viele Impfstoffe gibt. Wandelt man ein Virus also ab – beispielsweise indem man das menschliche Influenzavirus noch bösartiger macht –, kann man auch einen Impfstoff herstellen, der gegen diese besondere neue Form schützt. Wenn eine Kriegspartei ein solches neues Virus einsetzen will, kann sie ihre eigenen Leute impfen lassen und schützen, und nur der Feind wäre dem Virus ausgesetzt. Außerdem könnte man biologische Kampfstoffe geringfügig verändern, so dass sie den natürlichen Abwehrmechanismen unseres Organismus entgehen. Das Gleiche geschieht ständig im Rahmen der ganz natürlichen Vorgänge. Jedes Jahr bekommen wir wieder Erkältungen und grippale Infekte, weil die Erreger sich geringfügig wandeln, so dass die frühere Abwehr kaum noch wirkt. Andererseits kann man einen Erreger auch gentechnisch so verändern, dass er resistent gegen therapeutische Wirkstoffe wird und mit den üblichen medizinischen Verfahren nicht mehr behandelt werden kann.

Renaissance der Bakterien

Wie unglaublich schnell der Fortschritt in der Gentechnik verläuft, zeigt sich unter anderem daran, dass Bakterien heute erneut auf der Tagesordnung der Wissenschaft stehen – und damit möglicherweise auch auf der der biologischen Kriegsführung. Anders als Viren können Bakterien selbstständig leben, das heißt, ihr genetisches Material enthält alle Informationen, die zur Lebenserhaltung notwendig sind. Im Juli 1995 erschien in der angesehenen amerikanischen Wissenschaftszeitschrift *Science* ein Aufsehen erregender Bericht: Zum ersten Mal hatte man die genetische Information eines Bakteriums – es trug den Namen *Haemophilus influenzae* – vollständig aufgeklärt. Es handelte sich um »einen gutartigen Laborstamm eines Bakteriums, dessen wild lebende Form Ohrinfektionen und Gehirnhautentzündung hervorrufen kann.«[12]

Der Bericht spricht auch einige Folgerungen an, die sich aus den Arbeiten ergeben: Sie seien »dazu bestimmt, das ruhige Fahrwasser der Mikrobiologie zu einer tosenden Flut neuer Entdeckungen zu machen ... Sie werden zur Identifizierung von Genen beitragen, die harmlose Bakterien zu Mördern machen ... Der Vergleich der Genome bösartiger und harmloser Bakterienstämme wird den Mikrobiologen die Suche nach krankheitserregenden Genen erleichtern.«

Solche Fortschritte sind höchst willkommen, weil sie es den Wissenschaftlern erlauben, Krankheiten besser zu verstehen und zu bekämpfen. Als Beispiel nennt der Bericht die Ausbreitung von Bakterien durch Niesen. Offensichtlich ist *Haemophilus influenzae* mit seiner genetischen Struktur speziell an diesen Vorgang angepasst. Auf diese Weise erhalten wir faszinierende Einblicke in die Grundprinzipien, nach denen die Organismen im Laufe der Evolution gelernt haben, ihre Umwelt zu nutzen – ein mikrobiologischer Beweis für Darwins Evolutionstheorie, der auch unsere Kenntnisse über unsere eigene Entstehung erweitert und vertieft. Gleichzeitig zeigt sich aber auch, wie wir vernichtet werden können, und damit wachsen die Möglichkeiten des Missbrauchs.

Folgerungen für die biologische Kriegsführung ergeben sich auch aus der Art, wie die Arbeiten ausgeführt wurden. Die beteiligten Wissenschaftler bedienten sich eines neuen Verfahrens, das sie selbst erfunden hatten: Die Aufklärung der genetischen Information wurde durch Computerprogramme beschleunigt, die den ganzen Vorgang auch viel kostengünstiger gestalteten. Professor Craig Venter, der Leiter der wissenschaftlichen Arbeitsgruppe, betonte: »Früher glaubte man, Bakterien seien jahrelange, viele Millionen Dollar teure Projekte. Wir haben gezeigt, dass man es in weniger als einem Jahr und erstaunlich billig schaffen kann.« Und da ein so großer Teil der Arbeiten am Computer stattfindet, wird es nach Ansicht von David Smith, dem Leiter des Genomprojekts im amerikanischen Energieministerium, »auch dem kleinen Wissenschaftler neue Möglichkeiten verschaffen, die er sich nie hätte träumen lassen«. Ein wissenschaftlicher Meilenstein. Aber es war auch für Terroristen ein großer Schritt in die richtige Richtung. Wie in der konventionellen Biotechnologie, so wird auch die Ausrüstung zur Aufklärung genetischer Information immer kleiner, immer billiger und immer leichter verfügbar.

Derzeit gibt es nach übereinstimmender Ansicht der meisten Fachleute keine Garantie, dass die gentechnische Veränderung von Mikroorganismen zuverlässig funktioniert. Verstärkt man beispielsweise die Ansteckungsfähigkeit eines Virus, lässt unter Umständen seine krankheitserregende Wirkung nach. Bisher wissen wir nicht genug über die Wechselbeziehungen zwischen den verschiedenen Eigenschaften der Mikroorganismen, und deshalb können wir nicht gewährleisten, dass eine zu einem bestimmten Zweck vorgenommene gentechnische Veränderung wie erwartet funktioniert. Aber das ist nur eine Frage der Zeit. Theoretisch könnte man mit Hilfe der Gentechnik auch ganz neue Mikroorganismen herstellen, die sich als biologische Waffen einsetzen lassen. In der Praxis sind viele Experten skeptisch, ob so etwas funktionieren würde. Die krankheitserregenden Eigenschaften der Bakterien und Viren sind kompliziert und nicht vollständig aufgeklärt; derzeit erscheint es unwahrscheinlich, dass ein künstlich erzeugtes Lebewesen – beispielsweise eine Kreuzung aus zwei bösartigen Bakterienarten – gefährlicher wäre als jene Organismen, die man in der Natur bereits vorfindet.

Ethnische Waffen

Die Gentechnik eröffnet auch eine andere erschreckende Möglichkeit: Waffen, die gezielt so konstruiert werden, dass sie nur auf ganz bestimmte ethnische Gruppen wirken. Es wurde beispielsweise die Vermutung geäußert, man könne ein Gemisch aus Influenza- oder Diphtherieerregern so gestalten, dass sie vorwiegend Farbige infizieren; ein »Designertoxin« könnte ausschließlich auf Serben zielen, oder Menschen mit blauen Augen könnten bevorzugt die Alzheimerkrankheit bekommen.

Bei der US-Marine kam man schon 1951 – lange vor der Erfindung der Gentechnik – auf diese Idee, vermutlich weil man beobachtet hatte, das Farbige häufiger als Weiße an einer Krankheit starben, die von einem im kalifornischen San Joaquin Valley heimischen Pilz verursacht wird. Die Marine führte in einem ihrer Nachschublager in Pennsylvania mehrere Versuche durch, bei denen ein ungefährlicher Mikroorganismus an Stelle des Pilzes verwendet wurde. Die vorgeschobene Begründung für die Experimente lautete: Da in dem Depot viele Farbige tätig waren, wäre sein Betrieb stark beeinträchtigt, wenn sie nicht mehr arbeiten könnten.

Warnungen im Zusammenhang mit dieser Möglichkeit kommen mittlerweile von nüchternen, angesehenen Fachleuten. Ein kürzlich erschienenes Jahrbuch des Internationalen Instituts für Friedensforschung in Stockholm mahnt, die bisher entdeckten genetischen

Unterschiede seien »möglicherweise in vielen Fällen so groß und stabil, dass man sie mit Hilfe natürlich vorkommender, gezielt wirkender Erreger oder mit gentechnisch veränderten Mikroorganismen und Toxinen ausnutzen könnte ...«[13] Ähnliche Befürchtungen äußerte General Bo Rybeck, der frühere Leiter der schwedischen Einrichtung für Verteidigungsforschung, Anfang 1996 bei einer Tagung des Internationalen Komitees vom Roten Kreuz. Genetische Waffen dürften nach seinen Worten »unmittelbar vor der Tür stehen«.[14]

Auch der medizinische Weltkongress, der 1996 in Südafrika tagte, warnte vor der Gefahr ethnischer Waffen. Dr. Vivienne Nathanson, bei der British Medical Association verantwortlich für Wissenschaft und Ethik, sagte vor dem Kongress: »Man kann sich beispielsweise für Ruanda eine Waffe vorstellen, die zwischen den beiden Stammesgruppen der Tutsi und Hutu unterscheidet. Zwar existieren solche Waffen, so weit wir wissen, bisher noch nicht, aber wissenschaftlich sind wir nicht mehr weit von ihnen entfernt.« Und im Jahr 1997 wurde der US-Verteidigungsminister William S. Cohen mit der Aussage zitiert, die wissenschaftliche Welt stehe »kurz vor der Möglichkeit, gentechnisch veränderte Krankheitserreger für spezifische ethnische Gruppen herzustellen«.[15]

Wie nahe ist die Wissenschaft der Möglichkeit, solche Waffen zu entwickeln, tatsächlich gekommen? Mit dieser Frage befasst sich der britische Ärzteverband (BMA) in einem umfangreichen Bericht, der im Januar 1999 unter dem Titel »Biotechnology, Weapons and Humanity« erschien. Schon die Tatsache, dass die BMA derart beunruhigt ist und einen Bericht über das Thema herausgibt, sollte aufhorchen lassen. Biologische Waffen und ihre gentechnisch veränderten Abkömmlinge gehören längst nicht mehr nur in die Domäne internationaler Verhandlungen. Dem Bericht zufolge sollten die Ärzte aktiv werden, »um den moralischen Anspruch ihrer Tätigkeit zu schützen«.

Der entscheidende wissenschaftliche Fortschritt, der das Zeitalter der genetischen Waffen eingeleitet hat, war das bereits beschriebene Human-Genom-Projekt. Das gesamte menschliche Genom ist mittlerweile sequenziert. Als Nächstes wird man nun eingehend erforschen, wie es funktioniert. Deshalb war es nicht verwunderlich, dass die britische Regierung dem Wissenschaftsrat für Biotechnologie und biologische Wissenschaft in Großbritannien 1999 insgesamt 15 Millionen Pfund für die »Genomik« zur Verfügung stellte, jene neue Wissenschaftsrichtung, die, so die Formulierung des Rates, »die Übersetzung der Erkenntnisse über die DNA-Sequenzen der Gene in Erkenntnisse über ihre Funktion und ihr Verhalten ermöglicht«. Wie gesagt: Wenn wir verstehen, wie unsere Gene funktionieren, können wir im Guten wie im Bösen in diese Funktionen eingreifen.

Genetische Unterschiede zwischen Bevölkerungsgruppen

Um auf eine bestimmte ethnische Gruppe zu zielen, muss man wissen, durch welche Gene sie sich von anderen unterscheidet. Dass Rassen keine genetischen, sondern soziale und kulturelle Kategorien sind, stimmt zwar, und es stimmt auch, dass es innerhalb der einzelnen Bevölkerungsgruppen eine viel größere genetische Vielfalt gibt als zwischen ihnen. Dennoch treten bestimmte Formen mancher Gene in den einzelnen Bevölkerungsgruppen mit unterschiedlicher Häufigkeit auf. Jedes unserer Gene kann in verschiedenen Formen vorliegen (die Genetiker sprechen von »Allelen«). So wird beispielsweise die Blutgruppe – A, B, AB oder 0 – durch die jeweilige Form des zugehörigen Gens festgelegt. In manchen Bevölkerungsgruppen kommen die Formen A, B oder 0 häufiger vor als in anderen. Zwischen den Einzelpersonen bestehen in jeder Gruppe andere Schwankungen, und an den Extremen dieser Schwankungsbreite sind die Gruppen zu unterscheiden.

Mit einer sauberen, ordentlichen Abgrenzung haben wir es hier allerdings nicht zu tun. Eine Waffe, die sich gegen die häufigste Form eines Gens in einer bestimmten Bevölkerungsgruppe richtet, würde einerseits diese Gruppe nicht völlig auslöschen, und andererseits würden sich ihre Wirkungen nicht ausschließlich auf diese Gruppe beschränken. Außerdem passen Bevölkerungsgruppen nicht fein säuberlich in geografische oder politische Grenzen. Wer mit dem Gedanken an den Einsatz solcher Waffen spielt, muss bereit sein, auch einen Teil der eigenen Bevölkerung und anderer freundlich gesonnener Gruppen zu töten. Aber Skrupel dürften nicht die dominierende Charaktereigenschaft jener sein, die bereit wären, einen genetischen Krieg loszutreten.

Glaubt man dem Bericht der BMA, dann gibt es neben dem Human-Genom-Projekt zwei weitere wissenschaftliche Vorhaben, die für die Entwicklung genetischer Waffen von entscheidender Bedeutung sein dürfte. Genetische Unterschiede zwischen verschiedenen Bevölkerungsgruppen wurden in den letzten Jahren im Rahmen des Projekts der menschlichen Genomvielfalt untersucht: Man sammelte genetisches Material von 500 isolierten, gefährdeten Bevölkerungsgruppen aus der ganzen Welt, um an ihnen die Entwicklungsgeschichte und Biologie der Menschheit zu erforschen. Berichten zufolge wurden dabei bereits mehrere hundert Genomabschnitte entdeckt, in denen sich die Bevölkerungsgruppen unterscheiden. Um die genetischen Fingerabdrücke zu erstellen, mit denen man heute in der Kriminalistik bereits vielfach Verbrecher auf Grund ihrer genetischen Ausstattung identifiziert, berechnet man die Wahrscheinlichkeit, dass eine an einem Tatort gefundene Gensequenz von dem Verdächtigen stammt. Mit dem gleichen Verfahren könnte man wohl auch Sequenzen identifizieren, die in manchen Bevölkerungsgruppen häufiger vorkommen als in anderen.

Die Erforschung der genetischen Unterschiede zwischen den Bevölkerungsgruppen geht weiter. Im Jahr 1997 berichtete eine Arbeitsgruppe im *American Journal of Human Genetics*, sie könne aufgrund genetischer Analysen feststellen, ob es sich bei einem Menschen um einen Afroamerikaner, einen Amerikaner europäischer Abstammung oder um einen hispanischen Amerikaner handelt.[16]

Ähnliche Methoden, so die Wissenschaftler weiter, könnten sie auch für andere Bevölkerungsgruppen der Vereinigten Staaten entwickeln.

Durch das Human-Genom-Projekt und das Projekt der menschlichen Genomvielfalt wird also deutlich, wie wir genetisch aufgebaut sind und wie sich dieser Aufbau bei den Bevölkerungsgruppen unterscheidet. Der Bericht der BMA nennt aber noch eine dritte Entwicklung, mit deren Hilfe wir diese Unterschiede manipulieren können: die Gentherapie.

Gentherapie

Die Fortschritte der medizinischen Genetik werden zu revolutionären neuen Therapieverfahren für manche Krankheiten führen. Man kann heute die genetischen Fehlfunktionen dingfest machen, die zu Krankheiten führen. So wissen wir beispielsweise bereits, dass Defekte in einzelnen Genen für Mukoviszidose, manche Formen von Dickdarmkrebs, Huntingtonkrankheit, den früh auftretenden Brustkrebs, die früh auftretende Alzheimerkrankheit, die Tay-Sachs-Krankheit (die bei Juden europäischer Abstammung tausendmal häufiger vorkommt als in der übrigen Bevölkerung), Muskelschwund und Bluterkrankheit verantwortlich sind. Aber solche Krankheiten, die sich auf ein einzelnes Gen zurückführen lassen, sind relativ selten. Eine erhöhte Anfälligkeit für die meisten weit verbreiteten Leiden wie Krebs, Diabetes, Herzkrankheiten, Bluthochdruck, Schlaganfall und seelische Leiden wie Schizophrenie und manische Depressivität geht auf mehrere fehlerhafte Gene zurück und wird außerdem durch Lebensweise und Umweltfaktoren beeinflusst.

Langfristig will man mit den Forschungsarbeiten neue Wege finden, um die defekten Gene so zu verändern, dass sie ordnungsgemäß arbeiten und der Patient geheilt wird. Zu diesem Zweck muss man in die Zellen einen Korrekturmechanismus für das fehlerhaft ausgeprägte Gen einschleusen. Dies versucht man mit verschiedenen Verfahren.[17] In einem davon belädt man ein »Vehikel« – häufig ein zu diesem Zweck gentechnisch verändertes Virus – mit DNA, die den Fehler behebt und in die Gene des Patienten eingebaut wird. Bei Patienten, die an Mukoviszidose leiden, versucht man, die Krankheit schon heute auf diesem Weg zu lindern.

Eine andere Methode besteht darin, eine Giftladung beispielsweise in Krebszellen einzuschleusen und sie damit zu zerstören. Das Problem dabei: Es muss sichergestellt sein, dass der eingeschleuste Wirkstoff ausschließlich die gewünschten Zellen erreicht und dort seine Aufgabe erfüllt. Diese und andere Formen der Gentherapie sind also davon abhängig, dass man ganz bestimmte Gensequenzen gezielt ins Innere der betroffenen Zellen einbringen kann. Es sind sehr wirksame Verfahren, und da sie voraussichtlich gewaltigen Nutzen bringen werden, treibt man ihre Erforschung energisch voran.

Um sich auszumalen, wie man solche Fortschritte missbrauchen kann, braucht man nicht viel Fantasie. Statt Gene zu nützlichen Zwecken zu verändern, könnten skrupellose Menschen auch Sequenzen, die in einer bestimmten Bevölkerungsgruppe ungewöhnlich häufig vorkommen, verändern und dadurch Krankheiten und Tod verbreiten.

Solche Waffen wären besonders abscheulich. Aber nach dem Krieg der Neunzigerjahre im früheren Jugoslawien mit seiner ethnischen Säuberung und dem Völkermord des Jahres 1994 in Ruanda zweifelt wohl niemand mehr daran, dass zwischen verschiedenen Bevölkerungsgruppen auch heute noch großer Hass herrschen kann. Die – heute allerdings noch fern liegende – Möglichkeit, ethnische Waffen herzustellen, zeigt nur umso deutlicher, wie dringend alle Formen der biologischen Kriegsführung international geächtet werden müssen.

Tiere und Pflanzen

Bisher war in diesem Kapitel von natürlichen und künstlich abgewandelten Erregern die Rede, mit denen man Menschen angreifen kann. Die gleichen Prinzipien gelten aber auch für Wirkstoffe, die sich gegen Pflanzen oder Tiere richten.

Schädlinge, die Nutzpflanzen fressen, kann man gentechnisch so verändern, dass sie resistent gegen Pestizide werden. Was dann folgt, dürfte einem Vorfall ähneln, der sich 1991 im Imperial Valley im Südosten Kaliforniens ereignete: Dort sorgte ein neuer Stamm weißer Fliegen bei den landwirtschaftlichen Erträgen für einen Verlust von 300 Millionen Dollar. Bei der Epidemie handelte es sich wohl nicht um einen Angriff mit Biowaffen, sondern sie war auf einen natürlich entstandenen, resistenten Stamm zurückzuführen. Würde ein Aggressor aber eine Schädlingsart abwandeln, deren natürliche Form in dem fraglichen Gebiet ohnehin zu Hause ist, würde kaum jemand Verdacht schöpfen. Man kann Schädlinge auch so abwandeln, dass sie nur ganz bestimmte Pflanzen fressen – nämlich diejenigen, auf die der Feind für sein wirtschaftliches Überleben angewiesen ist.

Auch auf Nutzpflanzen hat man die Biotechnologie angewandt. Gezielte Züchtung ermöglichte während der Sechzigerjahre in vielen Ländern der Dritten Welt die so genannte grüne Revolution mit ertragreicheren Mais-, Weizen- und Reissorten. Diese traten an die Stelle der vielen Sorten, die die Bauern je nach den örtlichen Bedingungen gezüchtet hatten, so dass die genetische Vielfalt bei den wichtigsten Nutzpflanzen zurückging. Die gleiche Entwicklung spielt sich auch in den Industrienationen ab. Eine Studie zufolge sind seit Beginn des 20. Jahrhunderts in den USA über 90 Prozent aller kommerziell erhältlichen Nutzpflanzensorten verschwunden.[18] Wenn man sich allgemein nur auf wenige Sorten verlässt – in einem einzelnen Land vielleicht auf fünf oder sechs –, können Schädlinge oder Krankheiten, die diese Sorten angreifen, verheerenden Schaden anrichten und einen beträchtlichen Teil der Nahrungsmittelproduktion lahm legen. Ähnliche Schäden würden natürlich auch gentechnisch veränderte Krankheitserreger anrichten, gegen die es keine Resistenz gibt.

Wie lange noch?

Nach übereinstimmender Ansicht der Fachleute werden sich Staaten, die heimlich biologische Waffen entwickeln wollen, derzeit auf herkömmliche Wirkstoffe wie Milzbranderreger oder Botulinustoxin konzentrieren, denn diese sind gut bekannt und eingehend erforscht. Man könnte sie in modernen Biotechnologiefabriken einfach und schnell produzieren – Gentechnik wäre dazu nicht erforderlich. Wie aber steht es mit den komplizierteren gentechnischen Verfahren? Wie plausibel ist die Vorstellung, dass man sie schon bald im Zusammenhang mit biologischen Waffen anwenden wird?

Malcolm Dando, Professor für internationale Sicherheitspolitik an der Universität Bradford und Experte für biologische Waffen, gab 1994 eine nüchterne Einschätzung: »In den kommenden zehn Jahren bleiben sie [die Kapazitäten für gentechnische Arbeiten] vielleicht noch vorwiegend in den Händen der westlichen Staaten, aber dass es in 20 Jahren noch so ist, erscheint unwahrscheinlich. In 50 Jahren wird die Fähigkeit, viele verschiedene Arten biologischer Waffen herzustellen, mit Sicherheit allgemein verbreitet sein. Was heue noch den genialen Geist eines Nobelpreisträgers erfordert, ist dann Allgemeingut.«[19] Wie schnell die Entwicklung auf diesem Gebiet voranschreitet, lässt sich an einer Voraussage ablesen, die Dr. Vivienne Nathanson von der British Medical Association 1999 abgab: Ihr zufolge wird die Technologie zur Herstellung genetischer Waffen schon in zehn Jahren zur Verfügung stehen.

Zu den »westlichen Ländern«, von denen Professor Dando

spricht, muss man leider auch westliche Terroristen rechnen. Berichten zufolge lieferten amerikanische Firmen der japanischen Sekte Aum Shinrikyo »hoch entwickelte Software für Moleküldesign«, die dazu dient, »die Molekülstruktur von Wirkstoffen oder Mikroorganismen so zu verändern, dass sie stärker oder gefährlicher werden«.[20] Die kriegerischen Früchte der Biotechnologie sind vielleicht schneller erntereif, als wir es uns vorstellen.

Szenario: Gentechnisch veränderte Erreger in Russland

Im April 1997 berichtete die Zeitschrift *Jane's Land-based Air Defence*, die russische Föderation habe eine neue, gentechnisch veränderte Form des Milzbranderregers hergestellt, die gegen Antibiotika völlig resistent sei. Die Information stammte von Überläufern und aus westlichen Geheimdienstquellen; von der Redaktion wurde sie als »endgültiges Weltuntergangsszenario« bezeichnet.

Die neue Erregervariante wurde in dem offiziell zivilen Unternehmen Biopreparat entwickelt, das nach heutiger Kenntnis eine Tarnung für das russische Biowaffenprogramm darstellte.

Der Kommentar der Zeitschrift löst Schaudern aus: »Der neue Erreger muss nur unabhängig von Wissenschaftlern eines Schurkenstaates hergestellt und für die Verbreitung mit Geschossen weiterentwickelt werden. Dann kann es zu einer Weltuntergangssituation kommen, in der es nur eine zuverlässig wirkende Antwort gibt: den umfassenden Nuklearschlag.«

Nach den Umwälzungen, die in Russland auf den Zusammenbruch des Kommunismus folgten, herrscht vielfach die Befürchtung, russische Wissenschaftler könnten ihre Qualifikation an den Höchstbietenden verkaufen. Die Fachkenntnisse zum Bau biologischer Waffen sind nichts Geheimes mehr. Sie stehen im Internet kostenlos zur Verfügung.

Kapitel 8

Verteidigung gegen biologische Kriegsführung

Während des Golfkrieges befürchteten die Israelis im Jahr 1991, der Irak würde chemische oder biologische Sprengköpfe gegen sie zum Einsatz bringen. Die Behörden gaben Gasmasken aus und Instruktionen, wie die Bevölkerung abgedichtete Räume mit lebenswichtigen Vorräten herrichten könnte – unter anderem mit Trinkwasserflaschen, Taschenlampen, Kerzen und Streichhölzern sowie Lebensmitteln in Dosen. Die ohnehin schon große Angst verstärkte sich, als die Israelis am 18. Januar um 2.00 Uhr morgens von den ersten Fliegeralarmsirenen aus dem Schlaf gerissen wurden. Trotz der offiziellen Verlautbarungen, dass sie einige Stunden im Voraus gewarnt werden würden, schlugen nur zwei Minuten später die ersten Scudraketen ein. An diesem Tag gingen in und rund um Tel Aviv und Haifa insgesamt acht Raketen nieder.

Was die Israelis, die einen Angriff mit chemischen oder biologischen Waffen erwarteten, durchgemacht haben, schlägt sich in ihren Reaktionen nieder: Da ist die Mutter, die fassungslos feststellt, dass zur Babyausstattung ihres neugeborenen Sohnes ein Kinderbett mit einem Plastiküberzug gehört, in dem ein Ventilator mit einem entsprechenden Filter eingebaut ist, der den Kleinen vor Nervengas und Milzbrand schützen soll; ein vier Jahre altes Mädchen richtet in ihrem Puppenhaus einen abgedichteten Raum für ihre Puppen her; auf T-Shirts sind die verschiedenen Evolutionsstufen von Primaten abgebildet, die letzte ist ein Mensch mit einer Gasmaske, und darunter steht: »Was ist schief gelaufen?« Die Schutzmaßnahmen haben auch zu Tragödien geführt. Ein dreijähriges

Mädchen erstickte im Kampf mit seinen Eltern, als diese versuchten, ihr die Gasmaske überzuziehen.[1]

Die Angriffe brachten aber auch etwas Neues hervor: Fünf Ärzte aus dem Kaplan Hospital in Rehovot, die unter Beschuss Babys auf die Welt halfen, veröffentlichten darüber in der medizinischen Zeitschrift *The Lancet* einen Artikel. Sobald die Sirenen ertönten, setzten die Hebammen, Geburtshelfer, Kinderärzte, das medizinische Hilfspersonal und die Patienten Gasmasken auf: »Soweit wir wissen, ist bisher noch nie beschrieben worden, wie Wehen und Geburt verlaufen, wenn alle Beteiligten Gasmasken tragen.«[2] Die Säuglinge mussten allerdings wohl ohne Gasmasken auskommen.

In diesem Fall setzten die Iraker keine chemischen oder biologischen Sprengköpfe ein. Die Erfahrung der Israelis zeigte, dass die Öffentlichkeit erst zur Organisation von Schutzmaßnahmen bewegt werden kann, wenn die Bedrohung unmittelbar bevorsteht, und dass die Frage, welche Maßnahmen richtig sind, den ganzen Krieg über für Verwirrung sorgt. Und dies in einem Land, das – etwa im Gegensatz zu Großbritannien – bereits eine beträchtliche Anzahl ziviler Schutzbunker besitzt und in dem jedem eine Gasmaske ausgehändigt worden war.

In Großbritannien ist im Falle eines Notstandes zwar das Innenministerium für die Gesamtplanung des Zivilschutzes verantwortlich, die Durchführung und ihre Überwachung liegt jedoch ganz in den Händen der lokalen Behörden und ihren Feuerwehren, Ambulanzen und Polizeiämtern.[3] Auf lokaler Ebene gibt es keine speziellen Richtlinien für den Schutz bei einem Angriff mit biologischen Waffen. Die örtlichen Behörden müssten sich an die wissenschaftlichen Berater des Verteidigungsministeriums wenden, um Informationen über die Art und Eigenschaften des biologischen Kampfstoffs zu erhalten.

Dr. Graham Pearson zufolge, dem ehemaligen Direktor des britischen Instituts zur biologischen Verteidigung in Porton Down, müssen Schutzprogramme sowohl dem Militär als auch der Zivilbevölkerung Rechnung tragen; doch »über die Schutzmöglichkeiten für die Zivilbevölkerung muss wesentlich ausführlicher diskutiert werden, als dies bisher der Fall war.«[4] Welche Maßnahmen sind vernünftig, um die Bevölkerung bei einem Angriff mit B-Waffen zu schützen?

Ist Schutz möglich?

Die Ernte

Pflanzen haben kein Immunsystem und sind daher für biologische Kampfstoffe sehr viel anfälliger als Menschen. Die einzige Möglichkeit, Ernten gegen einen biologischen Angriff zu schützen, besteht entweder im ausschließlichen Anbau von Pflanzensorten, die gegen das entsprechende Kampfmittel resistent sind, oder in der Verfügbarkeit eines geeigneten Pestizids. In der Praxis bedeutet dies: Man muss bereits vorher wissen, welche Mittel eingesetzt werden. Es gibt zwar Geheimdienste, aber die Antwort auf die Frage nach den für den Einsatz geplanten Kampfmitteln kennt wohl nur der Angreifer.

Vergiften von Lebensmitteln

»Als ich aufstand, fühlte ich mich elend. Schließlich habe ich mich furchtbar übergeben. Ich hatte nicht genügend Kraft, um auf die Toilette zu gehen. Am Ende lag ich auf dem Sofa und hatte ein Handtuch wie eine Babywindel um mich herumgewickelt ...« So beschreibt Mary Cairns, wie es ihr erging, als sie eine Lebensmittelvergiftung hatte, die durch *Escherichia coli 0157* verursacht worden war.[5] Ihre Nieren versagten, ihr Verdauungssystem brach zusammen. Sie überlebte nur dank einer Dialysebehandlung und intensiver Pflege im Krankenhaus. Sie war eine von 400 Personen, die im November 1996 in Schottland von dem bisher schlimmsten Ausbruch einer Lebensmittelvergiftung in Großbritannien betroffen waren. Schuld daran war *Escherichia coli 0157* in der Soße von Fleischpasteten, die ein Metzger aus Wishaw geliefert hatte. Achtzehn Menschen starben. Absolut nichts deutet darauf hin, dass dies ein Angriff mit B-Waffen gewesen sein könnte. Doch hätten die Behörden wohl auch dann nicht anders reagiert, wenn sie sicher gewesen wären, dass biologische Kampfstoffe diese Krankheitsfälle ausgelöst hatten.

Wenn ein Patient mit einer Lebensmittelvergiftung einen Arzt aufsucht, versucht dieser erst einmal anhand der Symptome und der Krankheitsgeschichte des Patienten herauszufinden, welches Bakterium das Problem verursacht hat. Dann muss der Patient warten, bis der an das Public Health Laboratory Service in London eingesandte Mikroorganismus von der Analyse zurückkommt. Üblicherweise dauert es etwa 48 Stunden, bis die mikrobiologischen Untersuchungen ausgewertet sind. Bei den Tests wird eine Probe des verdächtigen Nahrungsmittels püriert, damit das Bakterium in dem Brei wachsen und dann identifiziert werden kann. Dies muss langsam und sorgfältig durchgeführt werden, besonders wenn – wie bei *Escherichia coli 0157* – bereits etwa zehn dieser Organismen eine Infektion auslösen können; unter Umständen befinden sich noch tausende anderer Bakterien in dieser Probe. Durch die ganze Bearbeitungszeit verlängert sich der Vorgang noch einmal – vor allem im Sommer, wenn die meisten Krankheitsfälle auftreten. Damit hat man aber lediglich den Stamm des Mikroorganismus identifiziert, jedoch noch nicht seine besondere molekulare Struktur.

Es gibt noch andere, schnellere Wege, um herauszufinden, mit welchem Mikroorganismus ein Lebensmittel kontaminiert ist. Gensonden, mit denen man dies auf molekularer Ebene analysieren kann, liefern in zwei bis drei Stunden ein Ergebnis. Solche genauen Analysen werden jedoch nicht routinemäßig eingesetzt, um herauszufinden, wodurch die öffentliche Gesundheit bedroht wird. Normalerweise reicht es in solchen Fällen aus, alle Erkrankten mit einer bestimmten Quelle in Verbindung zu bringen und den Bakterienstamm anhand dieser Quelle zu identifizieren. So präzise Ergebnisse, wie sie eine molekulare Analyse liefert, sind nicht erforderlich. »Wir untersuchen nur dann bis in die molekularen Details, wenn wir etwas mit absoluter Gewissheit feststellen müssen«, sagt Christine Murphy vom Labordienst für öffentliche Gesundheit.[6]

Es ist nicht allein die Identifizierung des Mikroorganismus, die Zeit erfordert. In dem erwähnten schottischen Fall brauchten die Behörden fünf Tage, um eine Liste weiterer Kunden zu veröffentlichen, die von dem Metzger beliefert worden waren, von dem die Lebensmittelvergiftung ausging. Diese Verzögerung trat ein, weil die Behörden die Geschäfte dieser Abnehmer nicht unnötig gefährden und erst sicher sein wollten, dass sie auch direkt Produkte vom betreffenden Metzger erhalten hatten. Die erste von den Behörden erstellte Liste umfasste etwa 50 Kunden, wuchs jedoch mit der Zeit immer weiter an. Inzwischen aßen die Leute weiterhin die Produkte der belieferten Verkaufsstellen und erkrankten.

Die Stoffe, die Lebensmittel vergiften und die wahrscheinlich bei einem Angriff mit biologischen Waffen eingesetzt würden – etwa Botulinustoxin –, wirken schneller als *Escherichia coli 0157*, das eine Inkubationszeit von etwa drei bis vier Tagen hat. Benötigten die Behörden dann ebenso viel Zeit, um mögliche belieferte Abnehmer vor der Gefahr zu warnen, dann würde bei einem Kriegsszenario mit B-Waffen die Zahl der Opfer deutlich höher liegen als bei einer Lebensmittelvergiftung durch *Escherichia coli*. Hinzu kommt, dass ein Angreifer, um auf Nummer sicher zu gehen, das Nahrungsmittel mit einer sehr hohen Dosis infizieren wird. Dieses Vorgehen müsste die Zahl der Opfer weiter in die Höhe treiben.

Medizinische Gegenmaßnahmen

Theoretisch könnte man die Wirkung vieler B-Waffen verringern, indem man die Menschen prophylaktisch gegen Viren impft, damit der Körper Abwehrkräfte aufbauen kann. Oder man verabreicht ihnen Antibiotika, nachdem sie mit bakteriellen Kampfstoffen in Berührung gekommen sind.

Doch Impfungen sind mit großen Problemen verbunden. Beispielsweise gibt es gegen einige potenzielle biologische Kampfstoffe (z.B. Brucellose) überhaupt keine Impfstoffe für Menschen. Impfstoffe gegen andere Erreger sind von Land zu Land unterschiedlich weit entwickelt und wirksam. Das Pentagon vertraut auf einen Anthraximpfstoff, mit dem die gesamte US-Army im Rahmen eines Impfprogramms, das voraussichtlich noch bis 2003 andauert, immunisiert wird. Dr. Sue Bailey, Abteilungsleiterin im Verteidigungsministerium und zuständig für Gesundheitsfragen, sagte auf einer Pressekonferenz am 4. August 1998: »Man glaubt zum jetzigen Zeitpunkt, dass dieser Impfstoff gegen alle bislang bekannten [Anthrax-]Stämme wirksam ist ...«

Dagegen führt Victor Sidal, Professor für Sozialmedizin an der Yeshiva-Universität in New York, Versuche mit diesem Impfstoff an Meerschweinchen und Affen an, die zu entgegengesetzten Ergebnissen gekommen sind; er kommt zu dem Schluss: »Es gibt keinen vernünftigen Grund zu der Annahme, der ... Impfstoff könne Truppen gegen eine Infektion mit Milzbranderregern aus der Luft schützen ...« Sidal bezieht sich dabei auch auf den Senatsausschuss für Angelegenheiten ehemaliger Kriegsteilnehmer, der 1995 die Wirksamkeit und Sicherheit des Impfstoffs testete und empfahl: »Die Erforschung des Impfstoffs muss weiter fortgesetzt werden, wenn er als Schutz bei einer biologischen Kriegsführung eingesetzt werden soll.« Professor Sidal stellte die Sicherheit des Impfstoffes gleichfalls in Frage.

Eine Impfung wird nichts gegen Anthraxstämme nützen, die genetisch so verändert wurden, dass ihnen der derzeitige Impfstoff nichts anhaben kann. Russische Wissenschaftler berichteten 1997, sie hätten einen neuen Anthraxstamm entwickelt, und Dr. Ken Alibek, der, bevor er sich in den Westen absetzte, erster stellvertretender Leiter der Forschung und Produktion für das sowjetische B-

Waffen-Programm war, beteuert, die UdSSR hätte Anthraxstämme genetisch verändert, und sie seien daher mit den vorhandenen Impfstoffen nicht zu bekämpfen.

Selbst wenn es Impfstoffe gäbe, würden sie möglicherweise nicht gegen Krankheitserreger wirken, die auf so unnatürliche Weise übertragen werden, wie es bei B-Waffen der Fall ist. So nimmt man etwa an, dass der derzeitige Pestimpfstoff zwar gegen Beulenpest hilft, die durch Flohbisse übertragen wird, dass er aber bei Pestbakterien wirkungslos ist, die als Aerosol versprüht und eingeatmet werden. Da man bei einem Angriff mit B-Waffen außerdem davon ausgehen kann, dass die Menschen sehr viel größeren Mengen an Mikroorganismen ausgesetzt sind als sonst, wären die Impfstoffe möglicherweise nicht effektiv genug.

Ungeklärt ist außerdem die Frage, wogegen man impfen soll. Um dieses Problems Herr zu werden, entwickeln Wissenschaftler gegenwärtig Impfstoffe, die gleichzeitig gegen mehrere Krankheiten schützen sollen. Aber auch diese Herangehensweise kann problematisch sein, etwa wenn diese Impfstoffe unerwartet in Wechselwirkung miteinander treten, wie es anscheinend bei Golfkriegsteilnehmern der Fall war (siehe Szenario 3, Kapitel 4).

In der Praxis würde ohnehin nur das militärische Personal gegen B-Waffen geimpft; dazu meinte Oberst David Franz, ehemaliger Direktor des medizinischen Forschungsinstitutes für Infektionskrankheiten der US-Army in Fort Detrick: »Für die Zivilbevölkerung wären vorbeugenden medizinischen Gegenmaßnahmen wahrscheinlich nicht durchführbar.«

Welche medizinische Hilfe gäbe es dann aber für Zivilisten, die einem Angriff mit B-Waffen ausgesetzt waren? Antibiotika und Gegengifte gibt man am besten so schnell wie möglich nach der Einwirkung des Kampfstoffes aus; doch woher soll eine Regierung wissen, ob ein Angriff stattgefunden hat? Erst wenn Menschen erkranken, kann überhaupt gehandelt werden. Oberst Franz schreibt: »Leider kommen wir an der Tatsache nicht vorbei, dass Menschen oft am sensitivsten oder sogar die einzige Möglichkeit sind, einen biologischen Angriff aufzudecken.«

Einige Krankheiten kann man nicht mehr behandeln, wenn sie bis zur Symptombildung fortgeschritten sind. Damit Antibiotika wirken, muss man sie innerhalb von sechs Stunden nach dem Angriff verabreichen – eine unerfüllbare Voraussetzung in Anbetracht der für die Identifizierung von Mikroorganismen erforderlichen Zeit. Ohnehin kennt sich in den Industrieländern kaum ein praktischer Arzt mit biologischen Kampfstoffen und den von ihnen hervorgerufenen Symptomen aus, und eine Diagnose wäre daher schwierig. Noch problematischer ist es, wenn mehr als ein Kampfstoff verwendet würde; was soll geschehen, wenn das Medikament, das die eine Krankheit bekämpft, sich nicht verträgt ist mit dem für eine andere? Es könnte passieren, dass die ungeheuren Mengen eines biologischen Kampfstoffes für normale antibiotische und antitoxische Therapien zu groß sind. Und die riesige Anzahl der betroffenen Menschen würde wahrscheinlich die Kapazitäten sämtlicher diagnostischen und therapeutischen Einrichtungen sprengen. Während des Golfkriegs versorgten Wissenschaftler am Zentrum für angewandte Mikrobiologie und Forschung in Porton Down die 51 000 Mitglieder der britischen Streitkräfte mit Impfstoffen gegen Milzbrand und Pest – ein wahnsinniges Unterfangen: »Wir haben mehrere Wochen lang Tag und Nacht unter dem Schutz bewaffneter Patrouillen gearbeitet«, erinnert sich einer der Beteiligten. Wie viel schwieriger wäre es, eine ganze Bevölkerung zu schützen – und das ohne Vorwarnung und aus heiterem Himmel! Nur einigen wenigen Zivilisten könnten medizinische Gegenmaßnahmen nach einem Angriff mit B-Waffen helfen.

Die Vorbereitungen auf einen terroristischen Angriff mit biologischen Kampfstoffen könnten dann allerdings weiter fortgeschritten sein, als sie es jetzt sind. Beispielweise wäre es möglich, die Ärzte mit B-Waffen und ihren Symptomen vertraut zu machen. Darüber hinaus könnte man – wie Oberst Franz vorschlägt – das

Auftreten von Krankheiten überwachen, so dass eine ungewöhnliche Häufung bestimmter Krankheiten schnell bemerkt und durch rasches Handeln seitens der Behörden nach Möglichkeit eingedämmt würde.

Angriffe mit Aerosolen

Würden bei einem Angriff Aerosole versprüht, könnten sich einige Leute und Tiere davor schützen, indem sie in ihren Wohnungen, Büros oder Ställen Zuflucht suchten. Auf dieser Vorstellung basieren anscheinend die Notstandspläne des britischen Zivilschutzes im Fall von Angriffen mit B-Waffen. Die meisten bei einem solchen Angriff verwendeten Krankheitserreger gehen schnell nach ihrer Freisetzung zugrunde (Milzbrandsporen bilden hier eine Ausnahme); folglich kann man hoffen, dass die größte Gefahr bereits vorüber ist, wenn man den Menschen gestattet, ihren Zufluchtsort wieder zu verlassen. Natürlich setzt das voraus, dass man vorher überhaupt etwas von dem Angriff weiß.

Masken könnten von Nutzen sein, obwohl es derzeit nicht so aussieht, als plane man die Verteilung von Gasmasken an Zivilisten. »Soweit ich weiß«, sagt einer der an den Notstandsplänen beteiligten Offiziere, »sind keine vorhanden«. Es könnte allerdings gut möglich sein, dass schon relativ einfache Schutzmasken, die Mund und Nase bedecken, beim Schutz gegen einen Angriff mit B-Waffen helfen. In einem für das Institut für Verteidigungsanalysen in Virginia[7] geschriebenen Dossier findet sich die Argumentation, eine Bevölkerung, die über solchen Masken verfügt, wäre durch einen Angriff mit biologischen Kampfstoffen um mehrere Größenordnungen weniger bedroht als durch Kernwaffen, während die Bedrohung für eine ungeschützte Bevölkerung größer wäre als die nukleare.

Für die einfache Maske spricht, dass sie gegen die meisten als B-Waffen verwendeten Mittel schützen würde, die eingeatmet werden müssen, um zu wirken. Man kommt hier mit sehr viel simpleren

Masken aus als beim Schutz vor Chemikalien, denn Filter, die biologische Partikel abhalten, sind einfacher zu entwickeln und leichter herzustellen. Die Sorte Masken, die in dem erwähnten Dossier empfohlen werden, sind in jedem Baumarkt erhältlich.

Das Institut für biologische Verteidigung in Porton Down testete während der Vorbereitungen auf den Golfkrieg eine ähnliche Maske, die nur vier US-Dollar kostete. Diese ließ lediglich 0,2 Prozent der Partikel durch, die bei einem Angriff mit B-Waffen gefährlich wären. Die Autoren des Artikels aus dem Institut für Verteidigungsanalysen sehen in den Masken eine Möglichkeit, die Aufnahme von Erregern, die in B-Waffen enthalten sind, auf das Maß zu reduzieren, mit dem Impfstoffe fertig werden können. Sie empfehlen den Einsatz der Masken in Verbindung mit Schutzräumen, Warnsystemen und Impfstoffen, um die Wirkung von Angriffen mit biologischen Kampfstoffen einzudämmen. Einem Sprecher des britischen Verteidigungsministeriums zufolge sieht das Ministerium in den Masken eine sinnvolle Ergänzung seiner Ratschläge für lokale Behörden oder andere Regierungen, um Zivilisten vor biologischen Kampfstoffen zu schützen. Ob allerdings die Masken schnell genug beschafft und verteilt werden können, ist nach wie vor eine offene Frage.

Die Verfasser des Artikels aus dem Institut für Verteidigungsanalysen warnen jedoch davor, dass mit diesen Masken das Problem des biologischen Schutzes nicht vollständig gelöst ist. Die Masken würden nicht gegen biologische Kampfstoffe schützen, die sich auf der Kleidung, den Händen oder im Haar von Zivilisten befinden. Aufgrund der Fortschritte in der Biotechnologie werden unter Umständen auch Erreger entwickelt werden, deren Übertragung durch die Haut erfolgt. Außerdem würden Angriffe mit B-Waffen trotz allem einen immensen Schaden verursachen. Selbst wenn eine Stadt mit einer Million Einwohnern in der Lage wäre, 95 Prozent ihrer Bevölkerung durch einen entsprechenden Schutz gegen B-Waffen zu retten, wären dennoch 50000 Opfer zu beklagen.

Im Augenblick würden die ausgefeilten Verteidigungsprogramme, die vom Militär aufgestellt wurden, vor allem den bewaffneten Streitkräften nützen. Sie könnten auch den Rettungskräften helfen, aber – solange man von den Angriffen nichts weiß und man den Kampfstoff nicht kennt – Zivilisten nur in sehr begrenztem Umfang schützen können.

Soweit es das militärische Personal betrifft, beschreiten die Länder verschiedene Wege, um ihre Soldaten gegen eine biologische Kriegsführung zu schützen. Sie entwickeln Flugabwehrraketen wie die während des Goflkriegs in Saudi-Arabien eingesetzte Patriot, um die irakischen Scudraketen abzuschießen. Sie greifen die feindlichen Abschussbasen und Stützpunkte für B-Waffen an. Andere Verteidigungsmaßnahmen hängen davon ab, was man von den Eigenschaften der Kampfstoffe weiß, gegen die man sich schützen muss; denn das ist entscheidend dafür, um Möglichkeiten zu entwickeln, mit denen man ihnen begegnen kann.

So logisch dies alles auch klingt, es hat viele zu der Behauptung veranlasst, Verteidigungsprogramme würden generell durch ein Dilemma erschwert: Wie können die Länder sicher sein, dass die Anstrengungen der anderen bei der Untersuchung von Kampfstoffen nicht dazu führen, dass sie diese Stoffe auch zum Angriff zu verwenden, anstatt sich gegen sie zu verteidigen? Während einige das wirklich für ein Problem halten, leugnen andere dies vehement. Diese Debatte werden wir im weiteren Verlauf des Kapitels noch genauer erörtern. Im folgenden sollen jedoch zunächst einmal einige der relativ weit ausgearbeiteten Maßnahmen zum Schutz der Truppen vorgestellt werden.

Schutzmaßnahmen für die bewaffneten Streitkräfte

In Großbritannien konzentrieren sich die Verteidigungsanstrengungen gegen eine biologische Kriegsführung in der Protection and

Life Sciences Division (PLSD) der Defence and Devaluation Research Agency (DERA) des Verteidigungsministeriums in Porton Down, in der Nähe von Salisbury in Wiltshire. Dort ist ein so breites Spektrum an Wissenschaftlern beschäftigt, dass man schon bei einer Aufzählung der verschiedenen Sparten eine Vorstellung von der Komplexität der Verteidigungsmaßnahmen erhält; man findet dort Chemiker, Genetiker, Biochemiker, Mikrobiologen, Mathematiker, Physiker, Ärzte, Pathologen, Immunologen, Ingenieure, Computerfachleute, Betriebsanalysten, Geographen und Meteorologen.

Die PLSD schätzt ab, wie groß die Risiken sind, die von möglichen biologischen Kampfstoffen ausgehen; sie beurteilt, welche gegen die britischen Streitkräfte eingesetzt werden könnten und welche Gefahren möglicherweise von ihnen ausgehen. Dazu gehört auch, dass die Eigenschaften der entsprechenden Agenzien untersucht werden: Kann der Gegner sie in ausreichender Menge herstellen? Wären sie stabil genug, um gelagert und verbreitet zu werden? Welche Mengen von ihnen wären erforderlich, um eine bestimmte Wirkung zu erzielen? Weitere Untersuchungen betreffen die Toxizität der Mittel: Welche Auswirkungen haben sie auf den Körper? Könnten in einem Konflikt toxische Konzentrationen erreicht werden? Wie wird der Angreifer die Bombenlast abwerfen? Welchen Einfluss würden verschiedene geographische und meteorologische Bedingungen auf den Abwurf haben?

Während des Golfkriegs bemerkte das Verteidigungsinstitut von Porton Down, dass es zwar für Szenarien von einer Auseinandersetzung zwischen der Nato und dem Warschauer Pakt eine Menge über die Geographie und die meteorologischen Verhältnisse wusste, aber längst nicht genug über den Persischen Golf. Daher wurde das biologische, radiologische und chemische Informationssystem BRACIS eingeführt. Dabei handelt es sich um einen tragbaren Computer, der berechnet, wie sich ein Kampfstoff verteilen und in welchem Gebiet er gefährliche Konzentrationen erreichen wird. Er blendet dann auf der Karte eine Liste der Einheiten ein, die sich in den Gefahrenzonen befinden, und schätzt, in welcher Zeit das Agens bis zu diesen Einheiten gelangt und wie lange es dort wahrscheinlich vorhanden sein wird.

Es gab jedoch im Tätigkeitsspektrum des Verteidigungsinstituts noch weitere Bereiche, die aufgrund des Golfkriegs eine immer größere Dringlichkeit bekamen. Dazu gehörten beispielsweise das Auffinden und Identifizieren biologischer Kampfstoffe im Gelände. Die Truppen mussten vor einem vorhandenen Kampfstoff gewarnt werden, bevor dieser in einer gefährlichen Konzentration vorliegen würde. Einer Prognose der NATO zufolge vermindert ein auf eine Scudrakete montierter, mit Anthraxerregern gefüllter Sprengkopf die Schlagkraft der Truppen in Windrichtung um 90 Prozent, wenn diese über den Angriff nicht informiert wurden; wussten sie dagegen Bescheid, reduzierte sich ihre Effektivität lediglich um 20 Prozent.[8]

Die britischen Detektoren, die vor dem Golfkrieg benutzt wurden, lösten keinen hörbaren Alarm aus und erfassten nicht die gesamte Bandbreite an Kampfstoffen, die man bei den Irakern vermutete. Die Apparate wurden rasch verbessert, um mit den Bedingungen am Golf fertig zu werden. Wenn es um den Nachweis biologischer Kampfstoffe ging, dann befanden sich die britischen Streitkräfte am Golf jedoch noch in einer besseren Position als die Amerikaner. Denn diese verfügten überhaupt nicht über Detektoren, die vor Ort eingesetzt werden konnten – ein Zustand, der ihre Kommandeure sehr beunruhigte. Generalstabschef General Colin Powell sagte nach dem Golfkrieg vor dem US-Kongress: »Von all den verschiedenen Massenvernichtungswaffen bereiten mir die B-Waffen die größten Sorgen.«[9]

Sei es nun aufgrund der Erfahrungen aus dem Golfkrieg oder nicht, jedenfalls steckt die Regierung der Vereinigten Staaten inzwischen mehr Geld in den Schutz vor biologischen Waffen. Die Defense Advanced Research Projects Agency (DARPA) des Pentagon verkündete 1996, es würde im Rahmen einer Initiative mit einem Budget von möglicherweise 107 Millionen US-Dollar pro Jahr Experten für den Schutz gegen biologische Kriegsführung einstellen, um gegen »eine der größten Bedrohungen« der nationalen Sicherheit anzugehen.[10]

Auch wenn man die in einem Aerosol enthaltenen Kampfstoffe im Einzelnen noch nicht identifizieren kann – sie müssen dafür auf eine Oberfläche aufgebracht oder aus einer Flüssigkeit isoliert werden –, sind amerikanische und britische Streitkräfte immerhin schon dazu in der Lage, ihr Vorhandensein in der Luft nachzuweisen. Jedes Land baut derzeit eine entsprechende Vorrichtung in ein integriertes System ein, mit dem die Kampfstoffe dann im Gelände aufgespürt, isoliert und identifiziert werden können.

Das britische System weist Partikel nach, indem es ihr Verhalten im Lichtstrahl untersucht. Damit vermag man die Form eines Agens zu bestimmen, da sich die Zielpartikel vom Hintergrund unterscheiden und somit deutlich abzeichnen. Der derzeit vorhandene Detektor kann pro Sekunde 10000 Partikel einer Größe von ein bis zehn Mikrometer analysieren; in diesem Bereich befinden sich wahrscheinlich die meisten eingeatmeten und in der Lunge angereicherten Partikel. Dann werden die Partikel einer vom anderen isoliert, und ein weiterer Apparat bestimmt, ob es sich bei ihnen um biologisches Material handelt; hierzu werden chemische Substanzen nachgewiesen, die in allen lebenden Zellen vorkommen.[11] Die Kampfstoffe selber werden schließlich dadurch identifiziert, mit welchen Antikörpern sie reagieren. Dieses dreistufige System bildet das Integrierte Biologische Nachweissystem (IBDS), das zur Jahrhundertwende in Betrieb genommen wurde. Es soll Kampfmittel innerhalb von zwei oder drei Minuten identifizieren können.

Man kann Kampfstoffe in B-Waffen auch noch auf andere Art identifizieren. Am erfolgversprechendsten ist die oben bereits erwähnte Gensonde. Sie ist so konstruiert, dass sie die Erreger durch ihre Reaktion mit einer in den Erregern nur einmal vorhandenen

Nukleinsäuresequenz nachweist. Dieses Verfahren ist außerordentlich spezifisch und kann ebenso für inaktivierte wie auch für lebende Erreger eingesetzt werden. Toxine enthalten keine Nukleinsäure; daher muss die Sonde auf den Mikroorganismus ausgerichtet sein, der das Toxin produziert, und nicht auf das Toxin selbst. Sonden können auch Mikroorganismen erkennen, die gentechnisch verändert wurden. In Verbindung mit einer anderen wissenschaftlichen Weiterentwicklung, bei der die DNA in einer Probe vermehrt wird, so dass man charakteristische Sequenzen leichter nachweisen kann, wurden Gensonden schon soweit entwickelt, dass sie die jeweilige Spezies erkennen und einschätzen können, wie groß die potentielle Virulenz reiner Proben der für B-Waffen wichtigsten Pathogene ist. Man erwartet, dass in kürze tragbare, automatisierte Ausrüstung dafür zur Verfügung steht. Schmutzige Proben und solche, die genauer (nach Stämmen statt nach Spezies) identifiziert werden müssen, sind schwieriger zu bearbeiten, können aber in spezialisierten Labors untersucht werden.

Bis vor kurzem konnte man mit Gensonden Bakterien schneller identifizieren als Viren; 1996 gelang es jedoch Wissenschaftlern in Porton Down mit Hilfe der Massenspektrometric, mit der die chemische Struktur entschlüsselt wird, Viren »im Handumdrehen« zu identifizieren.[12] Der Herausgeber des *International Defense Review*, Clifford Beal, sagte in einer optimistischen Stellungnahme voraus, dass »die Nato-Streitkräfte in einem Jahrzehnt auf einem eventuellen biologischen Schlachtfeld von nichts mehr überrascht werden können«.[13]

Sobald ein Angriff entdeckt worden ist, müssen die Soldaten rasch ihre Schutzkleidung überziehen. Im Golfkrieg waren das Schutzanzüge, Atemschutzmasken, Handschuhe und Überschuhe. Es wird behauptet, die oben erwähnten Schutzmasken für Mund und Nase seien eine bedenkenswerte Alternative, da sie den Truppen die zusätzliche Last der derzeitig üblichen Schutzkleidung erspart. Das Verteidigungsministerium hat jedoch einem Sprecher zufolge entschieden, sie nicht für den militärischen Einsatz anzuschaffen; es ist der Meinung, sie seien nicht besser als die derzeit im Gebrauch befindlichen S10-Atemschutzmasken. Es wird allerdings wohl schon daran gearbeitet, die Schutzanzüge bequemer zu machen. Die sechs Schichten, die im Golfkrieg getragen wurden – in der Wüste nicht eben komfortabel – werden durch ein neues, moderneres Konzept auf zwei reduziert.

Ein weiterer für die Defensive wichtiger Forschungsbereich befasst sich mit medizinischen Gegenmaßnahmen. Ziel der PLSD-Forschung ist es, einen Impfstoff zu entwickeln, der gegen ein breites Spektrum biologischer Kampfmittel wirkt. Wie wir bereits gesehen haben, ist eine solche Impfung nicht unproblematisch.

Eine Frage des Standpunkts

Truppen, die mit biologischen Kampfstoffen in Berührung kommen können, benötigen ohne Frage Impfstoffe. Die Frage ist nur, sind die Truppen Verteidiger oder Angreifer, wenn sie den Kampfstoffen ausgesetzt sind? Wenn ein Land plant, B-Waffen gegen einen Feind einzusetzen, dann wird es seine eigenen Truppen vor dem Angriff impfen, damit die Soldaten unbeeinträchtigt bleiben, wenn der Kampfstoff in ihre Richtung zurückgeweht wird oder sie sich auf andere Weise kontaminieren. Die Herstellung von Impfstoffen kann somit ein harmloser Akt der Verteidigung sein oder aber bedeuten, dass sich ein Land auf einen Angriff mit biologischen Kampfstoffen vorbereitet.

Ähnliche Argumente kann man auch für andere Maßnahmen anführen. Bereitet man sich auf die Abwehr gegen B-Waffen vor, oder handelt es sich dabei um harmlose mikrobiologische Forschung? Das Botulinustoxin beispielsweise wird therapeutisch gegen Muskelkrämpfe eingesetzt; bei Gesichtszuckungen beispielsweise lähmt man damit die außer Kontrolle geratenen Muskulatur.

Mit Rizin, einem toxischen Eiweißbestandteil des Rizinussamens, versucht man, Krebszellen zu töten. Professor Erhard Geissler von der Forschungsgruppe für Bioethik im Max-Delbrück-Zentrum für Molekularmedizin in Berlin, meint hierzu: » … Pathogene und Toxine, die man als biologische oder toxische Kampfstoffe betrachtet, kommen auch in der Natur vor; da ist es schwierig zu entscheiden, ob eine Forschung friedlichen oder feindlichen Absichten dient. Daher ist es unter Umständen schwierig, beides auseinander zu halten.«[14]

In der Geschichte findet man diese Behauptung auf makabre Weise bestätigt. So gelang es den Japanern, ihre Experimente zur biologischen Kriegsführung geheim zu halten, indem sie den Aufgabenbereich ihrer mittlerweile berüchtigten Einheit 731 als »Untersuchung von Bakterien, Wasserversorgung aller Einheiten der Kwantung-Armee, Versorgung mit Seren und Impfstoffen, präventivmedizinische Arbeiten sowie Schulung von Soldaten« deklarierten.[15] Alles in allem wurden daraus Arbeiten zur Prophylaxe, zum Schutz und zu anderen friedlichen Zwecken, die im Rahmen der B-Waffen-Konvention von 1972 durchaus erlaubt waren.

Die Tatsache, dass Verteidigungsprogramme mit Angriffsvorbereitungen verwechselt werden können, bedeutet selbstverständlich nicht zwangsläufig, dass sie tatsächlich zu diesem Zweck missbraucht werden. Seit November 1996 haben sich 138 Länder im Rahmen der B-Waffen-Konvention dazu verpflichtet, nichts zu tun, was auf einen Angriff abzielt. Man muss davon ausgehen, dass die meisten dieser Länder diese Verpflichtung ernst nehmen. Trotzdem weiß man, dass bereits zwei von ihnen (Irak und Russland) biologische Waffen entwickelt haben, obwohl sie den Vertrag unterzeichnet haben. Zuständige Behörden in den USA sind der Auffassung, dass »seit dem Inkrafttreten der Konvention inzwischen doppelt so viele Länder aktiv an einem offensiven biologischen Waffenpotential gearbeitet haben oder noch arbeiten.«[16] Die Biowaffenkonvention gestattet Verteidigungsprogramme, und die Tatsache, dass sie aus diesem Grunde durchgeführt werden, rückt zwei sehr umstrittene Fragen in den Blickpunkt des Interesses: Sorgt der Vertrag etwa erst recht dafür, dass B-Waffen verbreitet werden? Und wie viel Sicherheit kann er überhaupt bieten?

Wächst die Bedrohung durch biologische Waffen?

Einige Autoren sind der Ansicht, Verteidigungsprogramme könnten einen »biologischen Rüstungswettlauf« auslösen.[17] Ihrer Meinung nach zeigt die Produktionsweise von Impfstoffen, wie nahe die Forschungsarbeiten für Abwehr und Angriff beieinander liegen. Impfstoffe sind normalerweise inaktivierte Formen eines Virus; daher muss ein Land, das einen Impfstoff entwickeln will, erst einmal das Virus züchten. Jonathan King, Professor für Mikrobiologie am Massachusetts Institute of Technology, sowie der Molekularbiologe und Arzt Dr. Harlee Strauss schreiben dazu, nachdem sie die Maßnahmen skizziert haben, die für den Schutz gegen biologische Kampfstoffe erforderlich sind: »Diese Maßnahmen – die Herstellung eines potentiellen biologischen Kampfstoffes, die Entwicklung eines Impfstoffes dagegen sowie die Überprüfung der Vakzine auf ihre Wirksamkeit – würden allesamt auch bei einem entsprechenden offensiven B-Waffen-Programm durchgeführt. Es ist nicht so, dass die Programme ähnlich zu sein ›scheinen‹, sie haben tatsächlich viele Komponenten gemeinsam.«[18]

King und Strauss behaupten, das Problem, dass man nur schwer zwischen Abwehr und Angriff unterscheiden könne, reiche über die Produktion von Impfstoffen hinaus. »Die Tatsache, dass die Grenzen zwischen Abwehr- und Angriffprogrammen verschwimmen, gilt nicht nur für die Forschung«, schreiben sie, »sondern auch für die Entwicklung, Überprüfung, Produktion und Schulung. Obwohl man möglicherweise an der Größe des Projekts ablesen kann, was damit im Stadium der Entwicklung und danach beabsichtigt ist, gibt es dennoch eine ausgedehnte Grauzone, in der man das, was für einen Angriff beziehungsweise eine Abwehr erforderlich ist, nicht mehr unterscheiden kann.«[19] (Wenn es um Sabotageakte geht, verliert das Kriterium des Ausmaßes natürlich an Bedeutung. Äußerst geringe Mengen eines biologischen Kampfstoffes können enorm viele Menschen infizieren. Ein Gramm des Anthraxerregers bildet soviel Sporen, dass man damit 100 Millionen Menschen umbringen kann.[20])

Wenn man eine defensive Forschungsarbeit kaum von einer offensiven unterscheiden kann, so wird argumentiert, dann werden viele Leute der Behauptung nicht glauben, diese Forschung sei harmlos. Ein Verdacht ist leicht geweckt und schwierig aus der Welt zu schaffen. Länder, die anderen misstrauen, werden sich möglicherweise dafür entscheiden, eigene B-Waffen-Programme zu entwickeln oder weiter auszubauen. Auf diese Weise sorgen Verteidigungsprogramme unter Umständen dafür, dass gerade die Aktivitäten angeregt werden, die sie eigentlich verhindern sollten. Dies geschah tatsächlich in der Zeit zwischen 1915 und 1945, als Deutschland, Frankreich, die UdSSR sowie Großbritannien und seine Verbündeten begannen, ihre B-Waffen-Programme zu entwickeln.[21]

Die Absicht der B-Waffen-Konvention von 1972 ist allerdings klar: Forschung zu Verteidigungszwecken ist erlaubt, Kriegsvorbereitungen sind dagegen verboten. Doch wo soll man da in der Praxis die Grenze ziehen?

Einer anderen amerikanischen Ansicht zufolge kann man diese Grenze ganz klar erkennen. Dr. David Huxsoll ist der frühere Kommandeur des Medizinischen Forschungsinstituts für Infektionskrankheiten der US-Armee in Fort Detrick, Maryland, dem Zentrum für die Verteidigung der Vereinigten Staaten gegen einen Krieg mit biologischen Waffen. »Die einzige Ähnlichkeit zwischen einer defensiven und einer offensiven Forschung besteht darin, dass in beiden Fällen am Anfang ganz normale Labortechniken eingesetzt werden«, schreibt er. »Aber bereits zu Beginn sind die experimentellen Hypothesen einander diametral entgegengesetzt.«[22] Und er fährt fort: »Zu einem Angriffsprogramm gehören Forschungsprojekte, bei denen es um eine Massenproduktion sowie die Lagerung riesiger Mengen an Mikroorganismen geht, um ihre Stabilisierung in einem Aerosol, die Verbesserung der Virulenz oder Persistenz, oder um Verbreitungsmethoden und Waffenentwicklung. Ein Verteidigungsprogramm dagegen befasst sich mit der Entwicklung von Methoden, die biologische Kampfstoffe nachweisen, mit der Behandlung der von ihnen ausgelösten Krankheiten sowie den Fragen, wie man sich vor ihnen schützen und ob man sie unschädlich machen kann.«

Es liegt auf der Hand, dass Verteidigungsexperten und Journalisten oder Autoren sehr unterschiedliche Ansichten über den Nutzen einer Verteidigung haben. Viele ihrer Argumente ergeben sich daraus, wovon sie ausgehen und was sie beobachtet haben; und dabei spielen Sicherheit und Offenheit eine große Rolle.

Sicherheit und Offenheit

Wenn bezweifelt wird, ob Forschung zu Verteidigungszwecken sicher ist, weckt Forschung Misstrauen. Wie im fünften Kapitel berichtet, führte das Pentagon in der Zeit zwischen 1949 und 1969 in den USA im Freien 239 Versuche zur biologischen Kriegsführung über bewohnten Gebieten durch, so unter anderem über San Francisco, Minneapolis, St. Louis, Key West und Panama City. Die Versuche wurden durchgeführt, um herauszufinden, wie Bakterien ausgebracht werden können und wie sie sich bei einem biologischen Angriff verhalten. Statt pathogener Bakterien benutzte die Armee sehr ähnliche andere Bakterien, die – wie von den Verantwortlichen stets behauptet wurde – harmlos waren; und obwohl dies heute bestritten wird, waren sie aufgrund ihres damaligen Kenntnisstandes wohl ganz zu Recht dieser Ansicht. Seitdem haben sich jedoch – zum Teil aufgrund von Indizien – Beweise dafür ergeben, dass diese Bakterien durchaus nicht so harmlos waren, wie es die Behörden angenommen hatten.

Es wird auch behauptet, dass die von der Armee bei ihren Freiluftversuchen verwendeten Mikroorganismen sogar heute noch potentiell gefährlich sind.[23] Viele Menschen – besonders diejenigen, die in der Nähe des Versuchgeländes von Dugway leben – haben Bedenken, den derzeitigen Versicherungen zu glauben, dass alles sicher sei.

Es hat Ansätze gegeben, die Anwohner in die Versuchsabläufe mit einzubinden: So wurde 1989 zum Beispiel der Beratende Bürgerausschuss für Versuche in Dugway gegründet. Seine Mitglieder beklagen jedoch, dass die US-Army ihnen nie die Gelegenheit gegeben hat, ihre Aufgabe wirklich zu erfüllen oder sich nennenswert an den Diskussionen zu beteiligen.

Eine Möglichkeit, das Misstrauen gegenüber Verteidigungsprogrammen abzubauen, besteht darin, sie so weit wie möglich publik zu machen. Während Dr. Huxsoll die Meinung vertritt, das US-Programm sei »von beispielhafter Offenheit bei der Verbreitung von Informationen ...«[24], sind andere damit ganz und gar nicht einverstanden.

Charles Piller und Keith Yamamoto beispielsweise wandten sich an das US-Verteidigungsministerium, um Einzelheiten über die vom Ministerium finanzierten biotechnologischen Forschungsprojekte zu erfahren. Aufgrund der unvollständigen Informationen, die sie erhielten, kamen sie zu dem Schluss, dass die Behörde zwischen 1980 und 1986 329 Projekte finanziell unterstützt hatte. Ein Drittel der internen militärischen Projekte hätte unter Umständen einem Angriff dienen können: so sollten zum Beispiel neue biologische Kampfstoffe hergestellt sowie untersucht werden, wie man biologische Kampfstoffe in Form von Aerosolen ausbringen und Impfstoffe unbrauchbar machen kann. Piller und Yamamoto kritisierten, die Neigung des Militärs zur Geheimhaltung führe schließlich dazu, dass »jede unabhängige Analyse des B-Waffen-Programms – zum Schaden der USA und der internationalen Sicherheit – erschwert, wenn nicht verhindert wird.«[25] Sie weisen auch darauf hin, dass der Mangel an Offenheit Zweifel an der defensiven Natur der Politik aufkommen lasse. Es wird nicht erklärt, wie einzelne Versuche zusammenhängen; dies kann Argwohn erwecken. Piller und Yamamoto führen beispielsweise zwei Projekte an, bei denen in verschiedenen Instituten jeweils unterschiedliche Aspekte des Milzbranderregers untersucht werden. Einzeln betrachtet, scheinen diese Projekte völlig harmlos zu sein. Die Autoren fragten sich jedoch, ob sie nicht zusammen dazu benutzt werden könnten, die Diagnose einer Milzbrandinfektion zu verhindern. Dies könnte für ein Land nützlich sein, das einen Angriff mit dem Anthraxerreger plant.

Sobald eine Institution ihre Aktivitäten im Geheimen durchführen darf, kann es gefährlich werden. Bei einer Untersuchung durch den US-Kongress stießen die Ausschussmitglieder Ende der Achtzigerjahre auf eine »alarmierende Liste von Sicherheitsproblemen« in biologischen (und chemischen) Forschungseinrichtungen des Militärs.[26] Und dies trotz der Tatsache, dass sich die Armee bei der Untersuchung in ihren Selbstzeugnissen diesbezüglich einen guten, ja glänzenden Zustand bescheinigte und einen »angemessenen Schutz für die Arbeitskräfte und beinahe vollständigen Schutz für die Umgebung« lobend hervorhob.[27]

Leonard Cole schildert, wie selbst starke Zweifelsäußerungen der Öffentlichkeit die Schlussfolgerung der Armee nicht ins Wanken bringen konnten. Zu den Kritikpunkten, die damals und seitdem immer wieder in anderen offiziellen Berichten am biologischen Forschungsprogramm der Armee geäußert wurden, gehören unter anderem: das Fehlen einer Sicherheitsaufsicht, das Fehlen von Sicherheitsüberprüfungen, Vertuschung von Feuerausbrüchen und Unfällen, das Verlorengehen von Viren (so verschwanden beispielsweise

1981 aus Fort Detrick 2352 Milliliter mit Chikungunyaviren angereicherte Nährlösungen und wurden nie wieder aufgefunden), unnötige Wiederholungen von Forschungsarbeiten durch zivile Stellen sowie ungeeignete Sicherheitsmaßnahmen.[28]

Es überrascht daher kaum, dass es starke Vorbehalte gegen die angeblich vorhandene Sicherheit der militärischen Forschung gibt. Die Selbstzufriedenheit der Armee könnte durchbrochen und statt dessen Vertrauen aufgebaut werden, wenn die Armee ihre Aktivitäten mit größerer Offenheit präsentieren würde. Die Armee müsste die Absicht, mit der der Beratende Bürgerausschuss sowie sein Nachfolger, der Technische Überprüfungsausschuss, ins Leben gerufen wurde, ernst nehmen und Fachleute aus dem zivilen Bereich an der Überwachung der Versuchsprogramme beteiligen.

In Großbritannien ist die Geheimhaltung sogar noch ausgeprägter als in den USA, aber wie in den USA behaupten die britischen Behörden steif und fest, bei den Verteidigungsprogrammen gegen B-Waffen werde der Öffentlichkeit keine Information unnötig vorenthalten. Der ehemalige Leiter des Institutes für biologische Verteidigung in Porton Down, Dr. Graham Pearson, beteuert: »Wir arbeiten am Schutz der britischen Streitkräfte vor der Bedrohung durch chemische oder biologische Waffen. Wenn wir eine lange, detaillierte Liste ausarbeiten würden, wüsste ein potentieller Aggressor sofort, in welche Richtung sich unsere Forschungsarbeit bewegt. Außerdem würde er auf diese Weise erfahren, was wir nicht tun.«[29]

Es ist klar: Das Militär wird es nicht zulassen, dass all seine Forschungsprogramme veröffentlicht werden. Es könnte jedoch dafür sorgen, dass möglichst viele Forschungsvorhaben durch den zivilen Sektor abgedeckt werden, damit deren Ergebnisse in der Literatur zugänglich bleiben. In den USA wurde die Finanzierung der biologischen Forschung in den Achtzigerjahren unnötigerweise dem Militär übertragen. Malcolm Dando, Professor für Internationale Sicherheit an der Universität von Bradford, zufolge löste dies sehr viel Argwohn aus. Er bezeichnete es als eine »vernünftige« These, dass

»die Finanzierung durch das Militär so weit wie möglich reduziert werden sollte, damit das Vertrauen in die Offenheit und ebenso in die Durchführung wieder hergestellt wird ...«[30]

Ein Großteil der vom britischen Verteidigungsministerium unterstützten Forschung wird in Universitäten, Forschungsinstituten und von der Industrie durchgeführt und in der frei zugänglichen Literatur veröffentlicht. Am 9. Januar 1996 besaß das Verteidigungsinstitut von Porton Down 53 externe Verträge, von denen 42 mit 21 Universitäten geschlossen worden waren. Ihr Gesamtwert belief sich auf etwa fünf Millionen Pfund Sterling, und ihre Dauer lag zwischen wenigen Monaten und mehreren Jahren. Keiner der Verträge war geheim. Allerdings waren nur 19 Vertragspartner, die auf neun Universitäten verteilt waren, bereit, ihre Beziehung zu dem Institut zuzugeben.[31]

Das hat zweifellos eine Menge mit den Drohungen extremer Tierschützer zu tun – aus demselben Grund sprechen auch viele Wissenschaftler auch dann nicht gerne über ihre Forschung, wenn ihre Arbeit überhaupt nichts mit Verteidigungsfragen zu tun hat. Doch wenn größere Offenheit dafür sorgen kann, unnötigen Argwohn zu zerstreuen, dann sollten die Wissenschaftler bereit sein, über ihre Verträge und ihre Methoden in der Öffentlichkeit Rechenschaft abzulegen. Schweigen nährt nur bereits vorhandenes Misstrauen – auch wenn es vielleicht unbegründet ist.

Gelegentlich lehnen es Forscher auch überhaupt ab, Gelder aus dem Verteidigungshaushalt anzunehmen. Der Molekularbiologe Jonathan King vom Massachusetts Institute of Technology ist einer von etwa 800 US-Wissenschaftlern, die sich schriftlich dazu verpflichtet haben, keine derartige Forschung zu betreiben. Es gibt mehrere Punkte, über die sie sich Sorgen machen: dass solche Untersuchungen eher militärischen als zivilen Interessen dient; dass auch eine Forschung zu Verteidigungszwecken einem Angriff dienlich sein kann; dass es nicht möglich ist, mehr über das Gesamtkonzept zu erfahren, in den das einzelne Projekt eingebunden ist, und man daher nichts über eine eventuelle Anwendung weiß; sowie, dass Forschungen auf diesem Gebiet zu Misstrauen führen und andere Länder möglicherweise dazu bewegen, eigene B-Waffen-Programme zu entwickeln.

Soldaten, die in bewaffneten Konflikten ihren Dienst tun, dürfen erwarten, dass sie so gut wie möglich vor feindlichen Waffen geschützt werden. Das bedeutet, dass es Verteidigungsprogramme für einen Krieg geben muss, in dem biologische Waffen eingesetzt werden. Wie die Wahrnehmung dieser Programme in der Öffentlichkeit ist, sollte sehr ernst genommen werden, denn dies beeinflusst das Verhalten genauso, wie es Tatsachen tun. Wissenschaftler, die für das Militär arbeiten, sollten daher versuchen, das Vertrauen der Öffentlichkeit für ihre Arbeit zu gewinnen. Das könnte gelingen, wenn sie Fehler, die sie früher eventuell gemacht haben, zugeben und ihre aktuellen Forschungsarbeiten so weit wie möglich publik machen. Genauso sollten Wissenschaftler in zivilen Forschungsinstituten die Projekte, die sie zu Verteidigungszwecken durchführen, offen legen und bereit sein, darüber Rechenschaft abzulegen.

Gleichzeitig sollten alle Länder nichts unversucht lassen, um biologische Waffen zu ächten. Großbritannien versucht gemeinsam mit vielen anderen Ländern, eine internationale Regelung zu verbessern, durch die die Ausbreitung von B-Waffen verhindert werden soll. Das nächste Kapitel wird sich näher mit diesen Vorhaben befassen und nach seinem Erfolg fragen.

Szenario 1:
Es könnte besser laufen

1991 wurde der Vorwurf erhoben, das Forschungsprogramm der US-Armee zur Verteidigung gegen biologische Waffen (BDRP) verschwende beinahe die Hälfte seines Jahresetats von 43 Millionen US-Dollar. In einem Bericht des Allgemeinen Rechnungshofs, den der Ausschuss für Regierungsangelegenheiten veröffentlichte, wurde behauptet, dass Geld für fehlgeleitete Projekte und doppelte Forschungsarbeiten verschwendet würde. Dazu Senator John Glenn (Ohio): »Das BDRP hat zwar in den Achtzigerjahren Projekte finanziert, in denen ›exotische‹ Pathogene erforscht und Gegenmittel entwickelt wurden, es hat aber versäumt, medizinische Gegenmaßnahmen gegen viele ›konventionelle‹ biologische Agenzien wie etwa einen Impfstoff gegen Milzbrand zu finden.«[32]

Neben seiner falschen Zielsetzung wurde dem Programm auch vorgeworfen, Forschung zu Projekten finanziert zu haben, mit denen sich bereits andere Bundeseinrichtungen beschäftigten. Die Forscher der Army untersuchten 19 Kampfmittel, an denen bereits die Nationale Gesundheitsbehörde arbeiteten, sowie sieben Krankheiten, die schon von der obersten amerikanischen Gesundheitsbehörde (CDC) ins Auge gefasst worden waren.

Diesem Bericht zufolge wäre es leichter, solche Verschwendungen zu unterbinden, wenn die militärische Geheimhaltung reduziert und die Zusammenarbeit zwischen militärischen und zivilen Forschungseinrichtungen verstärkt würde. Dann forderte der Allgemeine Rechnungshof die Armee auf, ihre Forschung mit anderen Bundesbehörden zu koordinieren. Nicht nur mit anderen medizinischen Programmen, so der Rechnungshof, sei eine Zusammenarbeit erforderlich, sondern auch zwischen diesen und den Geheimdiensten. »Die Arbeiten, die unser Geheimdienst zur Entwicklung biologischer Kampfmittel fordert, müssen etwas damit zu tun haben, was in unseren Labors geschieht«, sagte Elisa D. Harris, leitende Forschungsanalystin der Brookings-Institution in Washington. »Es muss einen realen Zusammenhang zwischen der Bedrohung und dem Verteidigungsprogramm geben.«

Szenario 2: Eigentümliche Realitäten

New York, im Sommer 1999. Dutzende von Krähen rund um den Bronx-Zoo fangen an zu taumeln, flatterten hilflos und stürzen tot zur Erde. Dr. Tracy McNamara, Leiterin der pathologischen Abteilung des Zoos, bemerkte bestürzt: »Es regnet Krähen.« Im Verlauf des Labor-Day-Wochenendes erkrankten und verendeten im Zoo weitere Vögel: ein Kormoran, drei Chile-Flamingos, ein Fasan und ein Weißkopf-Seeadler. Etwa um die gleiche Zeit starben zwei ältere Leute in Queens an einer merkwürdigen Hirnhautentzündung, die durch ein Virus hervorgerufen worden war, das die behandelnde Ärztin nicht identifizieren konnte. Sie sandte Proben an das Gesundheitsamt der Stadt New York, das sie an ein Labor der obersten amerikanischen Gesundheitsbehörde (CDC) in Fort Collins, Colorado, weiterleitete. Am 3. September gab das CDC bekannt, dass es sich um die von Stechmücken verbreitete St.-Louis-Enzephalitis handelte. Der amtierende New Yorker Bürgermeister Giuliani ließ Pläne ausarbeiten, um die Stadt zur Abtötung der Mücken mit Malathion zu besprühen.

In der Zwischenzeit untersuchte Dr. McNamara Vogelproben und wurde misstrauisch. Der St.-Louis-Enzephalitis fielen normalerweise keine Vögeln zum Opfer. Wäre es möglich, dass ein neues Virus für den Tod von Vögeln und Menschen verantwortlich war? Dr. McNamara sandte Proben an das CDC und an das Nationale Veterinärlabor in Ames, Iowa. Die dort durchgeführten Analysen überzeugten sie, dass es sich bei dem Virus um etwas Neues handelte, und sie versuchte, das CDC auf den Fall aufmerksam zu machen. Als beim CDC niemand auf ihre Anrufe reagierte, schickte sie Proben an das US Army Medical Research Institute of Infectious Diseases (USAMRIID), dessen Wissenschaftler Experten auf dem Gebiet der biologischen Kriegsführung und des Bioterrorismus sind.

Am 22. September bestätigte das USAMRIID, dass es sich bei dem Virus nicht um den Erreger der St.-Louis-Enzephalitis handelte.

Mittlerweile hatte das CDC die Einzelstücke des Puzzles zusammengesetzt und gab am 24. September eine öffentliche Erklärung ab, wonach es sich bei dem Virus in Wirklichkeit um eine Form des Westnil-Virus handelte, den Erreger der Westnil-Enzephalitis – eine Krankheit, die noch nie zuvor in den Vereinigten Staaten aufgetreten war. Aus der Sicht des öffentlichen Gesundheitswesens war die neue Diagnose ohne Bedeutung: Träger des Westnil-Virus sind Vögel, und verbreitet wird es von Stechmücken, die man ohnehin mit Malathion bekämpfen wollte.

Doch in Langley, Virginia, ließ die überarbeitete Diagnose die Alarmglocken läuten; die dortige Abteilung der CIA, die für die Analyse von Biowaffen zuständig ist, kennt sich mit waffenfähigen Viren aus. Das Westnil-Virus war in einem Anfang 1999 in Großbritannien erschienen Buch als eines derjenigen Viren genannt worden, die der irakische Präsident Saddam Hussein bei einem bioterroristischen Angriff einzusetzen plante.

In New York erkrankten noch mindestens 50 Menschen an der Westnil-Enzephalitis, und wenigstens fünf von ihnen starben. Unterdessen verendeten Krähen auch in New Jersey, südlich von New York City. Da auf dem Herbstzug Süden die vorherrschende Zugrichtung der Vögel ist, waren sich die Behörden nicht sicher, ob das Virus den Winter in New York überleben würde oder nicht. Möglicherweise bricht es in künftigen Sommern wieder aus oder könnte mit den Vögeln bis nach Südamerika gelangen.

Experten sind sich nicht einig, wie groß die Wahrscheinlichkeit ist, dass es sich bei dem Ausbruch in New York um einen Angriff mit biologischen Waffen handelt. Dr. Ken Alibek, bis zu seinem Überlaufen 1992 in die USA stellvertretender Forschungsleiter im Biowaffenprogramm der Sowjetunion, hielt die Angelegenheit für verdächtig. »Man kann nicht sagen, ob es sich um einen terroristischen Angriff handelt oder nicht, bis wir eine gründliche Untersuchung vorgenommen haben«, meinte er gegenüber Kongressabgeordneten. Jessica Stern vom Zentrum für Wissenschaft und Internationale Angelegenheiten in Harvard hält die Wahrscheinlichkeit für »höchst gering«. »Zum einen ist die Westnil-Enzephalitis eine relativ leichte Erkrankung, und Saddam Hussein verfügt in seinem Arsenal über weit wirkungsvollere Mittel«, schrieb sie. Viel wahrscheinlicher ist, dass das Virus durch menschliche oder tierische Überträger in die USA gelangte wie die meisten anderen Viren, die so lange unentdeckt bleiben, bis sie Krankheiten hervorrufen.

Diese Schilderung dieses Szenarios macht deutlich, wie schwierig es ist, sich in einem Krieg mit B-Waffen zu verteidigen. Bei der ersten Identifizierung des Virus kam es zu einem Missverständnis, weil der Wissenschaftler der obersten amerikanischen Gesundheitsbehörde (CDC), dem die Proben zur Bestimmung zugesandt worden waren, seine Proben nur auf Antikörper gegen sechs in den USA weit verbreitete Viren testete. Offensichtlich musste er bis dahin noch nie auf Viren testen, die wie das Westnil-Virus niemals zuvor in den USA vorgekommen waren. In all ihren Plänen, wie man eine plötzliche Häufung bestimmter Krankheitsfälle nachweisen und darauf reagieren soll, sind die Bundesbeamten immer wieder davon ausgegangen, dass man die medizinischen Fachleute hierzu in der Humanmedizin finden würde. Tatsächlich aber war Dr. Tracey McNamara, die bei der richtigen Identifikation des Virus eine zentrale Rolle spielte, eine Angestellte des Bronx-Zoos und arbeitete mit Tieren. Die Pläne, wie man auf eine von Tieren verursachte Epidemie reagieren soll, »sind nicht allzu gut«, meint Michael Samuel, Leiter eines Forschungsprojekts am National Wildlife Health Center, das dem Innenministerium unterstellt ist. »Meines Wissens hat unsere Nation für einen solchen Fall keinen Plan, auf den wir zurückgreifen können.«

Letzten Endes zeigte diese Epidemie, welche Unterschiede es zwischen dem tatsächlichen menschlichen Verhalten und den offiziellen Plänen für einen biologischen Verteidigungsnotfall gibt. Die offiziellen Pläne nutzen die vorhandenen Strukturen auf eine logische Weise. Die Wirklichkeit sah aber so aus, dass die Leute, die mit dem New Yorker Krankheitsausbruch zu tun hatten, alle nur erdenklichen Mittel nutzten, um herauszufinden, was vor sich ging – das waren aber nicht unbedingt die Mittel, die eigentlich vorgesehen waren. Dr. McNamara sandte Vogelproben zur Analyse an das CDC in Atlanta. Die dortigen Wissenschaftler beschäftigten sich aber vor allem damit, das Virus zu identifizieren, das New Yorker Bürger tötete, und brachten es nicht gleich in Verbindung mit (demselben) Virus, das für den Tod der Vögel verantwortlich war. Sie stuften daher Dr. McNamaras Proben als nicht so wichtig ein und antworteten eine Woche lang nicht auf ihre Anrufe. Da sie jedoch kurz vorher auf der Hochzeit eines Pathologen vom medizinischen Forschungsinstitut für Infektionskrankheiten der US-Armee gewesen war, das normalerweise nicht in zivile Untersuchungen eingebunden wurde, gelang es ihr, dieses Labor dazu zu bewegen, sich ihre Proben anzusehen. So wurde das Virus, dessen Auftauchen das CDC später »Mutter Natur« zuschrieb, als erstes von Wissenschaftlern erkannt, die für das Militär arbeiteten, und nicht von Zivilisten.

Eine ähnliche Wendung nahm die Geschichte, nachdem das CDC zu einer falschen Diagnose gekommen war. Zu dieser Zeit trafen Gesundheitsbeamte des Staates New York bei einer Konferenz Wissenschaftler von der University of California und sandten Proben zur Analyse an deren Labor, ohne dies dem CDC oder den Beamten der Stadt New York mitzuteilen. Ein Monat nach dem Ausbruch lieferte das Labor in Kalifornien die richtige Diagnose, woraufhin die Staatsbeamten ankündigten, sie würden die Sache jetzt in die Hand nehmen. Dieser Vorgang machte deutlich, welche Spannungen es zwischen städtischen und staatlichen Beamten gibt, deren Beziehungen Dr. Stephen C. Joseph, der Gesundheitsbeauftragte der Stadt von 1986 bis 1990, mit der von »Stachelschweinen beim Liebesspiel« verglich.

Keiner dieser Irrwege änderte in diesem Fall etwas daran, wie die Stadt mit dem epidemischen Auftreten der Krankheit umging; sie zeigen jedoch, dass die Wirklichkeit im Allgemeinen komplizierter ist und mehr Nuancen aufweist, als es offizielle Pläne vorsehen. Die anfänglich fehlende Koordination unter den New Yorker Gesundheitsbeamten könnte Gesundheitsexperten zufolge eigene Risiken und Gefahren mit sich bringen, weil die New Yorker nicht wussten, wer für was zuständig war. »Diese Situation vermittelt den Eindruck, dass Beamte nicht wissen, was sie tun; und wenn die Leute kein Vertrauen mehr in diejenigen haben, die für ihr Wohlergehen zuständig sind, dann führt das zu Unruhen und dazu, dass die Menschen lächerliche Dinge sagen«, meinte der früher am CDC beschäftigte Wissenschaftler Charles Calisher.

Die ganze Episode macht noch etwas anderes deutlich. »Sie ist ein ernüchterndes, nicht sehr beruhigendes Beispiel dafür, wie unzulänglich das Netzwerk der USA noch ist, wenn es um das Aufspüren von Krankheitsausbrüchen geht«, sagte Alan P. Zelicoff, leitender Wissenschaftler am Zentrum für Nationale Sicherheit und Rüstungskontrolle der Sandia National Laboratories in New Mexico. Sie wirft auch ein Schlaglicht darauf, wie relativ wenig Geld derzeit für die Entdeckung epidemisch auftretender Krankheiten ausgegeben wird – verglichen mit den Milliarden, die für die Verteidigung gegen B-Waffen aufgebracht werden. Es ist gut möglich, dass man dann am effizientesten ein schnelles Warnsystem aufbauen kann, das Angriffe mit biologischen Waffen meldet, wenn man mehr Geld in die Überwachung aller epidemisch auftretenden Krankheiten investiert.

Kapitel 9

Internationale Abkommen

In den Neunzigerjahren des letzten Jahrhunderts kamen die internationalen Bemühungen, die Verbreitung chemischer Waffen und Kernwaffen einzudämmen, wieder ein Stück weit voran. 1995 wurde der Atomwaffensperrvertrag auf unbestimmte Zeit verlängert. 1996 konnte der Atomwaffen-Teststopp-Vertrag unterzeichnet werden; im April 1997 trat die Chemiewaffenkonvention in Kraft. Biologische Waffen sind die einzigen Massenvernichtungswaffen, bei denen die Kontrollbestimmungen noch nicht verstärkt wurden. Viele fürchten, so genannte »Schurkenstaaten« könnten diese Waffen benutzen, wenn die Kontrollen nicht weiter verschärft werden.

Obwohl Regierungen schon seit langem weltweit erkannt haben, welche Gefahren ein Krieg mit B-Waffen mit sich bringt, führten ihre Versuche, eine Regelung zu finden, bisher nur zu sehr vagen Kontrollbestimmungen. Ende des Jahres 2001 scheint dieses System dem Zusammenbruch nahe zu sein. In diesem Kapitel werde ich einen Überblick über die bereits getroffenen Bestimmungen geben, ihre Mängel aufzeigen und Verbesserungsvorschläge machen. Im nächsten Kapitel fragen wir, wie einzelne Interessierte diese Anstrengungen unterstützen können, die Welt sicherer zu machen.

Das Genfer Protokoll von 1925

Das Genfer Protokoll steht in einer Linie mit den Bemühungen, mit denen man im 19. Jahrhundert erstmals versuchte, die Schrecken des Krieges zu verringern. Es verbot den Einsatz »bakteriologischer« (biologischer) Kriegsmittel, ermächtigte aber Staaten, die sich zu einer Einhaltung des Vertrages verpflichteten, diese Garantien nur auf Staaten zu beschränken, die sich ebenfalls vertraglich gebunden hatten. Somit war es kein generelles Verbot, sondern mehr ein Versprechen, nicht als Erster B-Waffen einzusetzen.

Die Konvention gegen biologische Waffen

Derzeit steht die Konvention gegen biologische Waffen (BWC) im Zentrum aller Versuche der Nationen, die Verbreitung von B-Waffen in den Griff zu bekommen. Sie war 1972 fertig zur Unterzeichnung und trat 1975 in Kraft. Bis Oktober 2001 hatten 143 Staaten den Vertrag ratifiziert und weitere 18 Staaten unterzeichnet, aber noch nicht ratifiziert; 33 Staaten hatten sie noch nicht einmal unterzeichnet. Sorgen bereitet die Tatsache, dass sich unter diesen 18 Signatarstaaten auch Ägypten und Syrien befinden: Der Mittlere Osten ist eine unstabile Region. Noch beunruhigender ist allerdings der Status Israels, das den Vertrag weder unterzeichnet noch ratifiziert hat. (Länder verpflichten sich in einem zweistufigen Verfahren, ein internationales Abkommen einzuhalten. In der ersten Phase unterzeichnen sie es; damit signalisieren sie ihre Absicht, sich daran zu halten. In der zweiten Phase ratifizieren sie es; damit wird der Vertrag auf nationaler Ebene bindend: in Großbritannien etwa, indem der Vertrag vom Parlament verabschiedet wird, in den USA, indem er von zwei Dritteln der Mitglieder des Senats angenommen wird. Länder, die ein Abkommen unterzeichnet und ratifiziert haben, bezeichnet man als die Vertragsstaaten dieses Abkommens.)

Die B-Waffen-Konvention ist ein sonderbares Abkommen: Das erste, das eine ganze Gruppe von Waffen ächtet. Trotzdem ist darin überhaupt keine Kontrolle im Hinblick darauf vorgesehen, ob sich die Vertragsstaaten an ihr Wort halten. Dies ist insofern Besorgnis erregend, als etwa acht von ihnen – darunter China, der Irak, Iran und Libyen – im Verdacht stehen, B-Waffen zu entwickeln; und von Russland weiß man sogar, dass es B-Waffen besitzt. »Insgesamt nehmen die Vereinigten Staaten an, dass sich jetzt doppelt so viele Staaten darum bemühen, ein Potential an offensiven B-Waffen aufzubauen, als zu dem Zeitpunkt, an dem die Konvention in Kraft trat«, sagte ein US-Abgeordneter Ende 1996.[1]

Die Konvention schwankt zudem gefährlich zwischen zwei Positionen hin und her: Einerseits versucht sie, für eine friedliche Nutzung der biologischen Forschung zu sorgen, andererseits bemüht sie sich, ihren Missbrauch zu verhindern. Dieser Balanceakt ist jedoch unvermeidlich, da in der zivilen Biotechnologie-Industrie mit denselben Methoden und Apparaten gearbeitet wird wie bei der Herstellung von B-Waffen (siehe fünftes Kapitel), und bildet das zentrales Dilemma der B-Waffen-Kontrolle. Dieses Dilemma erschwert natürlich eine effektive Regelung, zumal die B-Waffen-Konvention noch zusätzlich dadurch geschwächt wird, dass es kein ständiges Organ gibt, das die Einhaltung dieser Konvention überwacht. Das bedeutet, dass ihr Regelwerk nur äußerst langsam umgesetzt wird.

Im Vergleich zu anderen internationalen Verträgen ist die Biowaffenkonvention mit ihrer kurzen Präambel und nur 15 Artikeln alles andere als ein »gewichtiges« Dokument. Sie wird oft mit der C-Waffen-Konvention verglichen, die im April 1997 in Kraft trat. Diese umfasst 200 Seiten, die Biowaffenkonvention dagegen nur vier; es dauerte neun Jahre, die Chemiewaffenkonvention auszuhandeln, bei der B-Waffen-Konvention waren es drei; und die C-Waffen-Konvention enthält lange und ausführliche Verifikationsbestimmungen, die dafür sorgen sollen, dass sich die Vertragsstaaten auch an ihre Verpflichtungen halten. Auf die Gründe, warum die B-Waffen-Konvention in vielem so etwas wie der kleinere Bruder ist, werden wir noch eingehen.

Entstehung der B-Waffen-Konvention

Einige Interpreten sind der Meinung, die Supermächte hätten Ende der Sechzigerjahre, als sich in der internationalen Politik Ansätze zur Entspannung zeigten, mit ernsthaften Verhandlungen über die Beschränkung von Kernwaffen beginnen wollen und seien froh gewesen, die weniger wichtige Frage der B-Waffen, die sie für militärisch nicht so relevant hielten, zunächst einmal beiseite schieben zu können. Großbritannien hatte 1968 einen gesonderten B-Waffen-Vertrag vorgeschlagen – bis dahin war über diese Waffen immer zusammen mit den C-Waffen verhandelt worden. Die USA verzichteten 1969 auf ihr B-Waffen-Potential. Die Sowjetunion war zuerst gegen einen eigenen Vertrag, schloss sich dann aber dieser Idee an; daraufhin wurde sie in die Tat umgesetzt.

Dieses glückliche Zusammentreffen von Ereignissen mag vielleicht erklären, warum sich keiner um die Überwachung gekümmert hat: Denn da niemand vorhatte, B-Waffen herzustellen, machte es keinen Sinn, sie zu überwachen. Diese Interpretation steht allerdings ganz im Gegensatz zu dem, was andere Experten heute meinen: dass die Supermächte B-Waffen absolut nicht als militärisch irrelevant eingestuft, sondern nur zu gut erkannt hatten, wie gut sie sich als billige Massenvernichtungswaffen eignen. Sie hatten andere militärische Möglichkeiten, auf die sie zurückgreifen konnten, und wollten andere Länder daran hindern, ein biologisches Waffenpotential aufzubauen. Möglicherweise waren die Supermächte daran interessiert, Vorkehrungen zur Überwachung mit einzubeziehen, doch so weit reichte die Entspannung dann doch nicht. Alexander W. Worobiew, ein Mitglied der ständigen Abordnung der Russischen Föderation bei der Abrüstungskonferenz, fasst treffend zusammen: »... zu der Zeit, als die B-Waffen-Konvention ausgehandelt wurde, war es völlig ausgeschlossen, ein effektives Verfahren festzulegen, um die Einhaltung zu überprüfen.«[2]

Wie auch immer die B-Waffen-Konvention zustande kam, das Ergebnis ist recht armselig. Seit sie in Kraft getreten ist, versucht man sie zu verbessern; dazu werden alle fünf Jahre Überprüfungskonferenzen abgehalten und Ad-hoc-Gruppen eingerichtet, die sich mit speziellen Fragen beschäftigen. Einige von ihnen werden wir uns später genauer ansehen; zuerst wollen wir aber zusammenfassen, was in der Konvention selber steht.

Bestimmungen der B-Waffen-Konvention

Einige der 15 Artikel der Konvention legen die üblichen Formalitäten eines Vertrages fest: beispielweise, in welchen Sprachen er veröffentlicht werden soll und wie er geändert werden kann. Mit den beiden wichtigsten Artikel der B-Waffen-Konvention wollen wir uns hier näher beschäftigen.

Entscheidend ist Artikel I. Ihm zufolge verpflichten sich die Signatarstaaten, »mikrobiologische oder andere biologische Substanzen oder Toxine ..., die nicht durch Vorbeugungs-, Schutz- oder sonstige friedliche Zwecke gerechtfertigt sind, ... niemals und unter keinen Umständen zu entwickeln, herzustellen, zu lagern oder in anderer Weise zu erwerben oder aufzubewahren.« Dazu sind zwei Dinge anzumerken: 1. Die Forschung wird nicht verboten; 2. der Artikel läuft darauf hinaus, den friedlichen Einsatz biologischer Substanzen und Toxine zu erlauben, alles andere jedoch zu verbieten. Auf diese Weise umgeht die B-Waffen-Konvention alle Fragen danach, welche Substanzen und welche Apparate im Einzelnen erlaubt sind. Sie konzentriert sich stattdessen ganz auf einen Punkt: den Zweck, für den irgendeine Substanz oder ein Apparat benutzt werden soll. Artikel III verbietet den Vertragsstaaten, einem anderen Land »Substanzen, Toxine, Waffen, Ausrüstungen oder Einsatzmittel« für weitere illegale Zwecke zu liefern.

Soviel zur Entwaffnung. Nun zur Entwicklung: Unter Artikel X verpflichten sich die Vertragsstaaten »den weitestmöglichen Austausch von Ausrüstungen, Material und wissenschaftlichen und technologischen Informationen zur Verwendung bakteriologischer (biologischer) Agenzien und von Toxinen für friedliche Zwecke zu erleichtern.« In dem Artikel heißt es weiter, dieses Übereinkommen sei »so durchzuführen, dass es keine Behinderung für die wirtschaftliche und technologische Entwicklung der Vertragsstaaten … darstellt.«

Aufgrund des schon erwähnten Problems mit der Doppelnutzung von Anlagen sind die beiden Kernbestimmungen der B-Waffen-Konvention weitgehend unvereinbar. Wer kann zum Beispiel sagen, welcher »Austausch von Ausrüstungen« friedlichen Absichten dient, und welcher dazu, B-Waffen herzustellen, wenn man für beides dieselben Apparaturen benutzen kann? Solange alle Vertragsstaaten die gleichen Interessen haben, muss diese Frage nicht zu einem unlösbaren Problem werden; das ist aber nicht der Fall.

Den Industriestaaten ist vor allem daran gelegen, die Bestimmungen zur Entwaffnung zu verschärfen. Sie wollen eine Weiterverbreitung biologischer Waffen verhindern. Der Gedanke, »die Massenvernichtungswaffen des kleinen Mannes« könnten das Sicherheitssystem der Welt destabilisieren, in der sie ein großes Verteidigungspotential besitzen, gefällt ihnen ganz und gar nicht. Es liegt nicht im eigentlichen Interesse der Industriestaaten, ärmeren Ländern beim Aufbau ihrer eigenen Biotechnologie-Industrie zu helfen (und mit einer gewissen Berechtigung argumentieren sie, dass es für diesen Zweck bereits viele bi- und multilaterale Hilfsprogramme gibt).[3] Ärmere Staaten legen dagegen vor allem Wert auf die in der Konvention angesprochene Entwicklung. Sie fragen sich, warum sie, wenn sie auf B-Waffen verzichten, nicht die Hilfe erhalten sollten, von der in der B-Waffen-Konvention die Rede ist, um ihre eigene Biotechnologie-Industrie, die noch in den Kinderschuhen steckt, zu stärken?

In den regelmäßig anberaumten Überprüfungskonferenzen soll

eine Lösung dieses Interessenkonflikts in Form von verschiedenen Maßnahmen zur Verbesserung der Konvention herbeigeführt werden.

Überprüfungskonferenzen

1980, 1986, 1991 und 1996 gab es Überprüfungskonferenzen. Die fünfte wird vom 19. November bis zum 7. Dezember 2001 stattfinden. Auf diesen Treffen besprechen die Vertragsstaaten jeden Artikel der Konvention erneut und dokumentieren, inwieweit er jeweils umgesetzt wurde. Jede Konferenz hebt erneut hervor, dass die B-Waffen-Konvention biologische Waffen grundsätzlich verbietet, und versichert zugleich, dass sie sämtlichen Entwicklungen in den Bereichen Mikrobiologie, Biotechnologie und Gentechnik mit abdeckt. Auf diese Weise wird die internationale Vorschrift bekräftigt, wonach ein Krieg mit biologischen Waffen verboten ist, ohne dass allerdings der Versuch unternommen wird zu definieren, bei welchen Substanzen und Mengen genau ein Verstoß vorliegt. Russland hat die Ansicht vertreten, durch genauere Angaben würde eine Verifikation erleichtert. Großbritannien und andere westlichen Staaten sind dagegen der Meinung, dass eine solche Festlegung nicht erforderlich ist. »Das ist«, wie es ein Delegierter ausdrückte, »wie bei der Pornographie: Man erkennt schon beim ersten Blick, ob die Grenzen überschritten sind.«

Nach der Konferenz von 1986 stimmten die Vertragsstaaten einem breiten Spektrum von vertrauensbildenden Maßnahmen zu, das 1991 noch erweitert wurde. Darin wurde von ihnen verlangt, Informationen zu den eigenen Forschungsprojekten zugänglich zu machen, so dass die anderen mehr darüber erführen und Misstrauen abgebaut würde. Unter anderem sollten sie angeben, ob Einrichtungen für biologische Forschungen, die ein erhöhtes Risiko bergen könnten, vorhanden seien; ferner, welche defensiven Forschungsprogramme gerade durchgeführt würden; außerdem jegliches gehäufte Auftreten von Krankheiten, die in den anderen den Verdacht auf entsprechende Aktivitäten wecken könnten; des weiteren, wie die B-Waffen-Konvention auf nationaler Ebene umgesetzt wurde, welche Angriffs- und Verteidigungsprogramme es früher gab und welche Anlagen zur Herstellung von Impfstoffen für Menschen existierten. Außerdem wurden die Vertragsstaaten aufgefordert, die internationale Zusammenarbeit zu verstärken, wie es Artikel X verlangt, um so den Einsatz biologischer Forschung für erlaubte Zwecke zu fördern.

Die Reaktionen waren sehr enttäuschend. Zwar machte eine Mehrzahl der Vertragsstaaten irgendwann einmal Angaben, doch haben das nur wenige konsequent durchgeführt; außerdem waren viele Berichte unvollständig. Auch die Beteiligung der Länder der Dritten Welt war äußerst dürftig.

Die Unvereinbarkeit von Entwaffnung und Entwicklung beeinflusste auch die Umsetzung der vertrauensbildenden Maßnahmen. Während die westlichen Länder vor allem im Blick hatten, welche Vorteile diese Maßnahmen für ihre Sicherheit boten, sahen die Länder der Dritten Welt in ihnen eher einen viel versprechenden Anstoß für ihre wirtschaftliche Entwicklung. Sie hatten das Gefühl, dass sie vom Westens nicht ausreichend unterstützt wurden. Auf der Überprüfungskonferenz von 1991 drückten sie ihr Missfallen aus, indem sie die Einrichtung eines ständigen kleinen Sekretariats verhinderten; dieses hätte dafür sorgen können, dass die Vertragsstaaten auch in der Zeit zwischen den Überpüfungskonferenzen die durch die Konvention auftretende Probleme nicht aus den Augen verlieren würden, und wäre auf diese Weise ein Fortschritt gewesen.

Unabhängige Stimmen beiderseits des Atlantiks beginnen allmählich, die Industrienationen aufzufordern, den Artikel X ernster zu nehmen, als sie es bisher getan haben. Julian Perry Robinson, ein Fachmann für chemische und biologische Waffen, schreibt beispielweise über die zukünftigen Chancen der B-Waffen-Konvention:

»... Wir im Norden müssen die im Vertrag genannten Verpflichtungen zur Entwicklungsförderung möglicherweise sehr viel ernster nehmen, als wir das bisher getan haben.«[4] Und ein führender Experte für B-Waffen aus den Vereinigten Staaten meinte dazu im Januar 1997: »Wir müssen viel kreativer sein und Möglichkeiten finden, auf die Sorgen der Länder aus der Dritten Welt einzugehen.«

Das Problem mit der Doppelnutzung sowie die ungelöste Frage, ob nun Entwaffnung oder aber Entwicklung Priorität haben soll, erschweren noch eine weitere Maßnahme: die Exportkontrollen.

Exportkontrollen

In Artikel III der B-Waffen-Konvention verpflichten sich die Vertragsstaaten, keine anderen Staaten mit Substanzen oder Ausrüstung zu versorgen, die für die Herstellung von B-Waffen benutzt werden könnten. Das hat dazu geführt, dass viele Staaten Exportkontrollen verhängt haben. Die Initiative erwuchs aus der Arbeit der Australien-Gruppe, die aus 15 Mitgliedern besteht und im Jahre 1985 in der Hoffnung gegründet wurde, verhindern zu können, dass ungewollt Materialien ausgeliefert werden, die für die Herstellung von C-Waffen erforderlich sind. Die Gruppe wurde immer größer – 1996 bestand sie aus 29 Staaten – und übernahm 1992 darüber hinaus noch die Aufgabe, die Verbreitung von B-Waffen zu verhindern.

Die Exportkontrollen waren vielleicht eine gute Idee, aber in der Praxis wiesen sie tiefgreifende Mängel auf. Die Gesetze Großbritanniens etwa verlangen seit 1992 Lizenzen für den Export vieler Krankheitserreger von Menschen und Tieren, von Toxinen und gentechnisch veränderten Mikroorganismen sowie einer Vielzahl von Apparaten, mit deren Hilfe sich biologische Substanzen herstellen lassen. Einem Bericht einer Arbeitsgruppe der Royal Society zufolge, die 1994 die Kontrollen in Großbritannien überprüfte, erreicht man durch diese Gesetzgebung bestenfalls, dass die Verbreitung von biologischen Waffen ein wenig verzögert wird, weil »ein entschlossener Aggressor, falls erforderlich, B-Waffen auch mit Hilfe einer nicht so hochtechnisierten Ausrüstung herstellen würde, die nicht auf den Listen steht ...«[5] Die Arbeitsgruppe kritisierte, dass viele Länder der Dritten Welt, die überhaupt kein Interesse daran gezeigt hätten, B-Waffen zu entwickeln, zu einer Gruppe von Staaten gerechnet wurden, deren Importe besonders im Auge behalten werden sollten. Die Exportkontrollen könnten daher deren ökonomische Entwicklung behindern; dies stünde im Widerspruch zur B-Waffen-Konvention. Auch Indien berief sich auf der vierten Überprüfungskonferenz im November 1996 speziell auf diesen Punkt. Das Problem ist umstritten: Die Vereinigten Staaten vertreten die Ansicht, Exportkontrollen würden die Entwicklung in Wirklichkeit überhaupt nicht behindern. Die Arbeitsgruppe der Royal Society empfahl, bei der Frage der Exportkontrollen diplomatischer vorzugehen und mehr auf die Entwicklungsbedürfnisse der ärmeren Länder, aber auch auf die potentielle Bedrohung durch die Exporte zu achten. Malcolm Dando, Professor für internationale Sicherheit in Bradford, wies auch darauf hin, dass die für die Durchsetzung der Exportkontrollen zuständigen Behörden häufig personell unterbesetzt und machtlos seien: »Das, was die Behörden, die in der westlichen Welt die Exportkontrollen durchsetzen müssen, vorzuweisen haben, erweckt auch beim besten Willen kein allzu großes Vertrauen in ihre Fähigkeit, einer weiteren Verbreitung Einhalt zu gebieten.« Er schloss damit, dass »man zwar gegenwärtig im Rahmen eines generellen Kontrollsystems Exportkontrollen durchführen muss, dass man von denen aber nicht allzu viel erwarten darf.«[6]

Es ist klar, dass Exportkontrollen allein die Verbreitung der B-Waffen nicht aufhalten können. Die Vertragsstaaten der B-Waffen-Konvention sind der Meinung, die Vereinbarungen ließen sich am besten durch ein Verifikationssystem verbessern – gemeint sind damit Maßnahmen, die sicherstellen, dass Vertragsstaaten die Verpflichtungen, die sie mit dem Vertrag eingegangen sind, auch einhalten.

Verifikation

Die Tatsache, dass die B-Waffen-Konvention keine Verifikationsvereinbarungen enthält, hat ihrer Glaubwürdigkeit von Anfang an geschadet. Auf der Überprüfungskonferenz von 1991 führten die Anstrengungen der Vertragsstaaten, dieses Problem zu lösen, schließlich zu einem Ergebnis. Es wurde eine Gruppe von Regierungsexperten eingesetzt, die so genannte VEREX, die 21 plausible Maßnahmen zur Verifikation vorschlug. Dazu gehörten Angaben über Aktivitäten in der biologischen Forschung, Inspektionen der Forschungseinrichtungen sowie Untersuchungen von angeblichen B-Waffen-Einsätzen. Im September 1994 besprachen die Vertragsstaaten diese Maßnahmen auf einer gesonderten Konferenz. Auf diesem Treffen wurde eine weitere Ad-hoc-Gruppe beauftragt, ein Dokument mit rechtsverbindlichen Verifikationsbestimmungen auszuarbeiten. Man hoffte, das fertige Protokoll schon 1996 auf der vierten Überprüfungskonferenz besprechen zu können; das gelang jedoch nicht.

Die Ad-hoc-Gruppe wurde gleichfalls aufgefordert, Vertrauen bildende Maßnahmen zu ergreifen und Artikel X zu stärken. Den Fortschritten auf diesem Gebiet wurde nicht so viel Interesse entgegengebracht wie im Zusammenhang mit dem Thema Verifikation, obgleich immerhin eine Maßnahme (ProCEID, der wir uns später zuwenden) unterbreitet wurde.

Es gibt viele Gründe, warum der Fortschritt so lange auf sich warten lässt. Die Verifikation ist aus politischen wie technischen Gründen umstritten. Selbst die westlichen Nationen sind sich bei bestimmten Punkten uneins und interpretieren den Begriff auf unterschiedliche Weise. Die Amerikaner neigen zu der Ansicht, ein Verifikationssystem lohne sich nur dann, wenn es bei einer Zuwiderhandlung zu unwiderlegbaren Beweisen führe. Angesichts des Problems der Doppelnutzung und des geringen Arbeitsaufwands, mit dem man diese Waffen herstellen (und geheim halten) kann, haben die Amerikaner bis vor kurzem behauptet, es sei keine effiziente Verifikation möglich, und weigerten sich, diesen Begriff überhaupt zu benutzen. Obwohl Wirtschafts- und Verteidigungsministerium immer noch skeptisch sind, kündigte Präsident Clinton 1996 seine Unterstützung für die Bemühungen um ein gemeinsames Protokoll an. Erst 1998 in seiner »Rede an die Nation« sprach er sich öffentlich für ein »neues internationales Inspektionssystems [aus], das Mogeleien aufdeckt und verhindert«. Etwa zur gleichen Zeit entwickelten die USA detailliertere Vorstellungen von einem für sie akzeptablen Protokoll und bereiteten sich darauf vor, sich aktiver in die Verhandlungen einzubringen. Im Juli 1989 unterzeichnete die US-Regierung ein Dokument, das am letzten Tag der elften Sitzung der Ad-hoc-Gruppe, an der 29 Regierungen beteiligt waren, zustande gekommen war, und kam zu der Auffassung, dass »ein schneller und erfolgreicher Abschluss der von der Ad-hoc-Gruppe geführten Verhandlungen dringend« erforderlich sei. Die Vorstellungen der Vereinigten Staaten davon, wie ein akzeptables System aussehen könnte, unterscheidet sich jedoch deutlich von denen der Staaten in der Europäischen Union.

Großbritannien ist schon lange an einer Verifikation interessiert. Es hat eine differenziertere Vorstellung von einem solchen Verfahren und akzeptiert, dass es ausreichen müsste, wenn man ein laufendes Projekt als plausibel beurteilt und keine Anzeichen für etwas Ungewöhnliches zu erkennen sind, die auf eine illegale Aktivität schließen lassen. Einem Regierungsvertreter zufolge muss man um eine Einrichtung herumlaufen und sehen können, was dort vor sich geht. Ergeben sich dann keine Widersprüche und schöpft auch der Geheimdienst keinen Verdacht, sollten auch die Inspektoren ausreichend davon überzeugt sein, dass die Einrichtung die B-Waffen-Konvention einhält, so dass diese es wert ist, angewendet zu werden. Und das Wissen, dass Einrichtungen überprüft werden können, reicht möglicherweise aus, um einen potentiellen Aggressor abzuschrecken. Frankreich und Deutschland sind derselben Meinung.

Eine der Hauptschwierigkeiten ist die Einstellung der pharmazeutischen Industrie. Sie macht sich Sorgen um die Kosten, die ihr durch die Verifizierung entstehen könnten, und um die Geheimhaltung ihrer Geschäftsdaten. Einige sehen in der Verifikation eine Art Deckmantel, unter dem die biotechnologischen Geheimnisse anderer Länder ausspioniert werden können. Diese Ansicht teilt die biotechnologische und die pharmazeutische Industrie der USA mit den Entwicklungsländern, die schon vorhersehen, wie Inspektionsteams aus dem Westen in ihre Einrichtungen eindringen, während sie selber nicht zu den Teams gehören, die westliche Institutionen inspizieren. Unter welchen Bedingungen Inspektoren Zutritt zu einer Einrichtung erhalten und welche glaubhaften Beweise für einen Verstoß gegen die B-Waffen-Konvention vorliegen müssen, ehe eine erste Überprüfung erforderlich wird, sind weitere Punkte, die einer Klärung bedürfen.

Die Bedenken der Industrie

Sowohl in den USA als auch in Großbritannien fühlte sich die Pharmaindustrie durch die Verifikationsvorschläge und die Inspektionen vor Ort bedroht. Wie bereits erwähnt, gilt ihre Sorge primär der Geheimhaltung. Wie kann man sicher sein, dass nicht ein Inspektionsteam Geschäftsgeheimnisse erfährt und missbraucht? Dr. Rob Imrie von SmithKline Beecham Pharmaceuticals zufolge macht sich die Industrie über verschiedene Punkte Sorgen.[7] So könnten beispielweise durch eine Veröffentlichung entscheidender Informationen Patentanträge ungültig werden; oder Einzelheiten über industrielle Prozesse, den Umfang der Arbeiten sowie marktsensitive Daten könnten für Konkurrenten von Nutzen sein; und die Inspektion könnte dazu führen, dass zusammenhängende Produktionsreihen unterbrochen würden und es vielleicht sogar zu Verlusten käme. Eine andere Sorge gilt den Medien, die vielleicht etwas falsch verstehen und nach dem Motto »Kein Rauch ohne Feuer« annehmen, dass ohne Übertretung keine Inspektion stattfände, und damit vielleicht den Ruf einer Firma schädigen.

Ein weiterer Grund zur Besorgnis ist die Entnahme einer Probe aus allem, was produziert wird, um herauszufinden, um was es sich handelt. Dr. Imrie schreibt: »... Eine lebende Zelle kann durchaus das Ergebnis von langjährigen Forschungsbemühungen sein ... Anders als die Probe einer Chemikalie reicht unter Umständen eine kleine Anzahl lebender Zellen aus, um Stammkulturen anzulegen, die man für eine kommerzielle Produktion benötigt ...« Außerdem »gibt es jetzt moderne genetische Analysemethoden, mit denen man auch toten Zellen Informationen entlocken kann.«[8] Aus diesem Grund ist er der Ansicht, dass Proben den Produktionsort nicht verlassen dürften.

Diese und andere Sorgen wurden bei einer Reihe von Probeinspektionen angesprochen, die zwischen 1993 und 1994 in vier Einrichtungen in Großbritannien durchgeführt wurden (eine fand in einer Pilotanlage für Forschung und Entwicklung statt, die von Dr. Imrie geleitet wird). Der Anstoß zu diesen Probeinspektionen erfolgte durch Regierungsbeamte, und die Firmen, die sich ihnen unterzogen, taten dies auf freiwilliger Basis. Keine von ihnen stand in Verbindung zum Militär. Außer der Pilotanlage wurden ein Werk zur Großproduktion von Heilmitteln, eine Einrichtung für die pharmazeutische Forschung, Entwicklung und Produktion sowie eine Impfstoff-Fabrik überprüft.

Seit 1996 haben Großbritannien, Australien, Brasilien, Österreich, der Iran, die Schweiz, Spanien, Deutschland und die skandinavischen Ländern mindestens zehn weitere Firmeninspektionen in ähnlichen Anlagen durchgeführt. Die »Inspektoren« waren im allgemeinen jeweils insgesamt zwei Tage lang vor Ort und wurden in jeder Anlage von einer Gruppe, die aus Regierungsberatern und Firmenpersonal bestand, betreut. Dabei traten vorhergesehene und unvorhergesehene Probleme auf; am Ende der Aktion hieß es jedoch in der offiziellen Verlautbarung, dass gründliche Inspektionen praktikabel seien und das Risiko für vertraulich zu behandelnde Firmendaten auf ein annehmbar niedriges Niveau reduziert werden könne.[9] Zu diesem Schluss kamen auch zwei zu einem späteren Zeitpunkt nach dem Zufallsprinzip von österreichischen und skandinavischen Inspektoren durchgeführte Kontrollbesuche in biotechnischen Industrieanlagen. Zu einem ähnlichen Ergebnis waren Experten vom Projekt zur B-Waffen-Konvention an der Universität Bradford gekommen. Sie waren der Auffassung, dass »nicht mehr als zehn Einrichtungen pro Land überhaupt etwas anzugeben haben werden, dass die verlangten Informationen eine Bekanntgabe von Geschäftsbesitz nicht erforderlich machen und dass die erforderlichen Einzelheiten und die Informationsmenge allgemein, die im Rahmen der Deklaration notwendig sind, für die ohnehin bereits stark regulierte Industrie keine zusätzliche Belastung darstellen«.[10]

Die Industrie ist möglicherweise weniger optimistisch; doch zumindest hat die Zusammenarbeit zwischen der Industrie und der Regierung zu einem Verständnis der jeweils anderen Position geführt sowie zu der Bereitschaft, gemeinsam nach Lösungen zu suchen.

Die Probeinspektionen gehören zu einer Reihe von Maßnahmen und Vorschlägen, die letztlich die B-Waffen-Konvention stärken sollen. Darüber hinaus sollen noch zwei weitere Vorschläge erwähnt werden.

Die Kriminalisierung der B-Waffen

In jüngerer Zeit wurde vorgeschlagen, Vertragsstaaten sollten B-Waffen in ihrem nationalen Recht kriminalisieren. Artikel IV der B-Waffen-Konvention fordert bereits vom jeweiligen Vertragsstaat, »alle erforderlichen Maßnahmen« zu ergreifen, um Verstöße gegen den Vertrag »in seinem Hoheitsgebiet, unter seiner Hoheitsgewalt oder an irgendeinem Ort unter seiner Kontrolle zu verbieten und zu verhindern.« Doch die Verpflichtung, keine B-Waffen zu benutzen, bezieht sich noch immer eher auf Staaten und nicht so sehr auf nichtstaatliche Gruppen wie etwa einzelne Personen, Firmen oder ideologisch motivierte Verbände. Julian Perry Robinson, von dem der Vorschlag stammt, weist darauf hin, dass eine Kriminalisierung der B-Waffen durch nationales Recht, »durch die direkte und eindeutige Androhung einer strafrechtlichen Verfolgung und Bestrafung terroristische Gruppen abschrecken kann ... Außerdem kann es die Wachsamkeit und die Autorität der Regierungen beim Kampf gegen solche Aktivitäten erhöhen ...«[11] Die Vereinigten Staaten, Großbritannien und Russland haben Gesetze verabschiedet, denen zufolge es ein krimineller Akt ist, B-Waffen herzustellen oder zu vertreiben (siehe drittes Kapitel); in vielen anderen Staaten ist das allerdings noch nicht geschehen.

Die C-Waffen-Konvention enthält bereits eine solche Bestimmung zur Kriminalisierung. Perry Robinson behauptet, die japanische Aum-Sekte hätte sehr viel leichter von den Behörden gestoppt werden können, wenn die Japaner bereits vor der Nervengasattacke der Sekte ein nationales Gesetz gehabt hätten.

Krankheitsüberwachung

Seit 1994 unterhält die Vereinigung amerikanischer Wissenschaftler (FAS) eine Website, auf der gehäuft auftretende Krankheiten weltweit angezeigt wird. Dahinter steckt die Überlegung, dass es, je besser ein internationales ziviles System der Krankheitsüberwachung ist, um so unwahrscheinlicher wird, dass den Behörden eine absichtlich herbeigeführte Massenerkrankung entgeht. Alle Bemühungen, die Krankheitsüberwachung zu verbessern, kommen daher auch gleichzeitig der Erfüllung der B-Waffen-Konvention zugute.

Ein anderer Vorschlag in dieser Richtung ist ProCEID (Programme for Countering Emerging Infectious Diseases).[12] Dieses Programm zielt darauf ab, dass internationale Teams in medizinischen Forschungseinrichtungen mit den erforderlichen Apparaten und dem nötigen Wissen versehen werden und dann Impfstoffe gegen die biologischen Substanzen herstellen sollen, die unter die B-Waffen-Konvention fallen. Man erhofft sich von diesem Programm, dass es die technologische Lücke zwischen den reichen und armen Ländern verringert und den Artikel X der B-Waffen-Konvention stärkt.

Keiner der bisher skizzierten Vorschläge wird allein eine Gewähr dafür bieten, dass sich die Bedrohung durch B-Waffen in Grenzen hält. Es hat sich jedoch die Vorstellung entwickelt, dass eine Reihe von Maßnahmen zusammengenommen dazu führen könnten, Staaten von der Entwicklung eigener Waffen abzuhalten.

Das Netz der Abschreckung

Dem Netz der Abschreckung liegt der Gedanke zugrunde, jedes Land, das sich B-Waffen beschaffen will, dazu zu bringen, sich dies noch einmal zu überlegen. Es wird mit einer Reihe von Zäunen verglichen, die zusammengenommen nur schwer zu überspringen sind und die einen Angreifer abhalten könnten.[13] Die politischen Folgen wären so unangenehm und der militärische Nutzen so gering, das ein potentieller Angreifer wenig Sinn darin sähe, ein eigenes B-Waffen-Potential aufzubauen. Dr. Graham Pearson (ein früherer Direktor des Instituts für biologische Abwehr in Porton Down) hat die vier Elemente des Netzes ausgearbeitet; zu ihnen gehören eine effektive Vorbereitung gegen einen Angriff mit B-Waffen, strenge nationale und internationale Bestimmungen, um das vereinbarte vollständige Verbot biologischer Waffen durchzusetzen, nationale und internationale Kontrollen gefährlicher Pathogene sowie letztlich eine entschlossene Reaktion der internationalen Gemeinschaft, falls irgendein Land seinen internationalen Verpflichtungen nicht nachkommt.

Für einen verbesserten Schutz der Soldaten wird gesorgt, weitgehend ungeklärt bleibt jedoch, wie er auch auf Zivilisten ausgedehnt werden kann. Schließlich umfasst er auch militärische Mittel wie ballistische Raketen, die heranfliegende Sprengköpfe abfangen könnten. Die Waffenkontrolle, das Thema dieses Kapitels, ist ebenfalls problematisch. Exportkontrollen können nur wenig bewirken. Doch die internationale Gemeinschaft ist keineswegs machtlos. Sie könnte eine rechtliche Regelung ausarbeiten, die Länder dazu verpflichtet, gegen andere vorzugehen, die Massenvernichtungswaffen einsetzen. Aber auch ohne ein solches Protokoll könnte sie klar machen, dass der Einsatz solcher Waffen völlig inakzeptabel ist. Hätte der Einsatz chemischer Waffen durch den Irak im iranisch-irakischen Krieg einen Aufschrei der Empörung und den Boykott irakischer Exporte ausgelöst, wäre Saddam Hussein dann im Hinblick auf die Entwicklung seines B-Waffenarsenals vielleicht noch einmal mit sich zu Rate gegangen. Die Weltgemeinschaft muss in solchen Fällen geschlossen Widerstand leisten, um dem internationalen Abkommen gegen den Einsatz von B-Waffen verstärkt Geltung zu verschaffen.

Es sind nicht nur die Regierungen der internationalen Gemeinschaft, die mehr tun könnten. Wissenschaftlern etwa fällt die Aufgabe zu, sich und der Öffentlichkeit die Gefahren von B-Waffen bewusst zu machen, um zusätzlichen Druck auf die Regierungen auszuüben, damit sie sich über strengere internationale Bestimmungen einigen und auch danach richten. Auf die Verantwortung der Wissenschaftler werden wir später noch zurückkommen.

Die vierte Überprüfungskonferenz von 1996

Die Überprüfungskonferenz fand unter dem Eindruck von drei wichtigen Entwicklungen statt, zu denen es seit der Konferenz von 1991 gekommen war. 1992 gaben die Russen zu, ein offensives B-Waffen-Programm betrieben zu haben. Das offensive Programm des Irak wurde aufgrund der zähen Entschlossenheit der UN-Sonderuntersuchungskommission nach und nach aufgedeckt. Und im März 1995 verübte die japanische Sekte Aum Shinrikyo in der U-Bahn von Tokio einen Terroranschlag. Sie hatte dazu zwar Gas verwendet, doch wurde schnell klar, dass sie eigentlich auf biologische Waffen gesetzt, diese bereits entwickelt und in den Strassen von Tokio getestet hatte.

Vielleicht hat diese Entwicklung der Dinge verstärkt Druck auf die Konferenzteilnehmer ausgeübt, endlich mit einer Verschärfung der Konvention voranzukommen. Da aber die Ad-hoc-Gruppe noch nicht in der Lage war, ihre Vorschläge für die Verifikation zu unterbreiten, wurde den Verhandlungen der Wind aus den Segeln genommen.

Die Konferenz hatte sich mehr oder weniger festgefahren. Sie konnte die entscheidenden Elemente des Verifikationssystems nicht verabschieden, da man sich auf sie noch nicht geeinigt hatte; sie setzte aber auch keinen Zeitpunkt fest, an dem der Verifikationsplan soweit fertig sein sollte, dass er den Vertragsparteien vorgelegt werden konnte. Die Schlusserklärung erwähnte Aum Shinrikyo nicht namentlich, drängte aber die Vertragsstaaten, nationale Gesetze zu verabschieden, »um unter anderem den Einsatz biologischer und toxischer Waffen bei terroristischen oder kriminellen Aktivitäten zu verhindern.«

Auch die Namen von Russland und dem Irak fielen nicht, die gegen die vertraglichen Verpflichtungen verstoßen hatten. Es kamen wie üblich Spannungen zwischen den Industrieländern und den Ländern der Dritten Welt auf; diese manifestierten sich auf vielfältige Art und Weise. Weder diese noch die Reaktionen darauf reichten jedoch aus, um die Arbeit der Ad-hoc-Gruppe zu gefährden. Ihre Arbeit ist bei weitem die wichtigste, mit der die Vertragsstaaten befasst sind. Wie aus amerikanischer Sicht verlautete, erreichte die Überprüfungskonferenz »das Minimalziel, keinem weh zu tun.«

Es gab allerdings auch einige positive Ansätze. Die Konferenz vermittelte den Befürwortern der Verifikation etwas Hoffnung. Sie gab den Diskussionen über die Verifikation im Allgemeinen sehr viel Raum, und die Abschlusserklärung ermutigte die damit beschäftigte Gruppe, die Verifikationsvereinbarung bis zur Verhandlungsreife voranzutreiben und ihren Auftrag so schnell wie möglich und noch vor dem Beginn der fünften Überprüfungskonferenz im Jahre 2001 zu erfüllen.

Die Konferenz verpflichtete sich erneut zur Einhaltung von Artikel I; und sie setzte zusätzlich »Molekularbiologie« sowie »jegliche Anwendungen, die sich aus der Analyse des Genoms ergeben« auf die Liste der wissenschaftlichen und technologischen Entwicklungen, die nicht missbraucht werden dürfen. Diese Formulierung bestätigte die in der dritten Überprüfungskonferenz dazu gekommenen Verbote über den Missbrauch der Entwicklungen, die »aus der Mikrobiologie, der Gentechnik und der Biotechnologie« stammen. Man empfand das als Zeichen, dass den Vertragsstaaten die ursprüngliche Absicht der Konvention nach wie vor wichtig ist.

Eine Neuerung gab es allerdings auf der Überprüfungskonferenz.

Zum ersten Mal durften Nichtregierungsorganisationen eine Erklärung abgeben – wenn auch nur in einer inoffiziellen Sitzung. Repräsentanten der Vereinigung amerikanischer Wissenschaftler, der Pugwash Conferences on Science and World Affairs, des International Network of Engineers and Scientists for Global Responsibility sowie viele andere nahmen daran teil. Die Arbeit der Nichtregierungsorganisationen ist wichtig; diese veröffentlichen Informationen, machen Ideen publik und unterbreiten Vorschläge, die für das, was die Regierungen unternehmen, von Bedeutung sind. Sie bilden eine Brücke zwischen den Regierungen und den Bürgern, die sich über B-Waffen informieren wollen. Das letzte Kapitel befasst sich ausführlicher mit ihren Beiträgen und erörtert, wie mehr Menschen dafür sorgen könnten, dass die Welt bald frei von B-Waffen ist.

Die fünfte Überprüfungskonferenz von 2001

In der Zeit, die zwischen der vierten und der fünften Überprüfungskonferenz lag, bemühte sich die Ad-hoc-Gruppe in 23 Sitzungen, einen Verifikationstext zu formulieren, dem alle zustimmen konnten. Analysten aus Großbritannien und den USA prophezeiten düster, dass wohl keine von der Ad-hoc-Gruppe ausarbeite Regelung vor dem 21. Jahrhundert in Kraft treten würde. Doch im Oktober 2001 – kurz vor dem Termin für die fünfte Überprüfungskonferenz, die im November stattfinden sollte – stellte sich heraus, dass die Analysten mit ihrem Pessimismus den Stand der Dinge noch viel zu positiv gesehen hatten.

Nach dem Juli 1997 begann die Ad-hoc-Gruppe, einen Protokollentwurf mit eckigen Klammern im Fließtext ins Auge zu fassen, um auf alternative Formulierung hinzuweisen. Im Juli 2001 lag der Entwurf in seiner 16. Fassung vor. Im März hatte ihn der Vorsitzende der Gruppe in einer Ausarbeitung vorgestellt, mit der man hoffte, einen Kompromiss zwischen den verbliebenen Meinungsdifferenzen zu finden.

Diese Textfassung war die letzte Chance für das Protokoll, um noch vor der fünften Überprüfungskonferenz angenommen zu werden. Mit wesentlich schwächeren Bestimmungen als ursprünglich geplant, regelte es weniger die Überprüfung als die Einhaltung der Bestimmungen; in seinem Zentrum stand die Verpflichtung zu verbindlichen Angaben, die sich daran anschließenden Maßnahmen sowie die Vorkehrungen für die Untersuchungen. Die Verbündeten der USA sowie ganz Europa, Lateinamerika, Japan und viele andere Länder konnten sich auf dieses Protokoll einigen, denn obwohl es alles andere als perfekt war, bot es ihrer Ansicht nach drei Vorteile. Als erstes enthielt es Maßnahmen, die die Transparenz erhöhten und das Vertrauen in die biologischen Forschungsaktivitäten der jeweils anderen stärkte. Zweitens umfasste es Verfahren, mit denen man auf ein eventuelles Fehlverhalten reagieren konnte. Drittens verbesserte es die Bestimmungen für eine internationale Zusammenarbeit, mit denen man auf Massenerkrankungen reagieren und durch Verbesserungen der Infrastruktur in Bereichen wie biologische Sicherheit und Warenproduktion internationale Standards erreichen konnte.

Das Protokoll verlangte verbindliche Angaben zu:

- biologischen Verteidigungsprogrammen und Einrichtungen;
- Einrichtungen mit höchster biologischer Sicherheitsstufe;
- Einrichtungen mit hoher biologischer Sicherheitsstufe, die mit bestimmten spezifischen Produktionsweisen oder Gentechniken arbeiten;
- Sicherheitseinrichtungen zur Arbeit mit pflanzlichen Pathogenen in bestimmten Bodenregionen;
- Arbeiten mit Agenzien und/oder Toxinen, die auf einer bestimmten Liste stehen und bestimmte Merkmale aufweisen: eine Produktion, die über eine bestimmte Grenze hinausgeht;

- gentechnische Arbeiten;
- geplante Arbeiten zur Erzeugung von Aerosolen;
- Einrichtungen, die bestimmte Kapazitäten bei der Produktion überschreiten oder Impfstoffe für Menschen oder Tiere herstellen.

Die Offenlegung privater Geschäftsdaten oder von Daten, die die nationale Sicherheit betreffen, wurde nicht verlangt. Zu den vorgeschlagenen Folgemaßnahmen gehörten Kontrollbesuche ohne Vorankündigung, die zu einer größeren Transparenz führen sollten, sowie abgestufte Bestimmungen, mit denen man allen mehrdeutigen, ungenauen, besonderen und fehlenden Angaben nachgehen wollte. Jeder Vertragsstaat sollte diese Verfahren zur Klärung der Angaben in Gang setzen können. Das Protokoll forderte von jedem Vertragsstaat, den Handel mit Agenzien, Toxinen, Ausrüstungen und Technologien, die für die Entwicklung biologischer Waffen verwendet werden könnten, stärker zu kontrollieren.

Die USA jedoch lehnten dieses Protokoll in einer Pressemitteilung des Außenministeriums vom 25. Juli 2001 ab – ein vernichtender Schlag für die internationale Gemeinschaft. Die Mitteilung lautete: »Das Protokoll, das vorgeschlagen wurde, schafft keine neuen Verifikationsmöglichkeiten. Die Regierung der Vereinigten Staaten ist einhellig der Ansicht, dass dadurch die nationalen Interessen der USA stark gefährdet sind; daher können wir dieses Protokoll nicht mit tragen. Wenn dieses Protokoll ausgeführt würde, wäre das ... sowohl für unsere Verteidigungsprogramme gegen biologische Waffen als auch für die Urheberrechte unserer pharmazeutischen und biotechnologischen Industrie problematisch; darüber hinaus würde es einen Verlust an Integrität und Nutzen unserer sehr strengen multilateralen Kontrollbestimmungen für den Export bedeuten.«

Diese Verweigerung wurde mit Wut und Ungläubigkeit aufgenommen. Viele diskutierten über die Tatsachen, die von den USA angeführt worden waren. Eine der Gruppen, die für das Protokoll votiert, ist die Vereinigung amerikanischer Wissenschaftler (FAS). Sie beschuldigte die US-Regierung, Inspektionen vermeiden zu wollen, um eigene Aktivitäten zu decken, die zweifelhaft seien und der Konvention widersprächen. »Wären die Vereinigten Staaten bereit gewesen, dieses äußerst geringe Kontrollniveau zu akzeptieren, das von dem in Frage stehenden Kompromisstext verlangt wird«, schrieben Barbara Rosenberg und Milton Leitenberg im Namen der FAS, »dann wäre es für alle anderen an den Verhandlungen beteiligten Länder so gut wie unmöglich gewesen, das Protokoll abzulehnen. Jetzt wird es allerdings sehr große Anstrengungen kosten und vielleicht erst ein biologisches Desaster erfordern, damit der notwendige Konsens für einen Vertrag wieder erreicht werden kann.«

Es bleibt offen, ob die terroristischen Anschläge mit biologischen Kampfstoffen in den USA, die im Oktober folgten, den Standpunkt der Regierung beeinflussen werden. Erste Anzeichen sprechen dafür, dass sie keinerlei Auswirkungen haben. Die Aussichten für die fünfte Überprüfungskonferenz sind denkbar schlecht.

Kapitel 10

Widerstand gegen B-Waffen

1966 ging ein junger Mann, der gerade sein Studium abgeschlossen hatte, zu einem Gespräch mit Marc Lappe, Professor für Gesundheitspolitik und Ethik am Illinois College of Medicine. Das Arbeitsgebiet des jungen Mannes war die Meeresbiologie. Er war ein Experte für Saxitonin, eine der giftigsten Substanzen, die man kennt. Sie wird von Algen gebildet und kann zum Tode führen, wenn man damit verseuchte Schalentiere isst. Befindet sich Saxitonin in gereinigter Form in einer Pfeilspitze oder in einem Hochgeschwindigkeitsgeschoss, kann es einen Menschen innerhalb von 15 Minuten umbringen.

Dem jungen Wissenschaftler war eine Stelle als Postgraduierter in Fort Detrick, Maryland, angeboten worden. Damals wurde dort sowohl defensive wie offensive Forschung an biologischen Kampfstoffen betrieben. Er wollte das Angebot zusammen mit Professor Lappe durchsprechen. Es war ihm klar, dass ihm die Labors in Detrick die besten Forschungsbedingungen bieten würden, die er finden konnte, um seine Studien über die gesundheitlichen Folgen einer Aufnahme von Saxitonin fortzuführen. Es gab allerdings auch die beängstigende Vorstellung, dass bestimmte Aspekte seiner Arbeit für Angriffspläne verwendet werden könnten. Sollte er das Stipendium annehmen?

Er beschloss, nach Detrick zu gehen, und es gelang ihm dort, das Toxin zu isolieren. Später soll es die CIA angeblich für Mordanschläge verwendet haben.

Professor Lappe[1] vertritt den Standpunkt, der junge Mann hätte das Angebot ausschlagen sollen. Obwohl seine Arbeit darin bestand, ein Gesundheitsproblem der Bevölkerung zu lösen, war ihm klar, dass sein Geldgeber nach Möglichkeiten der Kriegsführung suchte und daher seine Ergebnisse unter Umständen für einen Angriff verwendet würden. Die Vorstellung, er sei nicht dafür verantwortlich, was andere aus seiner Arbeit machten, beruht für Lappe »auf der Vorstellung, dass wissenschaftliche Erkenntnisse moralisch neutral seien und dass auch der scharfsinnigste Forscher nicht erkennen könne, wozu sie letztlich benutzt würden. Eine solche Position verkennt die Tatsache, dass man die Pflicht hat abzuschätzen, wie wahrscheinlich es ist, dass ein bestimmtes Wissen oder bestimmte Daten missbraucht werden.«[2]

Mittlerweile haben die Vereinigten Staaten und Großbritannien ihre offensive Forschung aufgegeben. Daher führen Fragen nach der Verantwortung von Wissenschaftlern nicht mehr zu solchen Dilemmata. Viele sind jedoch der Ansicht, es wäre ausschließlich die Verantwortung der Wissenschaftler, sich einem Missbrauch ihrer Erkenntnisse zu widersetzen.

Joseph Rotblat, dem 1995 der Friedensnobelpreis verliehen wurde, ist einer von ihnen. Er wurde 1908 in Polen geboren, und da ihm aufgrund des Ersten Weltkrieges eine frühe Ausbildung verwehrt wurde, entwickelte sich sein Interesse für die Physik durch das Lesen von Sciencefiction-Romanen. Er schrieb sich in eine Abendschule ein und besuchte die Kurse, die Personen ohne die üblichen akademischen Qualifikationen offen standen. Mit 30 Jahren hatte er sich bereits in der Physik einen Namen gemacht. 1938 folgte er einer Einladung an die Universität von Liverpool und erkannte dort rasch die Bedeutung der Spaltungsexperimente. Er hatte gelesen, dass es mit ihnen möglich sein würde, elektrische Energie zu erzeugen und die Atombombe zu bauen.

Da einige der frühen Spaltungsexperimente in Deutschland durchgeführt worden waren, fürchtete Rotblat, die Deutschen würden bereits an der Herstellung einer eigenen Atombombe arbeiten.

Daher setzte er sich über seine Überzeugung hinweg, Wissenschaftler sollten nur für humanitäre Zwecke tätig sein, und beteiligte sich am Manhattan-Projekt, in dessen Rahmen in Los Alamos die amerikanische Atombombe entwickelt wurde. Er vertrat die Ansicht, Hitler könne nur davon abgehalten werden, eine solche Bombe zu werfen, wenn man ihm damit drohe, Gleiches mit Gleichem zu vergelten. Als er Ende 1944 erfuhr, dass die Deutschen nicht an einer Atombombe arbeiteten, war er der einzige Wissenschaftler, der das Projekt verließ. Nach dem Krieg beteiligte er an der Gründung der Pugwash Conferences on Science and World Affairs; in diesem Forum konnten sich Wissenschaftler aus Ost und West auf höchster Ebene treffen und in aller Ruhe über die Konsequenzen eines nuklearen Wettrüstens, über die Kontrolle der Nuklearwaffen und die Abrüstung zu debattieren. Diese Treffen waren besonders wichtig in den Jahren des Misstrauens während des Kalten Krieges, als es zwischen den Ländern auf den verschiedenen Seiten des Eisernen Vorhangs so gut wie keine Kommunikationsmöglichkeit gab.

Heute ist Professor Rotblat ohne Wenn und Aber der Ansicht: »Jeder sollte Verantwortung übernehmen für das, was geschieht, besonders aber Wissenschaftler, da Wissenschaft und Technologie die Gesellschaft als Ganzes beeinflussen. Kernwaffen sind hier das beste Beispiel, denn sie haben unsere gesamte Zivilisation verändert. Aber auch die Weiterentwicklung der Gentechnik bedeutet eine Bedrohung für die gesamte Menschheit. Wissenschaftler können besser als andere Mitglieder der menschlichen Gemeinschaft die Ergebnisse ihrer Forschung vorhersehen.«[3]

Die These, dass Wissenschaftler eine besondere Verantwortung tragen, hat auch Robert L. Sinsheimer, Professor für Biologie an der University of California in Santa Barbara, eloquent verteidigt.[4] Er meint, dass Wissenschaftlern drei Gemeinschaften angehören: »ihrer Nation, der internationalen Gemeinschaft der Wissenschaftler sowie der Menschheit in Vergangenheit, Gegenwart und Zukunft.« Früher, erläutert er, habe die Zugehörigkeit zu einer bestimmten

Nation über die anderen beiden dominierte, sobald Wissenschaftler dazu aufgerufen worden seien, ihrem Volk zu dienen. Nationalismus sei stärker gewesen als Internationalismus: »Ohne eine starke internationale Organisation und enorme internationale Mittel bleiben nur wenige der Sache treu …«

Sinsheimer verweist auf die dritte Gemeinschaft: die Menschheit. Ihr gelte die vordringlichste moralische Verpflichtung: »Den Wissenschaftlern ist bewusst, welche enormen Mühen es die Menschheit gekostet hat, der Natur unseren derzeitigen Wissensschatz abzuringen. Sie wissen, dass es dank dieses Kleinods gelungen ist, über Feinde aus dem Tierreich, unberechenbare Klimaverhältnisse und tödliche Krankheiten zu triumphieren …, unseren Wissenshorizont immer mehr zu erweitern und – eine Aufgabe, die nie endet – eine genauere Vorstellung von unseren Ursprüngen und unserer Stellung im Kosmos zu bekommen …«

Aufgrund dieser einmaligen Perspektive haben die Wissenschaftler die Verantwortung, das Wissensgebäude, das sie und ihre Vorgänger aufgebaut haben, zu hegen und pflegen. Für Sinsheimer stellen biologische Waffen »eine Pervertierung der größten Leistungen dar, die aufeinander folgende Generationen mit wissenschaftlichem Wagemut und großer Einsicht erbracht haben. Durch den Einsatz biologischer Waffen – und allein die Tatsache, dass sie entwickelt werden, rückt ihre Verwendung in den Bereich des Möglichen – würde das Leben aller Wissenschaftler, die jemals gelebt haben, sinnlos werden.«

Die Physiker müssen sich diesem Problem stellen. Ebenso die Chemiker; auch die Stoffe, mit denen sie umgehen, sind für Kriege missbraucht worden. Die Biologen müssen die militärische Nutzung dessen, was sie entwickelt haben, stoppen. Wie können sie das erreichen?

Was Wissenschaftler tun können

Nur wenige Wissenschaftler, die in der Forschung tätig sind, sind an diesem Thema interessiert. Einige von ihnen wurden von den Nichtregierungsorganisationen vertreten, die im November 1996 in Genf an der vierten Konferenz zur Überprüfung der B-Waffen-Konvention teilnahmen. Was sie darlegten, zeigt ihre Besorgnis und benannte die praktischen Maßnahmen, die sie ergreifen, um zur Lösung des Problems beizutragen.

Dr. Barbara Hatch Rosenberg sagte im Namen der Vereinigung amerikanischer Wissenschaftler (FAS): »In den Biowissenschaften werden heute in einem wirklich erstaunlichen Tempo neue Technologien entwickelt, deren Potenzial, zum Mittel kriegerischer Auseinandersetzungen zu werden, geradezu bedrohlich ist. Dies wird sicher auch den Militärs nicht verborgen bleiben. Sollen wir einfach darauf vertrauen, dass sie immer für einen guten Zweck eingesetzt werden?« Die FAS hat sieben Jahre lang untersucht, wie man eine Überprüfung durchführen könnte, ohne dabei legitime Aktivitäten, die friedlichen Absichten dienen, nennenswert zu stören. Sie ist davon überzeugt, dass es gelingen könnte und dass ihre Vorschläge die Vorstellungen erweitern, die von Regierungsseite entwickelt wurden.

Eine Arbeitsgruppe der Quäker beteiligt sich ebenfalls an der Diskussion. Ihr UN-Büro druckte und verteilte an alle Delegierten in Genf kostenlos eine Broschüre.[5] Natürlich haben nicht alle Länder die Mittel oder die Sachkenntnis, fundierte Eingaben zu internationalen Verhandlungen auszuarbeiten; die Broschüre war eine Möglichkeit, allen Informationen über die B-Waffen-Konvention zugänglich zu machen. David Atwood erklärte im Namen der Quäker-Arbeitsgruppe, dass die Quäker die Bedeutung der B-Waffen-Konvention darin sähen, »bessere Beziehungen zwischen Staaten sowie eine internationale Zusammenarbeit für die friedliche Nutzung der Mikrobiologie zu fördern, die vor allem dazu dienen sollte, Krankheiten zu verhindern. Sie bildet einen wesentlichen Bestandteil unserer Vorstellung von einer wohlgeordneten Welt – einer Welt, die im Frieden lebt.«

Eine weitere Nichtregierungsorganisation, die an der Konferenz teilnahm, war der Weltärzteverband. Dr. James Appleyard vom britischen Ärzteverband brachte die Besorgnis der Ärzte angesichts einer möglichen Bedrohung durch genetische Waffen zum Ausdruck. »Wir lassen das Argument, dass es Panikmache sei, über genetische Waffen zu sprechen, nicht gelten«, sagte er. »In Anbetracht der Geschwindigkeit, mit der unser Wissen anwächst, und mit den Trends legitimer therapeutischer Forschung vor Augen sind wir überzeugt, dass wir schon bald über das erforderliche wissenschaftliche Knowhow für die Herstellung genetischer Waffen verfügen werden, vielleicht bereits bei der nächsten oder übernächsten Überprüfungskonferenz« – das wäre im Jahre 2006. Dr. Appleyard forderte ein internes Kontrollsystem, um sich vor einem Missbrauch der Genforschung zu schützen, und vertrat die Ansicht: »Wir glauben, dass die Wissenschaftler, die in einem Forschungsgebiet tätig sind, selber am besten überprüfen können, ob die Entwicklungen dort legitim sind.«

Das International Network of Engineers and Scientists for Global Responsibility (INES) meldete sich ebenfalls zu Wort. Professor Kathryn Nixdorff bat in seinem Namen die Konferenzteilnehmer, »an die Wissenschaftler und ihre Organisationen zu appellieren, nur solche Aktivitäten zu unterstützen, die Vorbeugung, Schutz oder anderen friedlichen Absichten dienen, und von solchen Aktivitäten abzusehen, die nicht mit der B-Waffen-Konvention übereinstimmen.«

Wie reagieren Wissenschaftler auf solch einen Appell?

Reaktionen von Wissenschaftlern

Ich schrieb an zehn britische biologische Gesellschaften[6] und fragte nach, ob sie sich über die für B-Waffen relevanten Forschungsentwicklungen Gedanken gemacht hätten und wie sie dafür sorgen könnten, einen Missbrauch ihres biologischen Fachgebietes für kriegerische Zwecke auszuschließen.

Acht von ihnen antworteten. Keine der Gesellschaften hatte ernsthaft über biologische Waffen nachgedacht: Tatsächlich hatten die beiden Organisationen, die diese jemals erwähnt hatten, dies nur auf Drängen bestimmter Mitglieder getan, die von Berufs wegen mit dem Thema zu tun hatten. Die Kommentare reichten von »Davon habe ich noch nie etwas gehört« bis »Uns als akademische Gesellschaft steht es nicht zu, über praktische Anwendungen zu urteilen.« Eine andere Gesellschaft beteuerte, wenn sie sich zur Anwendung äußerte, würde sie ihren karitativen Status gefährden; und wenn sie eine Haltung gegen Kriege mit B-Waffen einnehmen müsste, würden sicher jene Mitglieder befremdet reagieren, die diesen Standpunkt nicht teilten. Einige Organisationen meinten, sie würden nur gezielt an sie gerichteten Fragen nachgehen, und nach B-Waffen seien sie noch nie gefragt worden: »Damit mussten wir uns noch nicht beschäftigen.« Sie hätten täglich genug mit allem Möglichen zu tun: vom Nitratgehalt des Wassers bis zu den sozialen und ethischen Problemen der modernen medizinischen Genetik. Ein Krieg mit biologischen Kampfstoffen stehe für sie nicht im Vordergrund, zumal man heutzutage so viel Zeit damit verbringen müsse, Geldmittel für die Forschung zu beschaffen.

Man hatte allgemein das Gefühl, ein Krieg mit B-Waffen sei unwahrscheinlich. Ein Mikrobiologe meinte zu den Gefahren, sie seien mit dem Ende des Kalten Krieges in den Hintergrund getreten. Ein anderer sagte, seiner Ansicht nach könnten biologische Waffen nicht mit nuklearen oder chemischen Waffen verglichen werden, weil mit biologischen Prozessen immer eine gewisse Unsicherheit verbunden sei. »Sie [die biologischen Waffen] würden wahrscheinlich nicht die gesamte Menschheit auslöschen«, sagte er und fügte hinzu, die von ihnen ausgehenden Gefahren würden durch die Medien übertrieben. Es gab ein paar fröhliche Agnostiker: »Vielleicht leben wir in einer Traumwelt, vielleicht sind wir aber auch nur einfach naiv.« Die Gesellschaften waren begeistert von den Vorteilen, die die Gentechnik mit sich bringen würde, aber sehr skeptisch, ob man mit ihr einen neuen »Supererreger« entwickeln könnte, der tödlicher wirken würde als die natürlich vorkommenden Erreger. Sie konnten dies jedoch nicht ausschließen; und einige betonten die enormen Fortschritte der modernen Biotechnologie: »An dem, was wir noch vor drei oder vier Jahren bestaunt haben, arbeiten heute Doktoranden.«

Keiner fühlte sich dafür verantwortlich, die Öffentlichkeit von wissenschaftlicher Seite aus zu warnen und aufzuklären. Einer hatte das Gefühl, Themen wie Kriege mit B-Waffen seien zu wichtig, um sie den Politikern oder den Wissenschaftlern allein zu überlassen, und er plädierte für eine intelligente öffentliche Debatte. Er würde sich freuen, an Diskussionen über biologische Waffen teilnehmen zu können, »falls ich wirklich zu Leuten sprechen könnte, ohne ein Buch darüber schreiben zu müssen, damit sie verstehen, was ich sage.« Derselbe Forscher meinte, die Mitglieder seiner Organisation hätten kein Verständnis für die Vorstellung, dass sich Wissenschaftler an öffentlichen Diskussionen beteiligten, auch wenn er zugab, dass Wissenschaftler als Einzige genügend Wissen und Sachverstand besäßen, um die Öffentlichkeit zu informieren: »Es gibt sehr viele, die sich neutral verhalten, aber nur wenige, die etwas tun.« Eine andere Organisation umriss diese Einstellung mit dem Satz: »Wir neigen dazu, uns an erster Stelle als Wissenschaftler zu fühlen, über alles andere reden wir bei einem Glas Bier.«

Mit dem Problem der biologischen Waffen hat sich bisher nur die angesehenste wissenschaftliche Vereinigung Großbritanniens befasst. Im Juli 1994 erstellt die Royal Society einen Bericht, »in dem überprüft werden sollte, was die Wissenschaft zur Kontrolle biologischer Waffen beitragen könne.«[7] Offensichtlich fühlt sich die Gesellschaft nicht dadurch zur Untätigkeit verdammt, dass der Bericht eventuell nicht die Meinung aller Mitglieder wiedergeben oder eine Erörterung des Themas ihre wissenschaftlichen Integrität gefährden könnte. Offenbar gehört es auch zu ihrer Vorstellung von einem Wissenschaftler, dass er sich über die Anwendungsmöglichkeiten seiner Arbeit im Klaren und darüber hinaus bereit ist, darüber zu diskutieren.

Sir Michael Atiyah, der damalige Präsident der Royal Society, erläuterte diese Vorstellung von der Rolle der Wissenschaftler am 30. November 1995 anlässlich einer Rede zu einem Gedenktag. Fünfzig Jahre nach dem Abwurf der Atombomben auf Japan sprach er über seine persönlichen Ansichten von der Beteiligung von Wissenschaftlern an militärischer Forschung und warum dies in der Öffentlichkeit feindselige Reaktionen hervorruft. »Diesen Argwohn und dieses Misstrauen können Wissenschaftler nur dann aus der Welt schaffen, wenn sie sich frei und offen äußern, das Establishment kritisieren, wenn es erforderlich ist, und zeigen, dass einen Wissenschaftler vor allem seine Unabhängigkeit des Denkens auszeichnet«, sagte er. Er freute sich, dass die Royal Society den Bericht über B-Waffen herausgebracht hatte, um die, wie um andere tödliche Waffen, sich Wissenschaftler Gedanken machen sollten: »Ich bin der Meinung, dass Wissenschaftler in Angelegenheiten wie diesen klar Stellung beziehen müssen. Es wäre unmoralisch, wenn sie es nicht täten.«

Auch wenn die wissenschaftlichen Gesellschaften ihre Rolle in der Regel nicht darin sehen, sich an einer Debatte über die weitere Anwendung ihrer Forschung zu beteiligen, sollte jedoch die einzelnen Mitglieder nichts daran hindern, sich darüber zu informieren. Keiner meiner Gesprächspartner gab vor, viel über das Thema zu wissen. Einige Äußerungen von ihnen (»Ich persönlich halte [biologische Waffen] für weniger gefährlich als chemische ...«) zeigten jedoch, wie klug ihre Zurückhaltung war.

Was würde dabei herauskommen, wenn sich alle Wissenschaftler über die Gefahren von B-Waffen zu informieren hätten? Dann würden sich wissenschaftliche Konferenzen vielleicht in der Lage sehen, manchmal eine Sitzung zu diesem Thema zu veranstalten. Auf diese Weise könnten anerkannte Wissenschaftler bei der militärischen Verwendung von Forschungsergebnissen ihren Einfluss geltend machen und mit dafür sorgen, dass sich nicht, wie befürchtet, die Vorstellung allgemein durchsetzt, man könne B-Waffen nicht verhindern.

In den Achtzigerjahren bestätigten verschiedene Gruppen der Vereinten Nationen, dass der Irak chemische Waffen gegen den Iran einsetzte. Der Sicherheitsrat kritisierte den Irak nur einmal namentlich; das war im Jahr 1986. Im letzten Kriegsjahr bestätigten die Vereinten Nationen noch einmal zusätzlich zu den fünf vorausgegangenen Berichten, dass der Irak chemische Waffen verwendete, doch der Sicherheitsrat ignorierte das. Sir Crispin Tickell, dem britischen Botschafter, zufolge wollte der Sicherheitsrat »nicht alle Bemühungen zunichte machen«, indem er vor den Friedensgesprächen Kritik am Irak übte.[8] Nach Kriegsende beobachtete die Kolumnistin Flora Lewis, dass das »eiserne Schweigen der Regierungen zum irakischen Einsatz chemischer Waffen« andere Länder dazu ermutigte, ihre eigenen Waffen zu entwickeln: »Die weltweite Komplizenschaft mit dem Irak zeigt, dass man dafür nicht bestraft wird.«[9] In Anbetracht des Einsatzes chemischer Waffen im iranisch-irakischen Krieg zeigte sich William Webster, der Leiter der CIA, besorgt, »dass auch die moralische Barriere gegenüber biologischen Waffen gefallen sein könnte.«[10]

Wenn Wissenschaftler über dieses Thema diskutierten, würde die Presse darüber berichten. Eine besser informierte Öffentlichkeit trüge zur Verstärkung des Abscheus der normalen Menschen vor der Verwendung biologischer Waffen bei und würde die Regierungen drängen, gegen jeden Einsatz von Massenvernichtungswaffen Protest einzulegen. Eine Öffentlichkeit, der die von den B-Waffen ausgehenden Bedrohungen klarer vor Augen stünden, würde die Regierungen in ihrem Versuch bestärken, die Biowaffenkonvention zu verbessern. Sie würde ihre Unterstützung für eine strengere Regelung signalisieren und über den Druck der Verbraucher die Pharmaindustrie dazu bringen, Überprüfungsvereinbarungen zuzustimmen, um zur Einhaltung des Vertrags beizutragen. Sie würde auch die Regierungen ermutigen, sich etwas einfallen zu lassen, um auf die Ängste und Bedürfnisse der Dritten Welt eingehen zu können – ein Ansatz, der wiederum dazu beitragen könnte, den Argwohn zu verringern und die Zusammenarbeit zwischen den Vertragsstaaten zu verstärken. Sie würde stets vor Augen haben, dass wissenschaftliche Entwicklungen immer wieder für militärische Zwecke missbraucht wurden, und sich daher für eine internationale Kontrolle der Gentechnik stark machen, so dass deren militärisches Potenzial im Keim erstickt würde, ohne dabei deren legitime und nutzbringenden Anwendungen einzuschränken. Sie würde daran arbeiten, soviel Vertrauen aufzubauen, dass nationale Verteidigungsprogramme vielleicht irgendwann in der Zukunft nicht mehr als notwendig angesehen werden. Und aufgrund all dieser Maßnahmen würde die Öffentlichkeit in ihrer Ansicht bestärkt, dass sie dazu beitragen kann, die Welt sicherer zu machen.

Szenario: Widerstand leisten

1988 lehrte die Zellbiologin Dr. Sue Mayer an der Veterinärmedizinischen Hochschule von Bristol. Einer ihrer Kollegen hatte vor, Forschungsgelder vom Verteidigungsministerium anzunehmen, um gewisse Forschungsarbeiten durchzuführen. Doch Sue Mayer und einige andere Kollegen protestierten dagegen[11]. Sue Mayer: »Ich arbeitete in einer so genannten aerobiologischen Gruppe. Wir untersuchten Pferde, doch das Pferd ist auch ein sehr gutes Modell für den menschlichen Organismus. Kollegen von mir wollten herausfinden, was passiert, wenn man Organismen mit der Atemluft aufnimmt, wie diese zu Krankheiten führen und wie sich bestimmen ließe, durch welche Mengen solche Krankheiten ausgelöst werden können. An diesen Arbeiten war das Verteidigungsministerium interessiert.

Es geht darum, dass Mikroorganismen, solange sie in der Luft sind, recht empfindlich sind; einige von ihnen gehen an den Schäden, die sie dabei erhalten, fast zugrunde. Aber wenn sie dann eingeatmet werden und in den Respirationstrakt gelangen, werden manche von ihnen völlig wiederhergestellt, können aktiv werden und Krankheiten verursachen. Das Verteidigungsministerium wollte daher experimentell klären lassen, was in der Lungen passiert und wie es dort zu Reparaturprozessen kommt, damit die Militärs eine Vorstellung davon bekämen, wie viele Mikroorganismen tatsächlich erforderlich sind, um eine Krankheit auszulösen. Ihr erklärtes Ziel war es, diese künstliche Lunge für Stichproben zu benutzen. Auf diese Weise wollten sie herausfinden, ob sich in der Luft eine krankheitsauslösende Dosis eines Stoffes befand, um sich dann entsprechend verteidigen zu können. Wenn sie etwa am Golf lägen und nicht sicher wären, ob Saddam Hussein gerade biologische Waffen gegen sie einsetzte, dann könnten sie der Luft eine Probe entnehmen, sie durch die tragbare Lunge strömen lassen und untersuchen, ob aufgrund der in der Luft vorhandenen Bakterien eine Krankheit ausbrechen könnte. Ihren Aussagen zufolge sollte das Ganze dem Schutz der Truppen an der Front dienen.

Selbstverständlich wäre das Wissen, wie die Lunge einen fast tödlichen Schaden repariert, auch für den zivilen Sektor von Nutzen, etwa bei Fragen der Lufthygiene. Man denkt zwar oft, in der Luft gäbe es keine Bakterien, die Krankheiten verursachen, aber in Wirklichkeit stimmt das nicht. Solche Forschungsergebnisse könnte beispielsweise für die Infektionsabteilung eines Krankenhauses oder für die Kälberzucht wichtig sein.

Ich hatte einfach nicht das Gefühl, dass wir diese Art von Forschung machen sollten. Da sie vom Verteidigungsministerium finanziert wurde, wäre sie nicht auf zivile Anwendungen beschränkt, vielmehr würde ihre künftige Ausrichtung von den Interessen des Militärs bestimmt. Ich hatte auch noch andere Bedenken: vor allem, dass sie sich selbst in dem Sinne, wie sie von den Militärs verstanden wurde, nicht nur zur Verteidigung eignete. Damals meinte einer meiner Kollegen: ›Natürlich könnte man damit auch leichter bestimmen, wie viele Erreger in eine Bombe hineinmüssen oder wie viele man braucht, um eine bestimmte Bevölkerung zu infizieren.‹ Selbstverständlich darf das Verteidigungsministerium nur Forschung zur Verteidigung betreiben. Aber wir konnten nicht herausfinden, welche Forschungsvorhaben sonst noch durchgeführt wurden; daher konnten wir uns kein Bild davon machen, was sie wirklich vor hatten. Das war eines der Dinge, die wir herauszufinden versuchten, aber das war alles streng vertraulich. Außerdem hatte ich das Gefühl, allein schon die Durchführung dieser Versuche würde Misstrauen wecken. Alle denken: ›Wenn die das tun, wollen wir es auch tun.‹ Die wissenschaftliche Beraterin der tschechischen Botschaft besuchte mich und bot mir Reisen in die Tschechoslowakei an. Ich denke, sie war der Ansicht, von mir könnte man viel erfahren. Ich erzählte dem Abgeordneten meines Wahldistrikt davon, und er sagte, ich sollte mich schleunigst von ihr distanzieren. Das tat ich dann. Man kann sich nicht vorstellen, dass einem solche Dinge passieren. Es war wie in einem Spionagefilm.

Ich kam aus dem Urlaub zurück und hörte, dass vor Ort eine Betriebsversammlung von Leuten stattgefunden hatte, bei denen der Forschungsauftrag durch das Verteidigungsministerium Besorgnis auslöste. Wir waren eine Gruppe von sechs bis zwölf Kollegen, die versuchte, die Annahme des Auftrags zu verhindern. Die Leitung erklärte uns, sie sei vor allem deshalb gegen uns, weil wir – solange dies nicht die Forschungsarbeiten waren, die wir gerade selbst durchzuführen beabsichtigten, auch wenn es sich um unsere eigene Arbeitsgruppe handelte – nicht in die akademische Freiheit unserer Kollegen eingreifen dürften, die diese Forschung betreiben wollten. Die Atmosphäre war insgesamt außerordentlich unerfreulich – all das Unangenehme und die Drohungen, die ich von den zuständigen Leuten zu hören bekam. Vor allem drohten sie mit einer Klage, falls wir uns an die Presse wenden würden. Im Nachhinein denke ich, dass sie das sicher nicht getan hätten, aber wenn man nie in einer solchen Situation gewesen ist, dann weiß man nicht, ob sie einen nicht doch vor Gericht schleppen können. Man ist auf sich selbst gestellt und fühlt sich sehr angreifbar und verletzlich, auch wenn das eigentlich gar nicht stimmt. Und dann noch die Art, wie das alles ablief, wie geschlossen die Universitätsleitung auftrat, Gespräche verweigerte und nur verlauten ließ, dies sei eine Frage der akademischen Freiheit. Das alles hatte so gut wie nichts mit den eigentlichen Problemen zu tun ... Ich beschloss zu kündigen und hatte viel Glück, dass ich direkt darauf als Tierärztin einen andern Job bekam. Für mich war es viel einfacher als für andere.

Seitdem sehe ich das akademische Leben und die Verflechtungen zwischen Wissenschaft und Politik und Verwaltung mit völlig anderen Augen. Das war eine Erfahrung, die mein Leben ziemlich verändert hat. Ich hatte gedacht, ich würde die Universitätslaufbahn einschlagen, Vorlesungen über Behandlungsmethoden halten, Forschung, und das wär's dann. Stattdessen bin ich wissenschaftliche Leiterin von Greenpeace geworden! Und jetzt bin ich eine unabhängige wissenschaftspolitische Beraterin. Ich denke, ich war früher naiv: Ich hatte nicht wirklich darüber nachgedacht, wie stark die Wissenschaft durch politische Programme beeinflusst wird und wie sehr sie wissentlich und manchmal auch unwissentlich daran beteiligt ist. Und mir war nicht klar, wie mächtig einige dieser Institutionen wie etwa das Verteidigungsministerium oder die Universität sind. Obwohl sie glauben, offen für Meinungsäußerungen und Diskussionen zu sein, sind sie es in Wahrheit nur innerhalb bestimmter Grenzen. Und wenn man diese Grenzen überschreitet, ist man alles andere als gern gesehen.

Die Forschung ging irgendwie weiter. Sie war ein großer Misserfolg. Ich freue mich sehr, das sagen zu können! Seitdem haben die dort nie wieder Interesse an einer vom Verteidigungsministerium finanzierten Forschung gehabt. Im Verteidigungsministerium war man anscheinend auch der Ansicht, dass man nicht noch einmal ein solches Theater haben wollte – so gesehen, war das Ganze für uns langfristig ein großer Erfolg.

Während des Golfkriegs ging ich nach dem Einmarsch in den Irak zu einer der Einsatzbesprechungen im Auswärtigen Amt. Sie waren offensichtlich zutiefst geschockt, als sie entdeckten, welches Potenzial die Iraker hatten. Sie verschickten an alle Universitäten Memoranden, in denen stand, man sollte bei Projekten, an denen ausländische Studenten arbeiteten, vorsichtig sein. Doch das ist ein Bereich, der sich nicht so einfach kontrollieren lässt, und mit der Gentechnik wird das noch sehr viel schwieriger, denn da kann man aus recht harmlosen Waffen unter Umständen etwas sehr Gefährliches machen. Und das ist wirklich ein bisschen zum Fürchten.«

Anmerkungen

1. Die wachsende Bedrohung

1 V. J. Derbes, »De Mussis and the Great Plague of 1348. A forgotten episode of bacteriological warfare«, *Journal of the American Medical Association,* 1966, 196, S.59-62.

2 Zitiert in *The Problem of Chemical and Biological Warfare, Bd. 1.* Stockholm: SIPRI, Almqvist and Wiksell, 1971, S.215. Eine ausführliche Beschreibung der Geschichte der Biowaffen liefert Jean Pascal Zanders, *Dynamics of Chemical Armament.* Doktorarbeit, Fakultät für Wirtschafts-, Sozial- und Politische Wissenschaften, Freie Universität, Brüssel, Februar 1996.

3 *The Laws of Manu.* Kap. 7, Vers 90.

4 Berichtet in: John Cookson & Judith Nottingham, *A survey of Chemical and Biological Warfare.* Sheed and Ward, 1969, S.282.

5 Matthew Meselson, Aussage vor dem US Senate Committee on Government Affairs and its Permanent Subcommittee on Investigations, in der Anhörung über *Global Spread of Chemical and Biological Weapons,* 17.5.1989.

6 Die Behörde trägt diesen Namen seit 1995. Von 1991-95 wurde sie als Chemical and Biological Defence Establishment (CBDE) geführt. Davor trug sie zu verschiedenen Zeiten verschiedene Namen. Um Verwirrung zu vermeiden, beziehen wir uns in diesem Buch auf die geografische Lage: Porton Down.

7 G. B. Carter, *Porton Down: 75 Years of Chemical and Biological Research.* London: HMSO, 1992, S.74.

8 G. B. Carter, »Biological warfare and biological defence in the United Kingdom 1940-79«, *Royal United Services Institute Journal,* Dez.1992, S.67-74.

9 Die Daten für diese Schätzung stammen aus J. Reed, *Defence Exports:*

Current Concerns. London: Jane's Consultancy Services, London, 1993. Sie wurde auf die oben zitierte Form vereinfacht von Malcolm Dando, *Biological Warfare in the 21st Century.* London: Brassey's, 1995, S.180-181.

10 *Proliferation of Weapons of Mass Destruction: Assessing the Risks.* Washington DC: Office of Technology Assessment, 1993, OTA-ISC-559.

11 Ebd., Aug.1993, S.11.

12 Joseph D. Douglass & Neil C. Livingstone, *America the Vulnerable: The Threat of Chemical and Biological Warfare.* Lexington MA: Lexington Books, 1987.

13 *Chemical and Bacteriological (Biological) Weapons and the Effects of their Possible Use.* New York: United Nations, 1969, S.50.

14 David L. Huxsoll u.a., »Medicine in Defense Against Biological Warfare«, *Journal of the American Medical Association,* 4.8.1989, Bd.262, Nr.5.

15 Johannes Nohl, *The Black Death: A chronicle of the plague compiled from contemporary sources.* London: Unwin, 1926, S.7.

16 Ebd., S.18.

2. Biologische Kampfstoffe

1 Paul Majendie, »Britain Battles Chemical, Biological Horrors of War«, Reuters, 31.7.1994.

2 *Proliferation of Weapons of Mass Destruction: Assessing the Risks.* Washington DC: Office of Technology Assessment, Aug.1993, S.53.

3 Jonathan B. Tucker, »The Future of Biological Warfare«, in W. Thomas Wander & Eric H. Arnett (Hg.), *The Proliferation of Advanced Weaponry.* American Association for the Advancement of Science, 1992, S.57.

4 Diese Kriterien sind aufgelistet in Malcolm Dando, *Biological Warfare in the 21st Century.* London: Brasseys, 1996; diesem Werk sind außerdem die Quelle für die verschiedenen Krankheiten entnommen. Eine weitere Quelle ist *FOA informerar om: A Briefing on Biological Weapons.* Swedish National Defence Research Establishment, Umea, 1995. Die umfassendste Quelle ist und bleibt *The Problem of Chemical and Biological Warfare. Bd.II: CB Weapons Today.* SIPRI, 1973.

5 Diese Listen und einige der Beschreibungen stammen aus Malcolm

Dando, *Biological Warfare in the 21st Century*. London: Brassey's, 1994.

6 Die folgende Abhandlung basiert auf *FOA informerar om: A Briefing on Biological Weapons*. Swedish National Defence Research Establishment, Umea, 1995, S.34-40.

7 Graham Pearson, »Chemical and Biological Defence: An Essential National Security Requirement«, *RUSI Journal*, Aug.1995, Bd.140, Nr.4, S.20-27.

8 Neil C. Livingstone, *The War Against Terrorism*. Lexington MA: Lexington Books , 1982.

9 Professor Harry Smith, persönliche Mitteilung, 7.11.1996.

10 *FOA informerar om*, S. 39.

3. Terrorismus

1 Leonard Cole, *The Eleventh Plague*. W. H. Freeman, 1997, S.2.

2 US Senate Permanent Subcommittee on Investigations (Minority Staff), *Global Proliferation of Weapons of Mass Destruction, a Case Study on the Aum Shinrikyo*. Permanent Subcommittee on Investigations, 104. Versammlung, 1. Sitzung, 31.10.1995, S.44.

3 Paul Mann, »Mass Weapons Threat Deepens Worldwide«, *Aviation Week and Space Technology*, 17.6.1996, S.61.

4 Ebd., S.59.

5 Thomas W. Frazier & Drew C. Richardson (Hg.), *Food and Agricultural Security*. Annals of the New York Academy of Sciences, 1999, Bd.894.

6 Die hier zitierten Beispiele finden sich in Ron Purver, »Chemical and Biological Terrorism: New threat to public safety?«, *Conflict Studies* 295 (Research Institute for the Study of Conflict and Terrorism), Dez.1996/Jan.1997.

7 Mitarbeiteraussage des US Senate Permanent Subcommittee on Investigations (Minority Staff), Anhörung über weltweite Verbreitung von Waffen zur Massenzerstörung: Reaktion auf innerstaatlichen Terrorismus, 27.3.1996.

8 Robert Taylor, »All fall down«, *New Scientist*, 11.5.1996, S.32-37.

9 Jonathan B. Tucker, »Dilemmas of a Dual-Use Technology: Toxins in Medicine and Warfare«, *Politics and the Life Sciences*, Feb.1994, Bd.13, Nr.1, S.51-62.

10 Joseph D. Douglass & Neil C. Livingstone, *America the Vulnerable: The Threat of Chemical and Biological Warfare.* Lexington MA: Lexington Books, 1987, S.23.

11 Zitiert in Cole, S.4.

12 Mayer, »The Biological Weapon: A Poor Man's Weapon of Mass Destruction«, in *Battlefield of the Future.* Air University, 1996.

13 B. Erlick, Anhörung vor dem Committee on Governmental Affairs and its Permanent Subcommittee on Investigations on Global Spread of Chemical and Biological Weapons, 101. Versammlung, 10.2.1989, S.237-241.

14 Graham Lloyd, persönliche Mitteilung, 4.2.1997.

15 Graham Pearson, Interview, 5.7.1996.

16 Jeffrey Almond, persönliche Mitteilung, 7.11.1996.

17 Mitarbeiteraussage, 27.3.1996.

18 Anti-Terrorism and Effective Death Penalty Act, Pub. L. No.104-132, in Kraft getreten am 24.4.1996.

19 *Federal Register*, Rules and Regulations, 24.10.1996, Bd.61, Nr.207, S.55196.

20 Michael Moodie, persönliche Mitteilung, 22.1.1997.

21 Britisches Innenministerium, persönliche Mitteilung, 31.1.1997.

22 Handels- und Wirtschaftsministerium, Strategische Exportkontrolle, The Stationery Office, Cm 3989, Juli 1998. Auch verfügbar unter http://www.dti.gov.uk/export.control/stratex/.

23 »Killer germs on sale for just £600«, *Sunday Times,* 22.11.1998, S.1 & 8.

4. Das geheime B-Waffenarsenal des Irak

1 »Tornados attack aircraft ›built to spray anthrax‹«, *The Guardian,* 19.12.1998.

2 UN-Sicherheitsrat Resolution 687 vom 3.4.1991.

3 Interview mit Rod Barton aus *Pacific Research,* Mai 1996, Bd.9, Nr.2, S.31-35.

4 Milton Leitenberg, »Biological Weapons and Arms Control«, *Contemporary Security Policy,* Apr.1996, Bd.17, Nr.1, S.1-79.

5 UN-Sicherheitsrat Dokument S/1995/864, 11.10.1995, Abs.24.

6 »News Chronology August through November 1995«, *Chemical Weapons Convention Bulletin,* Dez.1995, Nr.30, S.17.

7 *Montgomery Advertiser* (Alabama), 24.11.1994, Abt.B.
8 Gunilla Floden, Elizabeth French, Peter Jones, Natalie Pauwels & John Pascal Zanders, »Iraq: The UNSCOM Experience«, 12.10.1988, verfügbar unter http://www.sipri.se/projects/chembio.html.
9 UN-Sicherheitsrat, Abs.28.
10 Paul Rogers, »Extent and Implications of the Iraqi Biological Weapons programme: A Preliminary Note« (unveröffentlicht), 21.11.1995.
11 Raymond Zilinskas, »UNSCOM and the UNSCOM experience in Iraq«, *Politics and the Life Sciences*, Aug.1995, Bd.14, Nr.2, S.230-235.
12 »Chemical and Biological Weapons«, POST Notiz 111, Parliamentary Office of Science and Technology, Feb.1998, S.2.
13 Eric Nadler & Robert Windrum, *San Diego Union-Tribune*, 26.1.1991, S.B-11.
14 »UEA graduate heads Iraqi germs project«, *East Anglian Daily Times*, 1.2. 1995.
15 »Gulf cover-up«, *Chemistry in Britain*, Dez.1997, Bd.33, Nr.12, S.8.

5. Waffenbrüder: Die Programme der USA, Großbritanniens und Kanadas

1 G. B. Carter, »Biological Warfare and Biological Defence in the United Kingdom 1940-1979«, *RUSI Journal*, Dez.1992, S.67. In Wirklichkeit entwickelte Deutschland während des Krieges keine biologischen Waffen. Nach Ansicht des führenden britischen Experten für biologische Kriegsführung, Julian Perry Robinson, »unterdrückte Hitler vermutlich zunächst alle Vorstöße zur Entwicklung biologischer Waffen; erst 1943, als die Wehrmacht in der Sowjetunion auf dem Rückzug war, richtete man in Posen unter dem Dach der SS eine Forschungsstation für biologische Waffen ein ... Die Station wurde schließlich 1945 angesichts der heranrückenden roten Armee geräumt, ohne dass sie etwas Aufregendes erreicht hätte.« Siehe *The Problem of Chemical and Biological Warfare, Bd.1.* Stockholm: Stockholm International Peace Research Institute (SIPRI), 1971, S.117.
2 Public Records Office (PRO), Cabinet Papers (CAB) 53/4.
3 John Bryden, *Deadly Allies.* Toronto: McClelland and Stewart, 1989, S.103-104.
4 Carter, S.67.

5 Ebd., S.30.
6 Graham Pearson im Vorwort zu G. B. Carter, *Porton Down: 75 Years of Chemical and Biological Research.* London: HMSO, 1992.
7 A. Landsborough Thomson, *Half a Century of Medical Research, Bd. 2.* London: Medical Research Council, 1987, S.256-257.
8 Bryden, S.38.
9 Ebd., S.50.
10 Ebd., S.82.
11 Carter, S.49.
12 Nachruf in *The Times*, 12.10.1971.
13 Hankey berichtet in seinem Schreiben über die Entdeckung einiger Kartoffelkäfer zwischen Weymouth und Swansea an der englischen Südküste im ausgehenden Jahr 1941; unausgesprochen wird damit gesagt, Deutschland könne sie möglicherweise gegen die britischen Kartoffelfelder eingesetzt haben. Gleichzeitig räumt Hankey aber ein: »Es handelt sich nicht um wichtige Kartoffelanbaugebiete, und es wurden auch weder Behälter noch andere verdächtige Gegenstände gefunden.« PRO, CAB 120/782.
14 G. B. Carter, *Porton Down: 75 Years of Chemical and Biological Research.* London: HMSO, 1992, S.54.
15 UN-Generalversammlung (XXIV), Dokument A/C.1/PV.1716:102, 9.12.1969.
16 Carter, »Biological Warfare and Biological Defence...«, S.70.
17 *FOA informerar om: A Briefing on Biological Weapons.* Swedish National Defence Research Establishment, Umea, 1995, S. 25.
18 David Martin, »The Use of Poison and Biological Weapons in the Rhodesian War«, Vortrag an der University of Zimbabwe, 7.7.1993.
19 Bryden, S.93.
20 1944 wurde in den USA zwischen Angehörigen von Militär und Regierung darüber diskutiert, ob man die japanischen Reisfelder mit dem chemischen Wirkstoff Ammoniumthiozyanat zerstören sollte. Der Plan wurde aus taktischen und ethischen Gründen verworfen. Siehe B. Bernsteirn, »Origins of the Biological Warfare Program«, in Susan Wright (Hg.), *Preventing a Biological Arms Race.* Cambridge, Mass: MIT Press, 1990, S.18-20.
21 PRO, DEFE 2/1251, Brigadegeneral Wansborough-Jones, 3. 12. 1945.

22 Newsnight, 1.5.1981.
23 PRO, PREM 3/89.
24 PRO CAB 79/77, 8.7.1944.
25 PRO PREM 3/89.
26 Robert Kupperman & David Smith, »Coping with Biological Terrorism«, in Brad Roberts (Hg.), *Biological Weapons: Weapons of the Future?* (Significant Issues Series, Bd.XV, Nr.1). Washington DC: Center for Strategic and International Studies, 1993, S.38.
27 Malcolm Dando, *Biological Warfare in the 21st Century*. London: Brassey's, 1994, S.50.
28 Carter, S.71.
29 Ebd., S.71.
30 Robert Harris & Jeremy Paxman, *A Higher Form of Killing*. London: Chatto and Windus, 1982, S.155.
31 Carter, »Biological Warfare and Biological Defence in the United Kingdom 1940-1979«, S. 71.
32 Bryden, S.298. Brydens Informant war Dr. O. M. Solandt, nach dem Krieg Leiter des kanadischen Defence Research Board.
33 Wie Harris & Paxman (S.158) berichten, untersuchten die Wissenschaftler von Porton Down zwischen 1957 und 1959, wie Bakterien sich nach einem Angriff mit Biowaffen über Großbritannien ausbreiten würden. Sie versprühten mit Flugzeugen ungefährliche Chemikalien und beobachteten, wie sie sich verteilten. Dabei gelangten sie zu dem Schluss, Großbritannien sei »gegenüber einem heimlichen Angriff mit Krankheitserregern so gut wie wehrlos«.
34 PRO, DEFE 4-3, 26.3.1947.
35 Carter, »Biological Warfare and Biological Defence ...«, S.71.
36 Bryden, S.240.
37 Aussage vor der Versammlung der Abrüstungskommission, CCD/PV.460, 24.3.1970.
38 Bryden, S.242.
39 Susan Wright, »Evolution of Biological Warfare Policy: 1945-1990«, in Wright, S.28.
40 Ebd., S.33.
41 Seymour Hersh, *Chemical and Biological Warfare: America's Hidden Arsenal*. London: MacGibbon and Kee, 1968.
42 George W. Christopher, Theodore J. Cieslak, Julie A. Pavlin, Edward

Eitsen Jr., »Biological Warfare: A Historical Perspective«, *Journal of the American Medical Association*, 6.8.1997, Bd.278, Nr.5, S.412-417.
43 *The Problem of Chemical and Biological Weapons, Bd.II.* SIPRI, S.122.
44 Christopher u.a., S.414.
45 Harris & Paxman, S.156.
46 Leonard Cole, *Clouds of Secrecy: The Army's Germ Warfare Tests Over Populated Areas.* Savage, MD: Rowman and Littlefield, 1990, S.44-58.
47 Leonard Cole, *The Eleventh Plague.* W. H. Freeman, 1997.
48 United States Army Chemical Corps, *Summary of Major Events and Problems.* Army Chemical Center, MD: US Army Chemical Corps Historical Office, 1959, S.107-108.
49 Wright, S.51.
50 John Bryden, S.120 und Fußnote 30, S.281. Diese Aussage stammt von Dr. M. Sutton, der an den Experimenten auf dem kanadischen Testgelände in Suffield und im Labor von Prof. G. B. Reed an der Queen's University beteiligt war: »Nach meiner Überzeugung verloren sie [die Briten auf Gruinard Island] auch ein paar Leute. So etwas wird man niemals genau wissen, weil sie die Leute an Lungenentzündung sterben lassen — es heißt ›Todesursache Lungenentzündung‹ oder so. Man wird es nie beweisen oder widerlegen können.«
51 R. J. Manchee und W. D. P. Stewart: »The Decontamination of Gruinard Island«, *Chemistry in Britain*, Juli 1988, S.690-691.
52 Brian Balmer, »The day germ warfare came to Tooting Broadway«, *The Independent*, 28.3.1995.
53 *New Scientist*, 20./27.12.1984, S.8.
54 David Huxsoll u.a., »Medicine in Defense Against Biological Warfare«, *Journal of the American Medical Association*, 4.8.1989, Bd.262, Nr.5, S.678.
55 A. Landsborough Thomson, S.261. Sir Edward Mellanby, »Medical Research in Wartime«, *British Medical Journal*, 18.9.1943, S.4315.
56 SIPRI, *The Problem of Chemical and Biological Warfare*, Bd.1. 1971, S.110.
57 Harris & Paxman.
58 Ebd., S.93.
59 Erhard Geissler, »More about the Heydrich Assassination«, *ASA Newsletter*, 5.12.1996, S.10.
60 Julian Perry Robinson, »Environmental effects of chemical and biolo-

gical warfare« in Wendy Barnaby (Hg.), *War and Environment*. Stockholm: Environment Advisory Council, 1981, S.99-100.

61 Vortrag von David Martin, Direktor des Southern African Research and Documentation Centre in Harare, im Rahmen der *University of Zimbabwe War and Strategic Studies Seminar Series*, 7.7.1993.

6. Deutschland, die Sowjetunion, Japan und Südafrika

1 Erhard Geissler, »The German Perspective on the Colorado Beetle During World War II«, *ASA Review* 96-6, S.12-16.

2 Erhard Geissler, John Ellis van Courtland Moon & Graham Pearson, »Perceptions and misperceptions, the motives for BTW activities: What can we learn from history?«, in Erhard Geissler & John Ellis van Courtland Moon (Hgg.), *Biological and Toxin Weapons Research, Development and Use from the Middle Ages to 1945: A Critical Comparative Analysis*. Oxford: SIPRI, Oxford University Press, 1999.

3 Ebd.

4 *The Problem of Chemical and Biological Warfare*, Bd.1. SIPRI, 1971, S.116.

5 UK Public Record Office, file CAB 120/782.

6 Geissler, van Courtland Moon & Pearson.

7 Geissler, S.14.

8 Benjamin C. Garrett, »The Colorado Potato Beetle Goes to War«, *Chemical Weapons Convention Bulletin*, Sept.1996, Nr.33, S.2-3.

9 Geissler, S.15.

10 Ebd.

11 Siehe Geissler, van Courtland Moon & Pearson.

12 Stockholm International Peace Research Institute, *The Problem of Chemical and Biological Warfare*, Bd.1: »The Rise of CB Weapons«. Stockholm: Almqvist & Wiksell, 1971, S.222.

13 Robert Harris & Jeremy Paxman, *A Higher Form of Killing*. London: Chatto & Windus, 1982, S.142.

14 Siehe Leonard Cole, »Sverdlovsk, Yellow Rain, and Novel Soviet Bioweapons: Allegations and Responses«, in Susan Wright (Hg.), *Preventing a Biological Arms Race*. Massachusetts: MIT Press, 1990, S.200.

15 *Stockholm International Peace Research Institute (SIPRI) Yearbook*. Oxford: Oxford University Press, 1993, S. 288.

16 Zitiert in *Stockholm International Peace Research Institute (SIPRI) Yearbook*. Oxford: Oxford University Press, 1994, S.716-717. Eine genauere Beschreibung über die mikrobiologischen Aktivitäten der russischen Militärs findet sich in Anthony Rimmington, »From Military to Industrial Complex? The Conversion of Military Microbiological Facilities in the Russian Federation«, *Contemporary Security Policy*, Apr.1996, Bd.17, Nr.1, S.80-112.

17 Rimmington, S.88.

18 Zitiert in Harris & Paxman, S.79.

19 Vor und während des Krieges erprobten die Briten in Porton Down chemische Waffen. Nach 1941 wurde dort an britischen Soldaten Senfgas getestet; ähnliche Versuche an Kanadiern, Australiern und Indern fanden in deren Ländern statt. Einzelheiten über einige dieser Versuche werden beschrieben in John Bryden, *Deadly Allies*. Toronto: McClelland and Stewart, 1989, S.168-175. Kanadische Soldaten wurden dem Senfgas in Suffield ausgesetzt. Außerdem wurden sie in Innisfail in Queensland in einer Stahlkammer mit verschiedenen Wirkstoffen in Kontakt gebracht. Der US-amerikanische Offizier, der die Versuche beobachtete, berichtete seinen Vorgesetzten: »Wenn man die Todesfälle hier mit denen in anderen Ländern vergleicht, muss man sich unbedingt vergegenwärtigen, dass jedem Australier ein besonderer individueller Stolz auf körperliche Tapferkeit angeboren ist. Die Männer, die hier als Verluste registriert werden, sind ein echter Verlust.« (Ebd., S.172.) Die entsetzlichsten Versuche wurden anscheinend 1943 mit »britischen« (eigentlich indischen) Soldaten in Karatschi im heutigen Pakistan durchgeführt. Brydens Bericht zufolge »wurden Dutzende von Männern in der Mittagshitze über mit Senfgas verseuchtes Gelände getrieben ... Die Männer trugen unterschiedlich starke Schutzkleidung, und an ihren Verletzungen war abzulesen, dass der Hodensack eines Mannes gegenüber den Wirkungen des Senfgases besonders empfindlich ist ... Anschließend wählte man fünf Männer aus, die dem Gas über besonders lange Zeit und ganz ohne Schutz ausgesetzt wurden. Die fünf Männer trugen groteske Verletzungen der Geschlechtsorgane davon und litten an ›heftigen, lähmenden Schmerzen‹. Nach zwei Monaten diagnostizierte man bei ihnen eine ›leicht krankhafte Genitalfixierung‹.« Ebd., S.173.

20 British Intelligence Objectives Sub-Committee, *Report on Scientific*

Intelligence Survey in Japan, Bd.V: Biological Warfare (Sept. & Okt. 1945); zitiert in Harris & Paxman, S.78.

21 Die folgenden Beschreibungen stammen aus Sheldon Harris, *Factories of Death*. London: Routledge, 1994.

22 Harris & Paxman, S.27.

23 Ebd., S.28.

24 Zitiert in Ebd., S.70.

25 Ebd., S.67.

26 Peter Williams & David Wallace, *Unit 731*. London: Hodder and Stoughton, 1998.

27 Ebd., S.59.

28 Siehe Harris & Paxman, S.130.

29 Edwin V. Hill an General Alden C. Waitt, Chief, Chemical Corps, 12.12.1947, The National Archives; zitiert in Harris & Paxman, S.191, 207.

30 Ebd., S.221.

31 Wallace & Williams, S.286.

32 Richard Burt, zitiert in Cole, S.203.

33 Zitiert in Julian Perry Robinson, Jeanne Guillemin & Matthew Meselson, »Yellow Rain in Southeast Asia: The Story Collapses«, in Susan Wright (Hg.), *Preventing a Biological Arms Race*. Massachusetts: MIT Press, 1990, S.222.

34 Ebd., S.225.

35 Thomas D. Seeley, Joan W. Nowicke, Matthew Meselson, Jeanne Guillemin, Pongthep Akratanakul, »Yellow Rain«, *Scientific American*, Sept.1985 Bd.253, Nr.3, S.128-137.

36 Zitiert in Robinson, Guillemin & Meselson, S.234.

37 Zitiert in Sarah Leibovitz-Dar, »Microbes in the Service of the State«, *Hadashot Supplement*, 13.8.1993.

38 Ebd.

39 Ebd.

40 Siehe »Klingberg was to be part of 3-way spy swap«, *The Jerusalem Post*, 6.8.1993.

41 P. R. Kumaraswamy, »Marcus Klingberg and Israel's ›biological option‹«, *Middle East International*, 16.8.1996, S.21-22.

7. Wissenschaftlicher Fortschritt und biologische Kriegsführung

1 John E. Smith, *Biotechnology.* Cambridge: Cambridge University Press, 1996[3], S.2.

2 Ebd., S.49.

3 Jonathan Tucker, »The Future of Biological Warfare«, in W. Thomas Wander & Eric Arnett (Hg.), *The Proliferation of Advanced Weaponry.* American Association for the Advancement of Science, 1992, S.61.

4 Ebd.

5 Smith, S.38.

6 *Stockholm International Peace Research Institute (SIPRI) Yearbook.* Oxford: Oxford University Press, 1993, S.294.

7 Jeffrey Almond, »Understanding the Molecular Basis of Infectious Disease: Implications for Biological Weapons Development«, *Bailrigg,* Memorandum 16, Centre for Strategic Studies, University of Lancaster, 1996.

8 T. Horimoto & Y. Kawaoka, »Reverse genetics provides direct evidence for a correlation of hemagglutinin cleavability and virulence of an avian influenza A virus«, *J. Virol,* 1994, Bd.68, S.3120-3128.

9 Jeffrey Almond, persönliche Mitteilung, 8.11.1996.

10 Almond, S.41.

11 Richard Novick & Seth Shulman, »New Forms of Biological Warfare?«, in Susan Wright (Hg.), *Preventing a Biological Arms Race.* Cambridge, Mass: MIT Press, 1990, S.113.

12 Rachel Nowak, »Bacterial Genome Sequence Bagged«, *Science,* 28.7.1995, Bd.268, S.468-470.

13 *Stockholm International Peace Research Institute (SIPRI) Yearbook.* Oxford: Oxford University Press, 1993, S.303.

14 »Genetic weapons: Could the latest research add a terrifying new dimension to warfare?« *Foreign Report;* Jane's Information Group, 14.3.1996.

15 Zitiert in einem Interview mit Cohen in *Jane's Defence Weekly,* 13.8.1997.

16 Shriver, M. D. u.a., »Ethnic affiliation by use of population-specific DNA markers«, *American Journal of Human Genetics,* 1997, Bd.60, S.957-964.

17 Siehe z.B. Susan Aldridge, *The Thread of Life: the story of genes and ge-*

netic engineering. Cambridge: Cambridge University Press (Canto Imprint), 1998, S.173-179.

18 Cary Fowler & Pat Mooney, *The Threatened Gene.* Lutterworth Press, 1990.

19 Malcolm Dando, *Biological Warfare in the 21st Century.* London: Brassey's, 1994, S.156.

20 Terry N. Mayer, »The Biological Weapon: A Poor Nation's Weapon of Mass Destruction«, in *Battlefield of the Future*, Air University, 1995.

8 Verteidigung gegen biologische Kriegsführung

1 Veröffentlicht von W. H. Freeman, New York, 1997.

2 Uriel Elchalal u.a., »Delivery with gas mask during missile attack«, *The Lancet*, 26.1.1991, Bd.337, S.242.

3 *Dealing with Disaster*, HMSO, 1992.

4 Graham Pearson, »Chemical and Biological Defence: An Essential National Security Requirement«, *RUSI Journal,* Aug.1995, Bd.140, Nr.4, S.24.

5 »File on Four«, BBC Radio 4, 22.1.1997.

6 Christine Murphy, persönliche Mitteilung, 21.1.1997.

7 Karl Lowe, Graham Pearson & Victor Utgoff, »Potential Values of a Simple BW Protective Mask«, IDA Paper P-3077, Sept.1995.

8 NATO Handbook on Medical Aspects of NBC Defensive Operations, Part II Biological, Okt.1992.

9 Clifford Beal, »An Invisible Enemy«, *International Defense Review,* 1995, Nr.3, S.36-41.

10 »Newest DARPA Initiatives Focus on MEMS Dust, Anti-Biowarfare«, *Defense Week*, 8.4.1996, Bd.17, Nr.15.

11 *CBDE Annual Report and Accounts.* London: HMSO, 1994/95, S.14.

12 Roger Highfield, »Quick test on viruses developed«, *Daily Telegraph*, 22.7.1995, S.7.

13 Beal, S.41.

14 Erhard Geissler, John Ellis van Courtland Moon & Graham Pearson, »Perceptions and misperceptions, the motives for BTW activities: What can we learn from history?«, in Erhard Geissler & John Ellis van Courtland Moon (Hg.), *Biological and Toxin Weapons Research, Development and Use from the Middle Ages to 1945: A Critical Comparative Analysis.* Oxford: SIPRI, Oxford University Press, 1999.

15 *Brief History of the Kwantong Army Anti-Epidemic Water Supply Unit*, submitted to a Diet Committee from the Japanese Ministery of Health and Welfare in 1982. Zitiert in K. Tsuneishi, *Target: Ishii Japanese Biological Warfare Activity and Investigation on it by US.* Nagasaki, 1985.

16 Erklärung des US-Vertreters bei der vierten Überprüfungskonferenz der B-Waffen-Konvention im Nov. 1996.

17 J. King & H. Strauss, S.131.

18 Ebd., S.122.

19 Ebd., S.125.

20 Paul Mann, »Detection Sensors Crucial, but Technically Exacting«, *Aviation Week and Space Technology*, 17.6.1996, S.66-69.

21 Geissler, van Courtland Moon & Pearson beschreiben, wie diese frühen B-Waffen-Programme aufgrund von falschen Informationen und dem daraus erwachsenden Argwohn entstanden sind: »Die BTW-Programme der wichtigsten Krieg führenden Nationen wurden vor allem aufgrund der damaligen Beobachtungen ihrer jeweiligen Geheimdienste durchgeführt. Obwohl man nur schwer genau erkennen konnte, auf welchem Stand sich die Vorbereitungen des Feindes für eine biologischen Kriegsführung befanden, nahmen viele an, dass alle anderen gerade dabei waren, sich auf einen Krieg mit biologischen Waffen vorzubereiten. Da sich nur schwer entscheiden ließ, ob die Programme nur zur Abwehr gedacht waren, hatte dies zur Folge, dass die eigenen Rüstungsanstrengungen aufgrund irgendwelcher Zweifel, die man bezüglich der Absichten des Feindes hatte, verstärkt wurden.«

22 D. Huxsoll u.a., »Medicine in Defense Against Biological Warfare«, *Journal of the American Medical Association*, 4.8.1989, Bd.262, Nr.5, S.677-679.

23 Leonard Cole, *The Eleventh Plague*. W. H. Freeman, 1997, S.65-66. Cole behauptet, inaktivierte Pesterreger könnten unter bestimmten Bedingungen wieder aktiv werden.

24 Huxsoll u.a., S.679.

25 C. Piller & K. Yamamoto, »The US Biological Defense Research Programme in the 1980s«, in Susan Wright (Hg.), *Preventing a Biological Arms Race*. Cambridge, Mass: MIT Press, 1990, S.136.

26 US Senate Sub-committee on Oversight of Government Manage-

ment of the Committee of Governmental Affairs, *Department of Defense Safety Programs for Chemical and Biological Warfare Research*: Anhörung vor dem Subcommittee on Oversight of Government Management, 100. Kongress, 2. Sitzung, 27.-28.7.1988, S.3.

27 US Department of the Army, US Medical Research and Development Command, Final Programmatic Environmental Impact Statement, »Biological Defense Research Program«, Fort Detrick, Frederick, MD, Apr.1989, ES-6.

28 Cole, Kapitel 3.

29 *The Independent*, 9.5.1990.

30 Malcolm Dando, *Biological Warfare in the 21st Century*. London: Brassey's, 1994, S.190.

31 *Hansard*, 16.1.1996, S.530.

32 Zitiert in Sally Lehrman, »Major waste reported in biowarfare defense«, *San Francisco Examiner*, 28.1.1991, S.A-8.

9. Internationale Abkommen

1 Erklärung des US-Delegierten auf der vierten Überprüfungskonferenz zum BWC, Genf, Nov.1996.

2 Alexander V. Vorobiev, »Working on the Compliance Regime for the BWC«, *Chemical Weapons Convention Bulletin*: *Quarterly Journal of the Harvard Sussex Programm on CBW Armament and Arms Limitation*, März 1966, Nr.31, S.2.

3 Einige dieser Programme kamen aufgrund der Agenda 21 zustande, die dem Gipfeltreffen in Rio von 1992 folgte; andere fallen unter die Konvention zur Biologischen Vielfalt aus dem Jahre 1992. Siehe dazu auch Graham Pearson, »Implementing Article X of the BWC: Avoiding Duplication«, *Chemical Weapons Convention Bulletin*, Juni 1996, Nr.32. Eine Debatte zur Bandbreite der bilateralen und multilateralen Aktivitäten, die für Artikel X des BWC relevant sind, findet man bei: Erhard Geissler, Iris Hunger & Ernst Bruder, »Implementing Article X of the Biological Weapons Convention«, in Oliver Thranert (Hg.), *Enhancing the Biological Weapons Convention*. Verlag J.H.W. Dietz Nachfolger, 1996.

4 Julian Perry Robinson, »Some Political Aspects of the Control of Biological Weapons«, *Science in Parliament*, Mai/Juni 1996, Bd.53, Nr.3, S.11.

5 *Scientific Aspects of Control of Biological Weapons.* The Royal Society, 1995, S. 48.

6 Malcolm Dando, *Biological Warfare in the 21st Century.* London: Brassey's, 1994, S.193-194.

7 R. C. Imrie, »An Industry View of Verification«, Dossier vorgestellt beim NATO Advanced Workshop, Budapest, 28.-30.3.1996.

8 Ebd., S4.

9 Siehe J. R. Walker (Arms Control and Disarmament Research Unit, Foreign and Commonwealth Office) sowie A. P. Phillips & L. Miller (beide von CBDE, Porton Down), »Up Date: Verification of the Biological and Toxin Weapons Convention and the UK's Practice Compliance Inspection Programme«, in John Poole & Richard Guthrie (Hg.), *Verification '96,* Verification Technology Information Centre. Oxford: Westview Press, 1996.

10 University of Bradford BWTC Project Briefing Paper No.17: »The Strengthened BTWC Protocol: Implications for the Biotechnology and Pharmaceutical Industry«, Okt.1998.

11 »Criminalizing BW«, *Chemical Weapons Convention Bulletin,* März 1996, Nr.31.

12 »Programme for countering emerging infectious diseases (ProCEID) by prophylactic, diagnostic and therapeutic measures«, Meeting Report, *Biologicals,* 1996, Bd. 24, S.71-74.

13 Graham Pearson, persönliche Mitteilung, 5.7.1996.

10. Widerstand gegen B-Waffen

1 M. Lappe, »Ethics in Biological Warfare Research«, in Susan Wright (Hg.), *Preventing a Biological Arms Race.* Cambridge, Mass: MIT Press, 1990.

2 Ebd., S.93.

3 Sir Joseph Rotblat, persönliche Mitteilung, 24.1.1997.

4 Robert L. Sinsheimer, »Scientists and Research«, in Wright.

5 Graham S. Pearson & Malcolm Dando (Hg.), *Strengthening the Biological Weapons Convention: Key Points for the Fourth Review Conference.* Genf: QUNO, 1996.

6 Association for Clinical Research in the Pharmaceutical Industry, Biochemical Society, British Crop Protection Council, British Society for Immunology, British Society for Plant Pathology, British Toxi-

cology Society, Genetical Society, Institute of Biology, Society for Applied Bacteriology, Society for General Microbiology.

7 *Scientific Aspects of Control of Biological Weapons.* The Royal Society, 1994.

8 John Bulloch & Harvey Morris, *The Gulf War: Its Origins, History and Consequences.* London: Methuen, 1989, S.259.

9 Flora Lewis, »Move to Stop Iraq«, *New York Times*, 14.9.1988, Abt.A-31.

10 US Senate Committee on Foreign Relations, *Chemical and Biological Weapons Threat – The Urgent Need for Remedies:* Anhörung vor dem Committee on Foreign Relations, 101. Kongress, 1. Sitzung, 24.1., 1.3. und 9.5.1989, S.30.

11 Sue Mayer, Interview, 17.7.1996.

Personenregister

Sach- und Ortsregister